Inhalt

Ich wünschte mir, die Lektüre dieses Buches hinterließe bei Ihnen den Eindruck eines wollüstig durchlebten Albtraums
Fernando Pessoa

Wie können wir bei Büchern verweilen, zu denen der Autor nicht fühlbar gezwungen worden ist?
Georges Bataille

!!Triggerwarnung!!

Vielleicht fragst du dich, ob dieses Buch etwas für dich ist. »Generationenbuch« denkst du vielleicht. Mal wieder. Doch um die Probleme von Basti und Sophie in Berliner WGs wird es hier nicht gehen. Eine weitere Panoramafahrt durch unsere Lebenswelt braucht kein Mensch. Und selbst wenn ich aus der Perspektive eines Generation Y-ers schreibe, der ich nun mal bin und meine Generation oft genug hart angehe: es geht um mehr.

Egal ob du 17, 35 oder 55 bist: fragst du dich manchmal, ob das schon alles im Leben war? Ob die Realität, an der du dich orientierst, die einzig mögliche ist? Wann hast du zuletzt deine Überzeugungen und Glaubenssätze überprüft? Noch nie? Dann solltest du weiterlesen. Wenn du mit allem zufrieden bist, und auch keine offenen Fragen hast, dann eher nicht. Denn entweder bist du den Weg schon gegangen, für den ich hier eine Anregung geben will. Oder du bist schlicht noch nicht bereit dazu.

Da du gerade weiterliest: auf den nächsten Seiten erwartet dich ein Trainingsprogramm des Denkens, welches dein Leben oder zumindest deine Sicht auf die Welt grundlegend verändern kann. Es wird stellenweise anstrengend und schmerzvoll werden. Aber am Ende wirst du vielleicht froh sein, durchgehalten zu haben.

Ich wollte ein Buch schreiben, das in seiner Analyse schonungslos offen und in seinen Vorschlägen nützlich und sofort umsetzbar ist. Also die Art von Buch, das ich mir selbst an bestimmten Weggabelungen im Leben gewünscht hätte, aber nicht gefunden habe. Im Idealfall ist dieses Buch für dich eine Initiation – und Inspiration, mutig zu träumen, richtig zu urteilen und kraftvoll zu verändern. Es ist dem verhinderten Visionär in dir gewidmet.

Wenn du weiterlesen willst, lass dich mit Herz und Verstand auf diese Reise ein. Zu dieser Reise gehört jedoch auch die Überwindung so mancher zeitgenössischen Illusion sowie die Bereitschaft, eingefahrene Denkmuster infrage zu stellen. Ich begleite dich dabei als einer Art von Freund, der nicht anders kann, als dir nach bestem Wissen und Gewissen die Wahrheit zu sagen.

Paris, im Mai 2018.

Prolog

Ich folgte im Traum einem kleinen Weg, bis ich an eine Kreuzung kam. In alle vier Himmelsrichtungen gingen Straßen weg und trugen seltsame Namen: Nach rechts ging die »Alle-Optionen-Allee« ab, nach links ging es auf den »Ihr-hattet-es-noch-nie-so-gut-Weg«, geradeaus ging es die »Du-kannst-machen-was-du-willst«-Straße hinab und der Weg, von dem ich kam, nannte sich »Du-bist-hochbegabt-Boulevard«. Alle Wege, die vor mir lagen, führten letztlich zu dem kleinen See in der Mitte dieser Traumlandschaft, daher ging ich einfach geradeaus, ohne nach links und rechts zu schauen.

»Da bist du ja endlich«, begrüßte mich ein älterer Herr von etwa 75 Jahren. Er trug einen Zopf, Sandalen und eine Lederweste über einem weißen Leinenhemd. »Ich bin der Gerd.« »Willkommen«, sagte die Frau neben ihm, sie war vielleicht 50 Jahre alt, trug gebleichte Jeans mit Nieten, einen Blazer sowie auffällig grelle Sneakers. »Ich bin die Kerstin, setz dich doch zu uns.«

Der Gerd und die Kerstin saßen an einem prächtig gedeckten Tisch mit weißer Tischdecke, silbernen Kerzenständern und einer enormen goldenen Schale mit Obst in der Mitte. Gerd nippte an seinem Weinglas, Kerstin hatte einen exotischen Cocktail vor sich stehen. Sie saßen auf gepolsterten Sesseln im Stil Napoleons III. Ich setzte mich auf den Allerweltsplastikstuhl »Monobloc«.

»Weißt du, was das ist?«, fragte Kerstin, und deutete auf ein Insekt vor sich. »Sieht aus wie eine Raupe«, erwiderte ich. »Ja, genau«, sagte Gerd. »Das arme Tier mühte sich schon seit Minuten ab, um aus seiner Puppe zu kriechen, schaffte es aber nicht, die eigene Hülle abzustreifen. Deshalb haben wir etwas nachgeholfen. Jetzt ist das Tier endlich befreit.«

Ich nickte anerkennend. »Wie freundlich von euch«, murmelte ich.

»So sind wir eben«, meinte Kerstin. »Immer aufmerksam und hilfsbereit.« Sie nippte an ihrem Cocktail. »Deshalb bist du heute auch hier. Wir wollten dir einfach mal die Wahrheit sagen.«

»Die Wahrheit? Worüber?«, fragte ich verdutzt und neugierig.

»Über dich, über die Welt, über deine Generation, über alles«, ergänzte Gerd. »Ihr seid als Generation wie diese Raupe hier. Eingewoben in die tote Struktur eurer Umwelt, eures Milieus, eurer kleinen Bubble-Welt. Ihr könnt euch nicht außerhalb davon sehen oder begreifen.«

»Weißt du«, meinte Kerstin, »es ist ganz einfach. Jede Generation kämpft für sich allein. Dachtet ihr ernsthaft, wir seien alle befreundet? Das Leben ist ein Versuchsaufbau, den wir für euch geschaffen haben. Jede Generation belügt die Generation nach ihr ein bisschen, um ihr eigenes Leben möglichst angenehm zu gestalten. Das geht so lange, bis die neue Generation den Betrug merkt, und sich auflehnt. Das ist meistens dann, wenn das Geld alle ist. Und dann ist es zu spät.«

»Lug und Trug? Was redet ihr denn da?«, fragte ich.

»Ihr seid unser kleiner Streichelzoo«, sagte Gerd gutmütig und strich mit der Fingerkuppe über die sich windende Raupe auf dem Tisch. »Und wir sind die Wärter. Wir bestimmen, was ihr seht, was ihr esst, das Kulturprogramm, die Information in den Medien, woran ihr glaubt und eure Träume.«

»Sorry, aber das klingt wie in irgendeiner totalitären Utopie à la Orwell und Huxley«, entgegnete ich. »Meine Welt ist ziemlich in Ordnung, würde ich sagen. Ich habe studiert, spreche Fremdsprachen und mir steht die Welt offen.«

»Sagen wir mal so«, fing Kerstin an, »Freiheiten habt ihr, ja, zumindest sollt ihr das glauben. Aber welche davon ihr tatsächlich nutzt, das bestimmen wir durch die Umstände, die wir geschaffen haben. Ist dir noch nie aufgefallen, dass ihr trotz eurer angeblichen Individualität doch alle recht gleichförmig seid, egal ob in Kleidungsstil, Musikgeschmack, Freizeitverhalten oder materiellem Denken? Das war unser Werk.«

»Ich glaube nicht, dass man meine Generation so leicht auf einen Nenner reduzieren kann«, meinte ich.

»Ich fürchte doch«, entgegnete Gerd. »Überleg mal: Im Endeffekt landet ihr alle in unserem Trichter. Wir, die 68er, haben die Grenzen eurer Welt gezogen, wir haben euch klar gemacht, dass es nicht lohnt, noch weiter zu gehen als nach Indien oder Tibet. Wir haben die Umkehr zum Individualismus wieder eingeleitet. Und die Baby-Boomer (er blickt zu Kerstin) haben es auf die Spitze getrieben, indem sie das Thema Selbstentfaltung als ökonomische Disziplin erfunden haben.«

»Das klingt nach einer Verschwörungstheorie«, entgegnete ich.

Kerstin: »Ist es dir noch nicht aufgefallen? Ihr arbeitet, ohne wirklich aufzusteigen, beziehungsweise damit wohlhabend zu werden, glaubt aber ganz fest daran. Ihr habt mehr Diplome als alle Generationen vor euch und lebt trotzdem noch mit 30 in WGs. Mit 20 rauben wir euch die letzten Träume, mit 30 denkt ihr an die Rente, mit 40 seid ihr zum ersten Mal geschieden und mit 50 seid ihr verfettete, ergraute Zyniker, denen wir dann versuchen, die neuesten Diät-Programme anzudrehen.«

»Aha, und warum sagt ihr mir das jetzt alles?«

Gerd und Kerstin brachen in lautes Gelächter aus.

»Weil es egal ist, ob du es weißt oder nicht. Du kannst nichts ändern!«, rief Gerd. »Wenn du es jemandem erzählst, werden dich alle für verrückt halten«, ergänzte Kerstin.

»Ich glaube, ich brauche was zu trinken«, erwiderte ich und griff nach der Rotweinflasche (ein Château Pétrus), der vor Gerd auf dem Tisch stand.

»Sorry« sagte Gerd, »in dieser Welt kannst du meinen Wein nur virtuell trinken, als Option für später. Aber gleich kommt eine Bedienung, dann kannst du dir ein Wasser bestellen.«

»Als Option auf später?«, fragte ich. »Was soll das heißen?«

»Euer gesamtes Leben ist aufgeschoben. Alles findet immer erst später statt, nie im Hier und Jetzt. Das ist unser Trick, das ist unsere Religion. Ihr glaubt an das wahre Leben im Später. Ihr glaubt an ewiges Leben

nach dem Tod oder an Wiedergeburt nach dem Tod.« Gerd deutete auf den Hügel. »Siehst du das große Windrad? An dem dreht deine Generation angeblich seit 20 Jahren, bewegt sich aber nur im Kreis. Aber dieser Irrglaube hält das ganze System am Laufen. Ihr seid unser Strom.«

»Woran sollen wir sonst glauben, wenn nicht daran, dass es uns vielleicht später mal besser geht?«, erwiderte ich.

»Wie wäre es, wenn ihr versuchen würdet, das Bessere gleich im Hier und Jetzt zu verwirklichen? Wie wäre es mit einer geistigen Wiedergeburt vor dem Tod?«, meinte Kerstin. »Wir haben euch als lebende Ungeborene in die Welt gesetzt. Ein Kind von heute muss mehrere Geburtsvorgänge durchmachen, bis es auf der Welt ist: aus der Fruchtblase, aus der Gebärmutter und aus dem Geburtskanal, erst dann ist es in der Welt und ...«

»Danke für den Anatomieunterricht«, unterbrach ich sie.

»Doch dann beginnt nur ein weiterer Geburtsvorgang, der niemals enden soll«, fuhr Kerstin fort. »Das Leben nach unseren Spielregeln. Die Welt, die wir gebaut haben, ist nur eine weitere Hülle, aus der es eben kein Entrinnen gibt. Das glaubst du nicht? Dann schau dich nur um!«

Gerd: »Siehst du nicht die vielen jungen Menschen, die im Gleichschritt mit Blick auf ihr Smartphone durch die Shoppingcenter laufen? Das sind deine Generationskumpanen. Wir nennen euch Generation, obwohl ihr nur eine Kohorte seid, ihr seid zufällig zur gleichen Zeit geboren. Zusammen hält euch so gut wie nichts, außer Fernsehserien, Mode und Musik. Die Generationen-Label erfinden wir alle paar Jahre neu, erst Golf, dann X, dann Y, dann Z, damit ihr euch auch beim Zeitunglesen noch etwas mit euch selbst beschäftigen könnt. Im Grunde ist uns das Label ziemlich egal, solange ihr abgelenkt, sediert, blasiert und arbeitsam bleibt.«

»Ambitioniert dürft ihr sein«, so Kerstin. »Aber nur, wenn es darum geht, uns zu gefallen. Das hat ganz gut geklappt. Ihr wolltet bisher zumindest lieber eure Eltern, Lehrer und Professoren glücklich machen, als euch selbst.«

»Was ich nie verstanden habe«, so Gerd, »ihr habt euch jeden Entzug von Natur, Geist und Fantasie gefallen lassen. Ihr stellt euch sogar noch auf Laufbänder, nur um dabei einen Bildschirm vor euch zu haben. Euren Sex findet ihr über ein Computerspiel namens Tinder, und wenn ihr nicht gerade fernseht oder im Netz surft, um zu konsumieren, dann lauft ihr durch Einkaufszentren, um euch eure neueste Uniform abzuholen: gerade sind es Sneakers, enge Jeans, T-Shirt, Lederjacke, dicke Hornbrille. So jung, dynamisch, smart und doch so doof. Und es fehlt euch nicht mal viel dabei.«

»Wie habt ihr das gemacht?«, frage ich verdutzt. »Ich meine, wie war es möglich, dass uns als Generation XYZ oder wer auch immer ab 1970 unter welchem eurer Label geboren wurde, das nicht aufgefallen ist?«

»Das ist natürlich nicht so leicht zu erklären«, meinte Gerd.

»Und vielleicht ist es auch etwas schmerzhaft zu erfahren«, fügte Kerstin hinzu. »Aber es ist möglich, für jeden, der es will, in den Maschinenraum unseres Systems herabzusteigen und sich alle Mechanismen anzuschauen, die wir entworfen haben, damit ihr blind bleibt und nur das seht, was ihr sehen sollt und wollt.«

»Siehst du den See hinter uns?«, fragte Gerd.

Ich nickte.

»Es ist tatsächlich ein gewaltiger flüssiger Spiegel der Realität. Wenn du dich in den See begibst und immer tiefer hinabtauchst, wirst du all das, worüber wir jetzt reden, klar und deutlich vor Augen sehen. Es beginnt bei der Erziehung und geht bis zum Finanzsystem oder den Medien.«

Er sagte das in einem Ton der Selbstverständlichkeit, als würde er über die Schichten der Torte referieren, die auf dem Tisch stand.

»Ist es gefährlich, in diesen flüssigen Spiegel hineinzutauchen?«, fragte ich mit einem leichten Unbehagen.

»Gefährlich nur für dein altes Ich mit den alten Überzeugungen und Glaubenssätzen. Dieses alte Ich wird in diesem flüssigen Spiegel sterben. Du kannst durch diesen Weg also nur eine neue Sicht auf die Welt er-

langen, diese neue Sicht aber nie mehr gänzlich abstreifen. Du kannst das Omelett nicht mehr in ein Ei zurückverwandeln, verstehst du?«, sagte Kerstin in ernstem Unterton.

»Tu es also nur, wenn du dazu bereit bist«, sagte Gerd.

Ohne mich umzusehen, stand ich auf und begab mich die wenigen Schritte zum Spiegel-See hinab, der silbern schimmerte. Ich spürte das Wasser an meinen Knien, an meiner Hüfte und an meiner Brust. Ich konnte es nicht erwarten, hinabzutauchen.

Das Letzte, was ich hörte, war die Stimme der jungen Kellnerin, die inzwischen an den Tisch gekommen war : »Was ist eigentlich mit dieser Raupe los? Die bewegt sich ja nicht mehr.«

Gerd: »Wir wollten ihr helfen aus der Puppe herauszukriechen.«

»Ihr wisst schon, dass das keine normale Raupe ist, sondern dass das ein Schmetterling werden sollte?«

Kerstin: »Dann wird es eben schneller ein Schmetterling.«

Die Kellnerin: »Gar nichts wird es mehr. Der Befreiungskampf aus der Puppe ist doch nötig, damit der Schmetterling die Kraft aufbaut, die später nötig ist, um die Flügel auszubreiten. Wusstet ihr das nicht?«

Gerd: »Ach, das ist ja interessant. Und nun?«

»Nichts mehr. Wenn man der Raupe dabei hilft, bringt man sie um. Punkt. Sie ist tot. Dank eurer Hilfe.«

Ich ging weiter in das Wasser hinein, das mir nunmehr bis zum Hals ging. Das Letzte, was ich hörte, war Kerstins Stimme.

»Ups«, sagte Kerstin.

I Outside the Bubble: Was wir nicht sehen wollen

20%

Hush now baby, baby, don't you cry.
Mamma's gonna make all of your nightmares come true.
Mamma's gonna put all of her fears into you.
Mamma's gonna keep you right here under her wing,
She won't let you fly but she might let you sing.
Mamma's gonna keep baby cosy and warm.
Oooh babe
Oooh babe
Pink Floyd, »Mother«

Solange die Kinder klein sind, gib ihnen Wurzeln;
sind sie älter geworden,
gib ihnen Flügel.
Aus Indien

Lerne fliegen mit gebrochenen Flügeln

Ein junger Mann, nennen wir ihn James, geht in den 60er-Jahren nach Kalifornien. Im Herzen ist er Dichter. Die Filmschule verlässt er bald, am Strand trifft er einen anderen jungen Mann, der Klavier spielt und ihm vorschlägt, seine Gedichte zu vertonen. Sie beschließen, gemeinsam Musik zu machen. Zwei Jungs aus dem Yoga-Kurs, die Gitarre und Schlagzeug spielen, stoßen dazu. Der Vater von James, ein Marineoffizier, ist gar nicht begeistert. Er hält seinen Sohn für talentfrei. James wird seine Eltern später in einem Interview offiziell für tot erklären. Die typische Geschichte eines Generationenkonflikts.

Heute läuft es in etwa so: das tatsächlich talentfreie Kind wird von übermotivierten Eltern schon seit Jahren notorisch bezüglich aufkeimender Talente beäugt, um es sofort mit »Frühförderung« zu überhäufen. Kaum im legalen Alter angekommen, wird es für eine Talentshow im Fernsehen angemeldet. Dort erstmals mit der bitteren Wahrheit konfrontiert und in der ersten Runde des Vorsingens ausgeschieden, erklären die Eltern kurzerhand die Talentjury aus Musikern und Produzenten für inkompetent und beschließen, das Kind auf eigene Faust weiterzufördern. Mit 25 Jahren und nach etlichen Privatstunden durch überbezahlte Musiklehrer dämmert dann auch dem Letzten, dass aus dem Plan nichts wird. Zudem sind die Eltern nun der Meinung, das Kind solle doch auch langsam auf eigenen Füßen stehen. Das Kind findet das nun asozial, bricht den Kontakt zu den Eltern ab und wundert sich, dass die ignorante Umwelt die eigene Genialität so geringschätzt.

Auch dies ist die Geschichte eines Generationenkonflikts, und er gärt gerade vor sich hin. Generationenkonflikte hat es immer gegeben, sie sind ein natürlich auftretendes, ja, notwendiges Ereignis. Die Älteren gebären die Jüngeren in ihre Welt hinein; sie erziehen die Jüngeren im Einklang mit ihren Überzeugungen und mit dem Ziel, diese (ihre) Welt und ihre Glaubenssätze zu erhalten. Die Aufgabe der Jüngeren besteht darin, die Welt und ihre Glaubensregeln beständig zu hinterfragen, zu verbessern und zu verändern, im Extremfall sogar zu zerstören und danach neu aufzubauen. Die 68er taten genau das mit der Welt der NS-Eltern und der Illusion, »man habe von nichts gewusst«. Der Drang zu Zerstörung und zum Aufbau ist in jedem Jugendlichen mehr oder weniger natürlich vorhanden.

Diese natürliche Form des Generationenkonflikts scheint heute ausgesetzt, oder zumindest zeitlich nach hinten verlagert zu sein. Die bestehende Welt wird von Jüngeren in der Adoleszenzphase kaum infrage gestellt. Eine Jugendstudie prägte dafür den Begriff »Neo-Konventionalismus«. Für Aufbegehren gibt es keinen Grund, denn schließlich erfährt man Lob, Anerkennung, Annehmlichkeit und Komfort. Die Eltern sind Vorbild, man ist auf Facebook befreundet und telefoniert jede Woche (sagen mehr als die Hälfte der jungen Erwachsenen), pflegt einen ähnlichen Kleidungsstil und will seine Kinder so erziehen, wie man selbst erzogen wurde (sagen 73 Prozent). Dem Kind oder dem Jugendlichen von heute wird sein natürlicher Widerstandsgeist abtrainiert, der junge Geist wird mit falscher Freundlichkeit korrumpiert, mit dem neuesten iPhone, Privatchauffeur zur Schule, Aussicht auf Erbschaft und dem Glauben, man sei etwas ganz Besonderes, zumindest aber etwas Besseres als die anderen.

Die Generationen sind verkumpelt. Doch diese »Freundschaft« beruht auf einem falschen Fundament. Sie ist erkauft. Und sie bringt junge Menschen um ihre Ansprüche. Niemand bekam je etwas geschenkt oder als Belohnung fürs »Bravsein«. Warum sollte das jetzt anders sein? Die Versprechensblase des »besseren Lebens«, das es statistisch schon seit den 1980ern für nachfolgende Generationen nicht mehr gibt, wird irgendwann platzen. Und damit der Generationendeal, der auf Sand gebaut ist. Ja, wir haben mehr Diplome (deren Wert rapide sinkt, weil fast jeder eines hat) und wir haben mit 35 schon sieben iPhones gehabt, doch unsere Großeltern hatten in diesem Alter eben ein eigenes Häuschen. Kann man also wirklich sagen, »wir haben es besser«? Das wird, wie so oft, vielen erst klar werden, wenn es zu spät ist. Die Revolution, die dann stattfindet, wird keine der Jungen sein, sondern von einem Beschwerdekollektiv angegrauter, verarschter Mittvierziger ausgehen, die im Stil der DDR-Bürger sagen werden: »40 Jahre lang belogen und betrogen worden.«

Wir beginnen die Analyse mit dem Thema Erziehung, denn es ist das erste System, dem wir unterworfen werden, wenn wir auf die Welt kommen. Hier werden die Weichen gestellt. Dem Erziehungssystem ist das Kind hilflos ausgeliefert; es muss sich als natürlich Schwächerer mit den Erwachsenen verbünden, mit den Eltern und Lehrern.

Die Hoffnung des Schwächeren liegt darin, in einem geschützten Raum Stärkung und Reife zu erfahren und sich den natürlichen Anlagen gemäß zu entwickeln. Diese Hoffnung wird heute zunehmend enttäuscht. Der junge Mensch von heute gerät in eine freundlich-manipulative Disziplinargemeinschaft, die ihm unnötige Hilfestellung leistet, ihm einen Fremdwillen als den eigenen aufzwingen will, und ihn dabei von jeder Entwicklung und Potenzialentfaltung abhält. Aufkommende rebellische Energien werden umgeleitet auf Pseudospielplätze, Wettbewerbe, digitale Ablenkungsgeräte, später auf Studienordnungen und bürokratische Versuchsanordnungen, die darauf abzielen, abweichende Ideen oder Visionen im Laufe der Zeit als unsinnig zu erkennen. Das Erziehungssystem ist eine Traumvernichtungsfabrik. Die Geschichte von der Raupe, die kein Schmetterling werden durfte, hat gezeigt, wie viel Schaden Überbehütung und guter Wille anrichten können.

Überall wird gepäppelt, überschwänglich gelobt und gefürsorgt, bis der Arzt kommt. An jeder Ecke lauert heute eine freundliche Aggression, eine Hilfestellung, eine Krücke. Das macht es schwer, die Welt mit eigenen Augen zu entdecken. Wenn wir es dann mal versuchen, sind bestimmt mindestens fünf smarte Geräte auf uns gerichtet, um die bemüht authentisch wirkende Darstellung aufzuzeichnen. Das Kunststück, das junge Menschen von heute vollbringen sollen, besteht darin, wie die Raupe mit unterentwickelten Entwicklungsmuskeln prächtige Flügel auszubreiten. Anders gesagt: Man stutzt jungen Menschen die Flügel und sagt: »Und jetzt flieg mal bitte.« – Wie soll das gehen?

Jedes System ist auf Stabilisierung angewiesen und damit auch darauf, die Herzen und Hirne ihrer Bürger gefügig zu machen. Nur erfolgt dies hier nicht mit Gewalt oder durch Repression, sondern durch das Verabreichen süßer Pillen, und zwar ohne, dass man es merkt. Wer unfähig ist, selbst zu denken, auf eigenen Beinen zu stehen und die Welt mit seinen Augen zu entdecken, ist zur Abhängigkeit vom System und den systemkonformen früheren Generationen verurteilt. Die Fortführung des Bestehenden wird zu einem »freiwilligen Zwang«. So schafft man in allen Teilbereichen der Gesellschaft Konformisten, egal ob es brave Studenten für die Wissenschaft sind, gute Konsumenten für die Wirtschaft oder gute Untertanen für die Politik. An die Stelle des Anspruchs auf ein eigenes Leben tritt ein Grundgehorsam in einem fluffig-zuckrigen Kokon. Und die Falle klappt zu.

Ein Blick auf die Zahlen bestätigt dieses Bild: Die Beziehung zu den Eltern schätzen 90 Prozent der Jugendlichen als gut ein. Doch eine derartige Nicht-Erziehung macht keine Lust auf das Neue, Unbekannte, vielleicht sogar auf das Risiko. Sie konditioniert auf Risikoaversion. Der junge Mensch von heute hat nichts als Käfighaltung kennengelernt und strebt höchstens nach einer angenehmen Einrichtung seines Käfigs.

Sicherheit steht heute ganz oben, zunehmend träumen Studenten von einer Stelle im öffentlichen Dienst, also von Behördenfluren, Stempelkarten, Bildern der Bundespräsidenten und dem Geruch von Bohnerwachs. Hauptsache sicher und um 17 Uhr Dienstschluss. Wer trotzdem mal weiter ausgeflogen ist, sehnt sich irgendwann zurück nach dem Nest, wenn er nicht sowieso bis 30 bei Mama wohnen bleibt (Männer zu 40 Prozent).

Wie zum Hohn erfolgt jetzt der Vorwurf der Älteren: »Seid mal nicht so angepasst. Seid doch mal rebellisch. Wir haben damals ganz anders gelebt, gedacht und so weiter.« Doch wodurch soll Ungehorsam überhaupt entstehen? Er ist ja kein Selbstzweck, sondern hat eine Funktion. Pseudo-Rebellentum ist nicht die Lösung. Ungehorsam entsteht oft, wenn Autoritäten nicht mehr anerkannt werden, wenn also die Jugend merkt, dass mit den Erwachsenen etwas faul ist, die Muster veraltet oder nicht glaubwürdig sind. Oder wenn die Perspektiven aussichtslos sind. In dieser Situation zu rebellieren ist verständlich und keine große Überraschung.

Heute ist die Misere junger Menschen überzuckert, das Protestpotenzial wird durch Pseudogeschenke kleingehalten. Der Wohlstand wird über billige Zinsen und Verschuldungsprogramme auf Jahre gestreckt. Manchen winkt vielleicht eine hübsche Erbschaft. Die Anerkennung auf dem Papier oder durch Lob ist sofort da, das böse Erwachen ist auf später verschoben. Die Generation Y und Z ist in diesen Versuchsablauf eingespannt, es vollzieht sich ein zynisches Experiment am lebenden Objekt.

Gegen wen auch aufbegehren? Der Feind ist unsichtbar. Alle sind gut. Es gibt keinen bösen Staat mehr, keine Bullenschweine, keine NS-Eltern, keine Älteren, die einem sagen, wie vergammelt und verkommen man doch ist. Alle sind lieb: die Lehrer geben gute Noten, die Eltern sind Vorbild, der Job ist die nette Zweitfamilie. Wogegen protestieren? Gegen sich selbst? Wie paranoid! Und hier liegt das Problem: Der moderne Mensch diszipliniert sich inzwischen selbst. Er »will es doch jetzt auch«. Die »eigene« Stimme im Kopf sagt einem, dass man abnehmen, nicht so viel trinken, besser und fleißiger sein soll als die anderen. Wenn man im Leben versagt, soll man glauben, dass es nur an einem selbst gelegen hat. Man war wohl schlicht zu faul.

Hier liegt ein zentraler Unterschied zu früheren Generationen. Spätestens die Generationen Y und Z erleben ein gänzlich neues pädagogisches Muster, eine Veränderung der Ideologie, weg von repressiv hin zu freundlich manipulativ. Dagegen vorzugehen ist schwer, denn der Feind sitzt einem quasi hinter der Stirn bzw. im Nacken. Das Problem der Selbstwerdung ist also zunächst mal ein psychologischer Hindernislauf. Man muss hinter dieses Muster blicken, um überhaupt halbwegs zu erkennen, was das Problem ist. Und der Erkenntnisprozess ist auch nicht sehr verlockend, hat er doch im Grunde nur Enttäuschungen zu bieten. Der Preis wäre die Erkenntnis, dass man betrogen wurde – und wer gesteht sich das schon gerne ein? Den letzten Rest an selbstständigem Denken bringen demzufolge die »anonymen Autoritäten« zur Strecke, die uns umgeben wie die Luft zum Atmen: ein übertriebener Wissenschaftsglaube, die öffentliche Meinung, die gültigen Regeln von psychischer Gesundheit, Normalität, gesundem Menschenverstand.

Man hängt im Honigtopf fest (»Ihr habt es so gut!«) und könnte ja auch sonst mit unterentwickelten Flügeln gar nicht losfliegen. Hinzu kommt, dass es ja auch noch »dumm« wäre, wenn man es versuchte. Also bleibt man, wo man ist, und richtet sich in der Lüge ein. Das Leben, wie wir es von klein auf kennen, soll ein Mikrokosmos der Alternativlosigkeit sein, eine Erziehung zur Strukturblindheit. Das perfekte Selbstverzwergungsprogramm.

Von wem sollten wir auch gelernt haben, mutig zu träumen? Wo sind die Vorbilder? *»Die Jugend müsste etwas rebellischer sein«*, findet zum Beispiel Gregor Gysi in einem Interview. Abgesehen davon, dass dieser Satz ein einziger Widerspruch ist, da Rebellion auf Aufforderung ja wieder Gehorsam ist, ist man geneigt, zurückzufragen: »Wo waren Sie denn bitte jemals rebellisch? Vor allem in jungen Jahren? Wann haben Sie denn gegen das

System aufbegehrt, als es mal richtig riskant war? Als es darauf ankam?« Den alten Gysi von heute mag man mit einigem Recht toll und unterhaltsam finden. Der junge Gysi von damals war der Sohn eines DDR-Kulturministers, der später brav studiert und in der DDR Karriere gemacht hat. Nix Rebell.

Trotzdem sollte uns der Gysi-Satz zu denken geben. Wir schaffen es doch tatsächlich, den Standard an Subversion eines Mitglieds des DDR-Establishments zu unterbieten! Das ist ein Dilemma. Es gibt scheinbar keinen Ausweg, weder von innen, noch von außen, weil es Rebellion auf Zuruf nicht gibt. Wer in der Blase steckt, sieht nur, was er sehen soll. Das bewies übrigens niemand besser als die junge Journalistin, die auf Gysis Aufforderung doch tatsächlich fragte: »Wie wird man rebellisch?«

Wie bringt man einem Tiger im Zoo bei, dass es so etwas wie Freiheit gibt? Wir sind empört, wenn wir sehen, dass ein Tierpark Vögeln die Flügel stutzt, um sie von ihrem natürlichen Bedürfnis zu fliegen abzuhalten. Wir sind nicht empört, dass mit uns das Gleiche passiert. Wir leben im Tierpark, in Käfighaltung, und sind froh, denn wir bekommen Nahrung, Bespaßung und Anerkennung frei Haus. Dem im Zoo geborenen Tiger kann man nicht beibringen, dass es eine freie Wildbahn gibt. Er ist für das normale, natürliche Leben gar nicht geeignet.

Potenziale müssen entfaltet werden, ansonsten verkümmern sie. Man muss sie trainieren wie einen Muskel. Es ist ein Naturgesetz: Was nicht gebraucht wird, kann weg. Ein Säugling verfügt über die natürliche Fähigkeit, zu sehen. Wird er fünf Jahre in einem dunklen Raum gehalten, verliert er diese Fähigkeit unwiederbringlich. Er erblindet. Das passiert uns gerade auf sozialem Gebiet. Wir leben im Zustand einer gesellschaftlichen Unwissenheit, einem »sozialen Agnostizismus«, wie es der Technikphilosoph Günter Anders nannte. Die Umstände dringen nicht zu uns vor, obwohl (oder gerade weil) sie ständig da sind. Man geht eben in die Arbeit, man muss früh raus, man will mehr und mehr an Geld, Titeln, Status. Wozu? Keine Ahnung, alle machen es so.

Die Erziehung läuft heute nach dem Spiegelprinzip. Ich werde ein guter Vater, eine gute Mutter sein, wenn ich mein Kind immer »gut« behandle, also lieb bin und seine Wünsche erfülle. Denn dann zeigt es mir ja auch durch Zuneigung, dass ich »gut« bin. Der Erwachsene erkauft sich also durch eine Anerkennungs- und Verhätschelungsoffensive die Liebe und den Respekt des Kindes und hält diese dann für echt. An die Stelle von Erziehung tritt Wunscherfüllung, Anpassung, Bonding.

Die Wunscherfüllung sieht dann so aus: Viele Eltern glauben, dass ihre Kinder ein Smartphone brauchen, damit sie nicht aus der Gruppe ausgeschlossen werden. »Es geht doch heute gar nicht mehr anders.« Das ist der leichteste Weg. Doch würden Kinder nicht charakterlich stärker durch die Erfahrung, auch einmal nicht mit dem Strom zu schwimmen, vielleicht sogar isoliert zu sein und zu merken, dass sie auf Akzeptanz, die sich auf den Besitz eines elektronischen Gadgets stützt, nicht angewiesen sind?

Ein Beispiel für »Bonding« bot vor einiger Zeit der SZ-Journalist Till Raether: Er spiele jetzt mit dem Sohn (12) Killerspiele auf der Konsole und lasse sich von der Tochter (8) die Schminktipps auf Youtube zeigen. Spricht daraus nicht eine Erziehungskapitulation nach dem Motto: Zeigt mir eure Welt, ich habe euch nichts beizubringen? Nicht der Erwachsene bringt den Kindern etwas bei, er lässt sich von ihnen »ausbilden«. Damit drängt man Kinder in die Lücke, die man selbst lässt: die des Lehrers, die des Orientierunggebers.

Das ist aber nicht ihre Aufgabe. Soll man sich dann wundern, wenn einen die Kinder irgendwann nicht mehr ernst nehmen? Nichts anderes geschieht im Habitus: Eltern und Kinder kleiden sich zunehmend ähnlicher. Der neueste Trend ist laut Frankfurter Allgemeine Sonntagszeitung sogar die Klamottenidentität zwischen Eltern und Kindern; das tun sie nicht, weil die Kinder sich anziehen wollen, wie die Erwachsenen, um älter zu wirken. Es passiert, weil die Eltern sich selbst in die Jugendlichkeit zurückversetzen wollen, mit engen Hosen, Sneakers und Lederjacke. Das kann nicht gut gehen: Eltern, die sich selbst nicht ernst nehmen, werden das auch nicht von ihren Kindern verlangen können.

Durch Verhätschelung, übertriebene Aufmerksamkeit (die gerne mit Liebe verwechselt wird) und falsche Anerkennung zieht sich die ältere Generation so ein Heer von Narzissten heran, die nie selbstständig zu denken gelernt haben, die ihre ureigenen Bedürfnisse nicht kennen und ihre Eltern zudem nur so lange lieben, wie sie mit Anerkennung in Form von Lob und materiellen Gütern versorgt werden. Wenn die wohlig-warme Hülle der kleinen Fake-Welt zerbricht, bleibt dem kleinen Fake-Menschen nur noch übrig, sich zum Opfer der Umstände zu erklären, und noch lauter nach Aufmerksamkeit und Anerkennung zu schreien. Schon jetzt ist die Generation Y (ca. von 1980–2000) und Z (ab 2000) die präsenteste und sichtbarste Generation aller Zeiten. Niemals zuvor verfügte eine Generation über so viele Medienkanäle (Facebook, Twitter, Instagram, Snapchat, Tumblr etc.) für ihre Selbstdarstellung.

Ein Zurück ist schwierig. Wie sollte das auch gehen? Hier entsteht ein Generationenkonflikt mit langer Zündschnur und verheerenden Folgen. Die Elterngeneration bringt junge Menschen um ihr Recht auf Entfaltung der Persönlichkeit. Sie schafft Ja-Sager, Lebenszwerge, Abhängige und Bittsteller – und gefährdet damit letztlich Demokratie und Bürgersinn. Verhätschelte junge

Menschen werden politische Errungenschaften der Vergangenheit nicht verteidigen, sie haben sie ja auch nicht erkämpft.

Die Generation Y war eine eher duldsame Herde, die sich den Umständen anpassen wollte. Die Generation Z ist schon anspruchsvoller. Sie wollen alles schon jetzt, und zwar gratis – kein Wunder, sie sind seit jeher gewohnt, alles sofort zu bekommen und sind mit der Kostenloskultur des Netzes aufgewachsen. Auf Kritik reagieren sie extrem dünnhäutig, denn sie leben in einer Blase der Anerkennung und der Likes. Sie ist die Generation »Z« wie »Zeppelin« oder »Zellophan«: mit viel heißer Luft gefüllt, weit oben in den Wolken schwebend, aber mit extrem dünner Haut und unvorbereitet auf die Herausforderungen der Zukunft.

Die österreichische Ärztin und Psychotherapeutin Martina Leibovici-Mühlberger (›Wenn die Tyrannenkinder erwachsen werden‹) warnt vor einer Kohorte »verhaltensorigineller« und »chillbewusster« junger Erwachsener, auf die man sich nicht mehr verlassen sollte. Auch in der Erziehung macht scheinbar die Dosis das Gift. Zu viel falsche Liebe kann Kinder dazu bringen, die Eltern irgendwann zu hassen. Bei Erich Fromm findet sich der Hinweis, dass Liebe als Verhätschelung bei Kindern den Eindruck der Freiheitsberaubung hinterläßt – da sie im goldenen Käfig gehalten werden – was später dazu führt, dass sie in der Paarbeziehung die Liebe ebenfalls als Freiheitsberaubung empfinden, und ständig aus Beziehungen ausbrechen wollen. Wird so aus einer Kohorte von Narzisstenkindern die »Generation Beziehungsunfähig«?

Diese Form der Generationenbeziehung ist Kindesmissbrauch. So, wie man dem Schmetterling die Kraft zum Fliegen mit größter Liebe und bester Absicht raubte, wird uns die Fähigkeit geraubt, ein eigenes Leben auszubilden. Das Programm lautet

Verengung statt Spurverbreiterung, Risikoaversion statt Chancen. Wenn man mal neue Möglichkeiten entdeckt, sind es die von IKEA. Es ist ein Weg in die geistige Verbeamtung, erst im Denken, dann im Leben.

Dieser Missbrauch beruht teilweise auf Schwäche. Derartige Pädagogen sind selbst auf der Suche nach Liebe und Anerkennung und quetschen diese aus den Kindern heraus. Ihnen fehlt es an Haltung, an einem Minimum an Weltgewissheit, an Durchblick sowieso. Ein Küsschen hier, eine Umarmung dort, Geld für gute Noten oder Geschenke. Das Motto lautet: »Make your parents proud again!«

Neben dem Missbrauch steckt auch eine gute Portion an verstecktem Eigennutz für die Älteren in dieser Form der Erziehung: Kinder und junge Erwachsene sind heute Objekte stellvertretender Angeberei. Sie sind ein Investment, das sich lohnen soll, losgeschickt im Wettbewerb um Titelchen, Diplome, öffentliche Anerkennung für statusängstliche Kleinbürger der Baby-Boomer – und 68er-Generation. Im schlimmsten Fall schafft man es so, den Wunsch nach Entfaltung von Kindern völlig zunichtezumachen. Es geschieht dann etwas, was man »altruistische Anbiederung« nennen kann. Das Kind wird zum verlängerten Arm der Eltern.

Es sieht sich gar nicht mehr als eigenständiges Wesen, sondern als Stabilisator dieser Autoritäten, auf deren Freude es konditioniert wurde. Oberstes Ziel ist es dann, lebenslang, diese Autoritäten glücklich zu machen. Hauptsache, jemand ist »stolz auf mich«. Das ist nicht nur ein persönliches Drama, sondern auch ein Generationenproblem, weil es die Entstehung einer eigenen Generation verhindert: wir verlängern das Leben der Eltern, sie leben in uns fort, sind stolz, aber gleichzeitig opfern wir das unsrige. Wer werden zu einer Kopie, jeder Einzelne für sich und auch insgesamt als Generation.

In früheren Zeiten war die Beziehung zwischen den Generationen oft durch Abweisung, Abwesenheit und offene Fremdbestimmung gekennzeichnet. Kafka litt unter dem übermächtigen Vater und schrieb ihm einen berühmten Brief, den er jedoch nie abschickte. Churchills Vater war nie präsent, er interessierte sich zeitlebens so gut wie nicht für seinen Sohn, der dem Vater um jeden Preis gefallen wollte. James' Vater wiederum hielt seinen Sohn schlicht für einen Versager und Spinner. Anstatt Musik zu machen, sollte er lieber Soldat werden, wie er.

Natürlich wünscht sich niemand diese Zeit zurück, und am wenigsten ihre repressive Pädagogik, die Unterdrückung von Bedürfnissen und die von den Eltern vorbestimmte Lebensplanung. Und doch war genau dieser offene Generationenkonflikt nicht selten Voraussetzung für die Entstehung von Neuem! Es waren eben die sichtbaren Fesseln und Hindernisse, die den Ruf nach der Notwendigkeit eines eigenen, anderen Lebens erst laut werden ließen. Durch Reibung und Ablehnung des Bestehenden konnte etwas Neues entstehen. Heute ist jede Reibung herausgenommen und verdeckt. In der falschen Generationenbeziehung von heute ist der Konflikt überzuckert, verdrängt und auf später verlagert, was ihm jedoch nur eine noch stärkere Sprengkraft gibt.

Erziehung hieß schon immer, einen Menschen auf Herausforderungen vorzubereiten, nicht aber diese Herausforderungen wegzuglätten. Auch ein junger Mensch kann so manche Erschütterung, so manche Enttäuschung vertragen. Und sei es eben nur, dass man nicht schon mit neun Jahren »wie alle Kinder« ein Smartphone bekommt. In der Biologie ist dieses Phänomen als »Hormesis« bekannt: die »Schwächung« des Körpers beim Fasten sorgt im Endeffekt für eine Stärkung. Die Anpassung des Körpers durch Training ist ein weiteres Beispiel. »Resilienz«, also die Fähigkeit zur Überwindung von Schwierigkeiten, wird wieder verstärkt in der Stresstherapie, aber auch in der Soziologie thematisiert. Letztlich geht es um »Antifragilität«, wie es der Philosoph und Risikospezialist Nassim Nicholas Taleb nannte, darum, dass man einem System zutraut, auf Erschütterungen mit Stärkung zu reagieren, nicht mit einem Zusammenbruch.

Ein Beispiel für »antifragile Erziehung« bot Johnny Cash in seinem Song ›A boy named Sue‹. In dem Song wusste ein Vater, dass er sich nicht um seinen Sohn kümmern können würde, da er die Familie verlassen musste. Nicht er konnte also seinen Sohn auf die Widrigkeiten des Lebens vorbereiten, das Leben selbst musste diese Rolle übernehmen. Daher gab er seinem Sohn den Mädchennamen Sue, einen Namen, mit dem er zwangsläufig gehänselt werden würde. Der starke Charakter, die »dicke Haut« sollte sich durch eine Isolationserfahrung herausbilden. So kam es dann auch: Anfangs hasste der Sohn seinen Namen, er will sich sogar am Vater rächen und ihn umbringen. Erst jetzt erklärt der Vater dem Sohn die Wahl des Namens und der Sohn versteht den Sinn und sie versöhnen sich.

Auch James musste sich seinen Traum vom Sänger gegen die Widrigkeiten der Umstände erarbeiten und aufrechterhalten. Was schwierig durchzusetzen war, wurde ihm als wertvoll und existenziell bewusst. Er selbst wurde sich darüber klar, was er wollte.

Sein Vater hörte ihn zum ersten Mal singen, als er in einer Fernsehsendung auftrat. Das erste Lied seiner Band war gerade auf Platz 1 der US-Charts eingestiegen und wurde 1967 zum Welthit einer jungen Generation, die sich für ein neues Leben begeisterte, von neuen politischen Ideen entflammt war und mit der älteren Generation radikal brechen wollte. James Douglas (genannt »Jim«) Morrison wurde zu einer Ikone seiner Zeit.

Das Lied hieß ›Light my fire‹ und seine Band trug den eigenartigen Namen »The Doors«, inspiriert von der Idee der Autoren William Blake und Aldous Huxley, dass man die Pforten zur Erkenntnis des Neuen aufstoßen soll. Jim Morrisons Vater gab erst viel später zu, dass er in diesem Moment erkannt hatte, dass sein Sohn tatsächlich auch ein großartiger Entertainer und Sänger war. Jim Morrison war eine dieser Raupen, die sich den Weg zu den eigenen Flügeln erst erarbeiten musste und dank dieser Anstrengung schließlich die Flügel ausbreiten und davonfliegen konnte.

Education is a system of imposed ignorance.
Noam Chomsky

Ignorance is bliss.
Thomas Gray

If ignorance is bliss, why aren´t there more happy people?
Internet

Hilfe, ich bin akadämlich! Antwort auf einen Tweet

Im Jahr 2015 verfasste die damals 17-jährige Schülerin Naina einen Tweet, der tausendfach geteilt wurde und eine Bildungsdiskussion in Deutschland auslöste. Sie schrieb:

»Ich bin fast 18 und habe keine Ahnung von Steuern, Miete oder Versicherungen. Aber ich kann 'ne Gedichtanalyse schreiben. In 4 Sprachen.«

Liebe Naina, deine Kritik an unserem Bildungssystem ist mehr als berechtigt. Warum kommst du dir lebensblöd vor, weil du bestimmte Dinge nicht in der Schule lernst, während du gleichzeitig Noten hast, die dich für eine Eliteuni qualifizieren? Ich möchte versuchen, dir darauf eine konkrete Antwort zu geben und zwar als jemand, der den Großteil seines Lebens in Bildungsanstalten verbracht hat, allein 17 Jahre davon an Universitäten, zunächst als Student, schließlich als Dozent. Und glaube mir, ich fühle mich nicht viel schlauer als du.

Meine Antwort in einem Wort lautet auch hier wieder: schuld ist die Bubble. Die Welt hat verschiedene Schichten, verschiedene Mikrokosmoi. Du bist im innersten Kern dieser Zwiebel. Und das Ziel ist, dass du die gesamte Zwiebelwelt entweder nie begreifst, oder erst, wenn du im Ruhestand bist, also wenn dein Leben gelaufen ist. Bis dahin kannst du dich von einer milchigundurchsichtigen Schicht in die nächste vorarbeiten, wenn du mutig und neugierig bist.

Du kannst es aber auch bleiben lassen, und ignorant durchs Leben gehen, wie es der Großteil der Menschen macht. Und trotzdem glücklich sein. »Mundus vult decipi« – die Welt will betrogen werden, aber vermutlich konntest du das ja sogar aus einer deiner vier Sprachen leicht zurückübersetzen. Neugier wird von den Autoritäten nicht belohnt werden, Anpassung schon. Der Satz des englischen Dichters Thomas Gray aus dem Jahr 1742 stimmt immer noch: *»Wo Nichtwissen eine Wohltat ist, ist es verrückt, weise sein zu wollen.«*

Naina, im Mikrokosmos Schule erfährst du einiges, aber nicht alles. Im Mikrokosmos Universität ist es ähnlich. Und im Mikrokosmos Leben ebenfalls. Wissen ist Macht, wusste Francis Bacon und ein Wissen, das sich auf alle verteilt, ist eine Macht, die sich auf alle verteilt. »Nichts wissen macht nichts«, fanden fatalerweise die 68er und wurden dadurch, ohne es zu wollen, zu Handlangern eines Systems der geplanten Verdummung. 67 Prozent der Schüler denken wie du Naina, und wünschen sich ein Schulfach Wirtschaft. Also ein echtes Schulfach Wirtschaft. Sie werden es nicht bekommen, und das hat einen Grund.

Naina, wenn du an der Macht wärst, was wäre dir lieber: ein leicht manövrierbares, einfältiges Volk, das du überwachen kannst oder ein sperriges, kritisches und aufgeklärtes Volk, das jeden deiner Schritte überwacht? Die Schule von heute ist ein Relikt des 19. Jahrhunderts, eine preußische Kaderschmiede für kleine Rädchen in Staat, Wirtschaft, Gesellschaft. Das ist bis heute der Fall. Der erste Teil meiner Antwort ist also einfach. Du lernst nichts über Geld, Wirtschaft, Versicherungen, weil du dumm gehalten werden sollst. Der zweite Teil meiner Antwort: arm sollst du auch gehalten werden. Wer arm ist, ist abhängig. Wer abhängig ist, ist ängstlich; wer ängstlich ist, ist gefügig (solange das Geld reicht, um den Blutzuckerspiegel stabil zu halten). Das Ziel unserer Schule und Ausbildung ist Gehorsam. Dies fand schon der britische Philosoph und Mathematiker Bertrand Russell: *»Ausbildungssysteme sind nicht entwickelt worden, um echtes Wissen zu vermitteln, sondern um das Volk dem Willen der Herrschenden gefügig zu machen. Ohne ein raffiniertes Täuschungssystem in den Schulen wäre es unmöglich, den Schein der Demokratie zu wahren. Es ist nicht erwünscht, dass der normale Bürger selbstständig denkt. Weil man der Auffassung ist, dass Leute, die selbstständig denken, schwer zu handhaben sind. Nur die Eliten sollen denken. Der Rest soll gehorchen und ihren Führern folgen, wie eine Hammelherde. Diese Doktrin hat auch in Demokratien alle staatlichen Erziehungssysteme von Grund auf verdorben.«*

Nehmen wir ein konkretes Beispiel, nach welchem du gefragt hast: Geld, Wirtschaft, Versicherungen. Warum erfährst du darüber nichts Wesentliches? Das hat natürlich auch damit zu tun, dass die Schule nicht alles leisten kann oder muss. Das mit dem Mietvertrag kriegst du schon selbst hin, notfalls indem du dich hinsetzt, und versuchst, etwas darüber herauszufinden. Es gibt aber auch noch andere Gründe, speziell wenn es um Wirtschaft, Geld oder Versicherungen geht.

Unser Geldsystem ist, gelinde gesagt, eine Form von Magie. Der Trick funktioniert, solange niemand den Zauberer bloßstellt. Hast du dir jemals die Frage gestellt, was »Geld« ist? Wo es herkommt? Hast du es jemals in der Schule gelernt? Damit bist du nicht allein. Thomas Mayer wusste es gute 20 Jahre lang auch nicht, genauer bis zum Jahr 2008, als das Geld im Zuge der Finanzkrise plötzlich knapp wurde, weil sich große Bankhäuser verzockt hatten. Thomas Mayer war damals jedoch kein 17-jähriger Schüler wie du. Thomas Mayer war jahrzehntelang im Bankensektor tätig, beim IWF, bei Goldman Sachs und zuletzt als Chefvolkswirt bei der Deutschen Bank.

Um es kurz zu machen, Naina: Unser Geldsystem besteht zu über 90 Prozent aus Geld, das im Computer aus dem Nichts entsteht. Es ist durch keinen Wert gestützt, wie zum Beispiel Gold oder Silber. Welches Weltreich, welcher Staat hat bis heute basierend auf einem reinen Papiergeldsystem überlebt? Mit 1 Milliarde Reichsmark kannst du heute ein Loch in der Wand stopfen. Mit einer kleinen Goldmünze aus der Zeit Alexanders des Großen hingegen kannst du auch heute noch für ein halbes Jahr die Miete deines WG-Zimmers zahlen.

Die Frage nach der Herkunft und Beschaffenheit unseres Geldes ist ketzerisch, weil es an die Grundfesten des Staates rührt: seine Stabilität und Legitimität. Wir sind Teil eines globalen Experiments, dessen Ende langsam aber sicher naht. Seit 1971 ist der Dollar nicht mehr durch Gold gedeckt, der Euro war es nie. Wenn du das weißt und verstehst, befindest du dich schon in einer der höheren Zwiebelschichten. Unser Finanzsystem ist ein Glaubenssystem. Und es funktioniert, solange es genug Gläubige gibt.

Nehmen wir ein anderes Beispiel, nach dem du gefragt hast: Versicherungen. Versetze dich in die Lage des Staates. Du brauchst Geld, um deine Ausgaben zu finanzieren. Woher bekommst du es, wenn du kein anderes Land überfallen kannst oder willst? Du exportierst viel, du druckst das Geld oder leihst es dir von anderen. Zum Beispiel vom Bürger. Wie das geht, fragst du? Nun ja, über Staatsanleihen zum Beispiel. Dabei leihst du als Staat dir direkt Geld vom Bürger und gibst ihm dafür einen kleinen Zins. Klingt kompliziert und wenig attraktiv, nicht wahr? Ist es auch: Derzeit springt die Inflationsrate nämlich gerade auf 2 Prozent, und die Verzinsung dieser Produkte liegt bei unter 1 Prozent.

Das heißt, dein Bürger verliert gerade garantiert Geld, wenn er in dich investiert (wie gut, dass nur 18 Prozent der Bürger diesen Zusammenhang überhaupt verstehen). Warum macht der Bürger es trotzdem? Weil du Werbung machst für dein Produkt, und die beste Werbung ist die Angst. Deshalb beschallst du den Bürger mit den immer gleichen Slogans: »Altersvorsorge! Versorgungslücke! Altersarmut!« Jetzt kauft der Bürger dein Produkt. Und zwar über Umwege. Hier kommt die Versicherungswirtschaft ins Spiel. Das Hauptprodukt zur Altersvorsorge ist eine »Renten- oder Lebensversicherung«, es ist das liebste Kind der Deutschen. Es gibt davon mehr Verträge als Bürger in Deutschland, über 90 Millionen.

Lass dich nicht täuschen, hier wird nichts versichert, denn das Risiko des Lebens ist der Tod und davon hat der vorsorgende Bürger selbst nichts. Es ist ein Sparplan, also nichts weiter als ein Topf, in den der Bürger monatlich Beiträge bezahlt, und am Ende entweder das angesparte Kapital plus Zinsen oder eine monatliche Rente bekommt. Der garantierte Zinssatz liegt gerade bei unter 1 Prozent, das Produkt lohnt sich also wieder nicht, aber da es nirgends bessere Zinsen gibt und sich kaum jemand mit alternativen Anlageformen auskennt, kaufen Millionen Bürger diese »Versicherungen«, die im Grunde Schrottsparpläne sind.

Allein im Jahr 2016 wurden trotz der niedrigen Zinssätze über drei Millionen dieser Lebensversicherungen abgeschlossen. Kaum mehr als die Hälfte dieser Sparer schafft es bis zum Vertragsende, jeder fünfte Riestervertrag »ruht«, man macht also garantierten Verlust, da man weniger zurückbekommt als man eingezahlt hat (Rückkaufswert). Und wie zum Hohn muss man bei Abschluss eines solchen Vertrages auch noch einen Vermittler bezahlen; der bekommt eine satte Provision von mehreren Hundert, wenn nicht Tausenden Euro. Ich weiß das, weil ich selbst mal einer war. Das heißt die ersten Jahre zahlt dein Bürger erst mal nur den Vermittler, also mich.

Und du als Staat profitierst enorm davon: du entlastest die Arbeitgeber (deine besitzende Klasse) von höheren Rentenbeiträgen (»Lohnnebenkosten«), de facto senkst du also die Löhne, und du hältst zugleich deine Bürger arm und gefügig. Und finanzierst dich auch noch über sie. Die Versicherungsunternehmen müssen das Geld ja investieren. Und da hast du per Gesetz vorgesorgt: Über 90 Prozent der Beiträge aus diesen Verträgen landen in deinen Staatsanleihen. Da haben wir sie wieder. Dieses Finanzierungsinstrument für dich (und die Versicherungsunternehmen) funktioniert natürlich nur, wenn du die staatliche Rente klein hältst. Die Durchschnittsrente in Deutschland liegt bei etwa 1000 Euro. In Österreich ist es um gut 50 Prozent mehr.

Wenn du der Staat wärst, würdest du dann diesen Kreislauf deinen Schülern erklären wollen und in Kauf nehmen, dass sie nicht mehr in dich investieren wollen? Würdest du sie mit Warnhinweisen (wie auf Zigarettenschachteln) darauf aufmerksam machen? Würdest du eine Wissenschaft fördern, die deinen schönen Geldkreislauf kritisch hinterfragt? Da wärst du schön blöd. Der Bürger soll Geld verdienen, mit Jobs, die seine Zeit gut ausfüllen, damit er nicht auf dumme Gedanken kommt. Das Geld, das der Bürger verdient, versteuert er bei dir. Von dem, was bleibt, wandert ein Teil in Vorsorgeprodukte, über die er wiederum dich, den Staat finanziert (hat er zwar gerade schon, aber egal, doppelt hält besser) oder aber er kauft sich Produkte, also Rasenmäher, iPhones, Essen, für die er ebenfalls wieder Steuern an dich abführt (dreimal hält nämlich noch besser).

Am schlimmsten wäre aus Staatssicht tatsächlich ein bedingungsloses Grundeinkommen gepaart mit kostenlosen öffentlichen Bibliotheken. Liebe Naina, vielleicht verstehst du jetzt, was Henry Ford meinte, als er sagte, dass wir eine Revolution vor Tagesanbruch hätten, wenn die Bürger wüssten, wie unser Geld- und Wirtschaftssystem funktioniert?

Trotzdem ist die Schule natürlich nicht nur eine Indoktrinationsanstalt des »bösen Staates«. Letztlich sind wir so indoktriniert, wie wir es selbst zulassen. Es gilt, wie immer, genauer hinzusehen. Es gibt tolle Lehrer und spannende Inhalte. Oft jedoch musst du zwischen den Zeilen lesen; das Schlechte vom Guten trennen.

Du musst, wie immer eigentlich, an deiner Urteilskraft arbeiten, denn diese wird dir im Leben am meisten bringen. Du kannst dich auf nichts und niemanden verlassen. Das Leben ist ein Wollknäuel, in welchem gute und weniger gute Fäden ineinander verwoben sind. Du musst sie entwirren. Vieles, was dir in der Schule beigebracht oder auch nur näher gebracht wird, ist ein Angebot auf Vertiefung. Und bei allem, was du liest oder hörst, ist eine gute Portion Skepsis angebracht. Regierungen und der Staat sind weiß Gott nicht immer »gut«. Jede Regierung, jeder Amtsträger neigt zum Machtmissbrauch. Es gibt keine »gute Mutti Merkel« oder einen guten »Vater Staat«, der sich um dich kümmern will, wie um ein Kleinkind.

Nutze die Ferien und lies ein paar Bücher. Die echten Lehrer findest du dort, nicht in der Schule. Erich Fromm und Goethe, Nietzsche, Hesse, Heine oder Schiller haben dir unendlich viel zu sagen. Und vieles von dem, was sie schreiben, hat Sprengkraft. Was du im normalen Unterricht nicht lernst, lernst du von ihnen. Wenn du verstehen willst, was ich meine, wenn ich anfangs sagte, dass die Schule dir gar nicht alles beibringen soll, dann lies den Anfang von Goethes Faust, der sich der Magie ergibt, weil er sich trotz aller Diplome immer noch für dumm hält (»Da steh' ich nun, ich armer Tor«). Ihm geht es genauso wie dir (und mir!).

Wenn du die Verrücktheit der Staatsanleihenankaufprogramme (Quantitative Easing) der EZB oder FED nicht verstehst, dann lies den Faust II (statt ihn in vier Sprachen zu übersetzen) und du verstehst die Grundlage unseres Papiergeldsystems. Der Ökonom Binswanger hat darüber ein faszinierendes Buch geschrieben: »Geld und Magie«. Es ist immer das gleiche Spiel, das gleiche Muster. Und zwar seit Jahrhunderten, wenn nicht Jahrtausenden. Alles Wissen ist da, liebe Naina, teilweise liegt es vor deiner Nase. Du musst es nur finden *wollen*.

Doch auf diesem Weg leitet dich die Schule nicht an, diesen Weg musst du selbst finden. Der Weg ist steinig, du bekommst nichts geschenkt, und vor allem gibt es keine mundgerechten Häppchen von Wissen unterwegs. Vieles davon kann man auch nicht einfach googeln, denn wie sollst du wissen, wonach du suchst? Dies ist ein Prozess, er dauert lange. Er beginnt damit, was Immanuel Kant als Grundsatz der Aufklärung verstand: Sapere aude! Wage es, dich deines Verstandes zu bedienen. Erkennen können setzt erkennen wollen voraus. Und zwar ein ganzes Leben lang.

Kritik an unserem Bildungssystem ist mehr als notwendig: Man kann heute die höchste Akademikerquote, ja, so viele Abiturienten wie nie zuvor haben und trotzdem eine massenhafte Ignoranz im Bereich »Wirtschaft & Finanzen«, aber auch in vielen anderen Feldern haben. Und irgendwann folgt das böse Erwachen. Im Mikrokosmos Schule kann man genial sein, im nächsthöheren Level »Leben« fehlen dann die Zusammenhänge und man muss sie sich erarbeiten. Und das auch, wenn man das beste Abitur hat. Und es lohnt sich, mit Leuten zu sprechen, die vor allem das Leben kennen, und weniger die Schule oder Universität: Arbeiter, Angestellte oder Leute, die in Bars und Kneipen herumstehen, können dir auch etwas beibringen. Oft vermutlich mehr als so mancher Professor.

Ich bin dir dankbar für deinen Tweet, Naina. Denn wir sollten nicht aufhören, von einem besseren Bildungssystem zu träumen und es immer wieder zum Thema zu machen. So wie du es mit deinem Tweet gemacht hast, ob du wolltest oder nicht. Denn es geht natürlich nicht nur um Geld und Versicherungen, sondern um eine Form des freien Denkens und den Durchblick in unserer komplexen Wirklichkeit. Es gab mal ein Bildungsideal, das sich genau daran orientierte, Freidenker zu produzieren. Es stammt zum Beispiel von Wilhelm von Humboldt und John Dewey und findet sich auch in den Konzepten vieler Reformschulen wieder. Dieses von der Aufklärung inspirierte Denken war einmal - man glaubt es kaum - »Mainstream«.

Die Idee der Universität ist im Kern großartig. Sie ist (im Idealfall) ein geschützter Raum des kritischen Denkens und neben der Kunst eines der letzten Biotope der Freiheit. Befreiung ist auch ihr Kernanliegen. Die Universität als Bildungsanstalt soll kritische, selbstbewusste und sich selbst besser kennende junge Menschen hervorbringen. Das ist nicht nur Spielerei. Jede Gesellschaft braucht Stätten des Nachdenkens, was eben impliziert, dass diese Stätten nicht nach den gleichen Maßstäben funktionieren, wie die Gesellschaft. Sonst käme unten nur das raus, was man oben eingibt.

Deshalb ist ein Studium eben nicht das Gleiche, wie, sagen wir, ein Projekt von McKinsey. Bildung darf und muss zu einem gewissen Grad »weltfremd« sein, denn der gern geschmähte »Elfenbeinturm« ist eben auch eine der letzten Bastionen des unangepassten Geistes. Wissenschaft ist frech gegenüber Glaubenssystemen. »Education« kommt von »educere«, lateinisch für »hinausführen«. Der Anspruch einer guten Bildungsanstalt besteht darin, den eigenen Kern des Einzelnen herausschälen zu helfen, damit man erfährt, wer man ist, was man kann und was man will. Gilt das noch, in einem verschulten, auf Diplom- und Arbeitskräfteausstoß getrimmten Wissenschaftsbetrieb? Heute ist es Hauptaufgabe der Universität, den Anforderungen der Wirtschaft hinterher zu produzieren. Heute kann man studiert haben ohne gebildet zu sein und man kann »kompetent« sein ohne etwas zu wissen, einfach nur weil man anwendungsorientiert zum nützlichen Idioten ausgebildet wurde.

Nach außen und in Festreden beschwören Rektoren, Wissenschaftsbeamte und Minister den kritischen Geist, nach innen sorgen sie dafür, dass ein Galileo Galilei *»nur auf dem Bauche kriechend in eine halbwegs würdige Stellung kommen kann«*, wie es in Brechts gleichnamigem Theaterstück heißt. Nach meiner sehr standardisierten juristischen Ausbildung konnte man mich in etwa so beschreiben: Schablonendenken, verängstigt und von mir selbst entfremdet. Ich hatte mich durch Binge-Learning quasi selbst lobotomisiert. Nie fühlte ich mich dümmer, als kurz nach den Examina: ideenlos, fremdbestimmt, mit dem Gefühl, gar nichts zu können und niemand zu sein. Ich musste sogar wegen Panikattacken in Therapie. Für mich war das dann der Zeitpunkt, an welchem ich unbedingt noch einen Doktor dranhängen wollte, um das lädierte Selbstbewusstsein wieder aufzurichten. Ist das nicht armselig?

Das heutige westliche Bildungssystem hat aus meiner Sicht neben der Vermittlung »anwendbarer Kenntnisse« zwei Aufgaben: Menschen im Denken kleinzuhalten und ihnen zugleich einzuimpfen, sie seien wer, wenn sie eines der Diplome in Händen halten. Das ist eine ideale Fortsetzung des Flügelbruchprogramms der Erziehung. Nach der Blase der Erziehung kommt die Blase der Schule und Ausbildung.

Wer sich heute in eine Universität wagt, den erwartet Folgendes: In der ersten Woche hält irgendwer die obligatorische Wettbewerbsrede, um alle Studenten auf den Einzelwettkampf einzuschwören (»Ihr Banknachbar ist nächstes Semester nicht mehr da«).

Erste Lektion: Let the Hunger Games begin! Das »Studium generale« (gibt es das noch?), so lernt man in der zweiten Woche, gilt als »belegt«, wenn man die Kurse einfach ins Studienbuch einträgt. Check.

Zweite Lektion: Bitte aufs Wesentliche konzentrieren, abschweifen ist ab jetzt riskant.

Es folgt die Verengung der Weltsicht auf den »prüfungsrelevanten Stoff«, es folgen »Module«, das Sammeln von ECTS-Punkten, das Schreiben von Hausarbeiten, Auswendiglernprüfungen, Praktika, vielleicht winkt schon der erste Job. In dieser Zeit werden 50 Prozent der Studenten über Überlastung klagen, die Zahl der Befindlichkeitsstörungen nimmt seit Jahren zu. In den psychologischen Betreuungsstellen der Universitäten melden sich fast dreimal mehr Studenten als vor zehn Jahren. Und all das Gestrampel dient einzig und allein dem Zweck, einen Job zu finden, von dem 7 von 10 heute sagen, sie machten nur Dienst nach Vorschrift, während 15 Prozent sogar schon innerlich gekündigt haben. Wow, klingt wirklich äußerst anziehend.

Die Statistik deckt sich mit meiner Beobachtung. Die Absolventen, die ich jedes Jahr sehe, sind im Kern oft verunsichert, klammern sich jedoch an einen Rest Elitestolz, den die Universität gerne mit pompösen Diplomverleihungen kultiviert, einer Art Maskenball für Eltern und Sponsoren. Die Universität als Verzwergungs- und Disziplinierungsanstalt hat sich zum Ziel gesetzt, jede Vorstellung von einem Leben außerhalb des Mainstreams im Keim zu ersticken. Ideal wäre, wenn alle Wirtschaft, Jura und Ingenieurwissenschaften studieren würden. Es ist wie die ›Tribute von Panem‹ in der akademischen Variante: Mehr Studenten als je zuvor kämpfen in einer Arena um die besten Noten, Praktikumsplätze und Stipendien, während Professoren und Eltern mal belustigt, mal entsetzt zuschauen. Für Letztere gibt es inzwischen sogar eine Elternsprechstunde an der Uni. In Freiburg war der Andrang so groß, dass das Fußballstadion angemietet werden musste.

Der »Gewinner« eines solchen Gladiatorenkampfs hat sich definitiv für die nächste Runde qualifiziert: einem befristeten Job bei einem Unternehmen, das einen glänzenden Ruf, aber ziemlich sicher auch ein Arschlochgeschäftsmodell hat: Investmentbanken, Rüstungskonzerne (die oft so unscheinbar heißen wie EADS oder Airbus), Unternehmensberatungen, Großkanzleien oder Irgendwas-mit-Werbung.

Der Yale-Dozent William Deresiewicz nennt die Studenten der amerikanischen Eliteuniversitäten deshalb auch »excellent sheep«. Die Herde der überdurchschnittlichen Schafe zieht auf ganz natürliche, zwanglose Weise in Richtung des Mainstreams. Man beginnt sein Studium mit Idealismus, mit hochfliegenden Ideen, einer Freude auf intensiven intellektuellen Austausch und auf Gespräche bis tief in die Nacht bei billigem Rotwein.

So war es auch bei mir. Nur um dann zu merken, dass man letztlich in einem Trichter gelandet war, der die Weltsicht so weit verengt, dass man als Absolvent am Ende vergessen hat, was man ursprünglich wollte.

In den USA arbeiten fast die Hälfte aller Harvard-Absolventen entweder in den Bereichen Finance oder Unternehmensberatung. An anderen Elite-Colleges sind die Präferenzen ähnlich gelagert, trotz sehr unterschiedlicher Fachrichtungen. Man beginnt als Original und endet als Kopie. Und das Schöne: Die Standardisierung erfolgt quasi freiwillig. Man muss jungen Menschen gar nicht explizit drohen oder sie zu etwas zwingen. Es genügt völlig, sie im allgemeinen Einheitsbrei langsam weichzukochen.

Gepaart mit einer hohen Verschuldungsrate der Studenten durch Bildungskredite (student loans), die gut und gerne mal 250 000 Dollar erreichen (mit insgesamt 1,5 Billionen – sic! – Dollar sind das mehr als alle KFZ-Kredite in den USA!), geht das Denken automatisch in die Richtung, in die es soll. In Deutschland funktioniert das selbst ohne hohe Kreditschulden prächtig. Wir erinnern uns: Das wichtigste Kriterium für Studenten ist Jobsicherheit (sagen 61 Prozent). Ein Drittel der Befragten wollen für den Staat arbeiten.

Als ich im ersten Semester war, galt es noch als Charakterfrage, ob man sich später, oder auch nur für ein Praktikum, mit »Großkanzleien« einlässt, weil man intuitiv das Gefühl hatte, dadurch der »dunklen Seite der Macht« zu dienen. Nach den Examina war diese Option dann schon gar nicht mehr verschrien, sondern im Gegenteil sehr nachvollziehbar. Wer sich auf idealistische Tätigkeiten einlässt oder keine Karriereziele hat, wird vordergründig bewundert, hinter vorgehaltener Hand aber eher belächelt. Doch es gibt auch die kuschelige Seite der Universität: Gleichzeitig regiert nämlich das Syndrom »Trophyism«, bei dem es nur Gewinner, aber keine echten Verlierer mehr gibt. Zum Vergleich: Vor gut 50 Jahren, im Jahre 1964, absolvierten weniger als 10 Prozent eines Jahrgangs das Abitur. Heute sind es gut 50 Prozent. Fast 40 Prozent bestehen es mit einer 1 vor dem Komma. An Elitehochschulen der USA ist die Note »A-« der neue Standard, den 60 Prozent erreichen. In Baden-Württemberg hat sich die Zahl der Abiturienten mit der Bestnote 1,0 in sechs Jahren (zwischen 2006 und 2012) fast verdreifacht.

Eine Dekade von Intelligenzbestien? Das Phänomen der Noteninflation wurde kürzlich durch eine Studie der Universität Frankfurt/Oder bestätigt. Ich sah es selbst an der Sorbonne, wo ich über fünf Jahre unterrichtete: Seit dem Jahrgang 2016/2017 gibt es eine »Auszeichnung« schon bei 12 von 20 Punkten, statt wie früher bei 13 von 20 Punkten. In Frankreich legten im Jahr 2017 fast 8 von 10 jungen Menschen eines Jahrgangs das Abitur ab, welches fast 9 von 10 bestanden, über die Hälfte davon »mit Auszeichnung«, 13 Prozent allein mit der Höchstnote »sehr gut«. So schafft man statistische Exzellenz im Hier und Jetzt und erst später lange Gesichter, wenn eine ganze Kohorte an jungen Menschen merkt, dass die bunten Zettel, an die sie geglaubt haben, nicht so viel wert sind, wie sie dachten.

Bildungsanstalten verhalten sich zunehmend wie Notenbanken, die glauben, Reichtum dadurch zu vermehren, dass sie mehr Geld drucken. Dazu passt, dass Peter Sloterdijk als kulturprägendstes Phänomen des 20. Jahrhunderts den »Schatzfund« ausgemacht hat, auf den heute jeder einen Anspruch zu haben glaubt. Unser Bildungssystem betreibt eine Illusionsmalerei durch »Dilution«, also eine Verwässerung der Maßstäbe. In dem Maße, wie Exzellenz demokratisiert wird, nimmt auch der Betrug zu. Gerne »pimpt« man den Lebenslauf dann noch etwas, das machen schließlich alle. Auch wenn das »verhandlungssichere« Französisch vielleicht nur reicht, um sich einen Kaffee zu bestellen.

Die Universität ist also eine Kuschelblase mit Wettbewerbsgedanken. Statusdünkel ist dabei vorprogrammiert und sogar gewollt. Im Blickfeld dieser Klasse existieren Nichtakademiker gar nicht. Sie sind unsichtbare Niedriglohnsklaven, die an der Kasse des Discounters sitzen und gefälligst die Produkte etwas schneller abpiepsen sollen, man will ja nach Hause; es sind unsichtbare Menschen, die im Café den Kaffee bringen oder die Päckchen abliefern (wobei »diese faulen Schweine ja nie bis in den 4. Stock hochkommen!«, wie man hin und wieder auf Facebook lesen darf).

Die Uni ist im Kern elitär. Kaum ein Student trinkt ein Bier mit einem Arbeiter oder am Wochenende mit dem Paketzusteller. Er tut nur so, als würde er auf dessen Seite stehen. Der Typus Mensch, den Bildungsanstalten hervorbringen, ist der »Intellektuelle Idiot«, so der Finanzmathematiker und Philosoph Nassim Nicholas Taleb. Dieser Typus Mensch hat die richtigen Diplome der richtigen Universitäten, kennt die Theorien der herrschenden Meinung, hat den ›New Yorker‹ im Abo und glaubt »immer richtig« zu liegen. Das Schlimmste an ihm, so Taleb augenzwinkernd: er stemmt keine Gewichte.

Trotzdem ist es nicht so, dass man an der Universität keine Selbstentfaltung betreiben könnte. Man muss es nur gegen Widerstände tun. Das kritische Denken, so oft es in Abschlussreden betont wird, wird niemandem beigebracht, es wird in Wahrheit in jedem Moment verhindert.

Einmal bekam ich eine Nachricht auf Facebook von einer Studentin aus München. Nennen wir sie Julia. Julia ist Anfang 20, Jurastudentin und überlegt, ob es sich »lohnt«, für eineinhalb

Jahre nach Paris zu gehen, um dort an einer der renommiertesten Universitäten des Landes zu studieren und zusätzliche Abschlüsse zum deutschen Examen zu erwerben. Ihre Frage an mich: »Was hat es dir gebracht?« Da ich das gleiche Programm absolviert habe, dachte sie, ich könnte ihr vielleicht eine Antwort geben. Sie wollte wissen: Wie gut muss mein Französisch sein? Bin ich nach 1,5 Jahren in Paris (»die verliert man ja doch«) noch im deutschen Recht drin, oder nicht schon »raus«? Hat das Studium in Paris etwas für meinen späteren Lebensweg »gebracht«?

Ich musste bei diesen Fragen an die Briefe des Schriftstellers Henry Miller denken, die dieser in den 30er-Jahren an seinen Freund Emil Schnellock geschrieben hatte. Das authentische Dokument eines echten Aussteigers, Träumers und Poeten. Miller kam mit nichts als 10 Dollar von Amerika nach Paris, konnte kein Französisch, hatte aber die feste Absicht, hier zum Schriftsteller zu werden. Und er wurde es. Woher nahm Miller aus dem Nichts diese Zuversicht und was hat bei Julia (die auf dem Papier beste Voraussetzungen hat) diese Zuversicht zerstört? War Miller größenwahnsinnig, während Julia realistisch ist?

Vielleicht. Doch Miller war bereit, die sterbliche Hülle seiner früheren Existenz gänzlich hinter sich zu lassen; er wurde jemand ganz anderes, verließ sich dabei auf sich selbst und baute sich aus dem Nichts neu auf, zu einer Persönlichkeit, einem Grenzüberschreiter, einer Generationenstimme, dem Erfinder einer neuen Literaturgattung, und dem Ideal eines autonom denkenden Menschen, der nie eine Universität von innen gesehen hat.

Julia hingegen, die Akademikerin mit besten Zukunftschancen, bezieht offenbar einen Großteil ihres Lebensinhalts und Eigenwerts aus der Fremdanerkennung. Wohlgemerkt: Hier sorgt sich jemand, der ein recht schwieriges und langwieriges

Studium absolviert, nicht nur, ob sich das lohnt. Nein, sie fragt sich sogar, ob es mit zwei (!) weiteren Diplomen aus Paris (von der dort besten Jurafakultät) später mal »reicht«. Zusätzlich zum »Exzellenz-Label« der Uni München. Im Grunde ist das eine Art Inflationsangst: Wie viel an Diplomen muss ich anhäufen, damit es irgendwann mal »genug« ist? Wenn man sich anschaut, wie unsere Gesellschaft tickt, wird dieses Irgendwann vermutlich nie eintreffen.

Die Sorge vor dem Wertverlust von Diplomen ist dabei mehr als berechtigt: Wie der französische Soziologe Louis Chauvel nachweist, muss seit den 40er-Jahren jede Generation eine Diplomstufe höher gehen, als die Generation vor ihr, um das Lebensniveau zu halten. Es braucht nicht viel Fantasie, um zu erkennen, dass diese Aufstiegsspirale nach oben begrenzt ist. Es kann nicht jeder Professor werden. Auch wenn die Zahlen auf Frankreich bezogen sind, in Deutschland ist es nicht wesentlich anders. Wer in den 60ern studierte, konnte selbst mit einem abgebrochenen Studium noch weich landen. Heute strebt man nach einem zweiten Master, wenn der Trend nicht sowieso Richtung Zweitstudium geht, oder in Richtung der zunehmend wichtigeren Promotion, und sei es nur, um die Zeit zu überbrücken.

Dabei sind viele Promotionen im Grunde nur Pseudo-Meisterbriefe intellektueller Masturbation. Sie dienen primär der Selbstvermarktung, nur ganz selten der Wissenschaft. In juristischen Arbeiten wird häufig nur der bestehende Meinungsbrei noch ein weiteres Mal aufgekocht und umgerührt. Für den Zustand der wissenschaftlichen Arbeit im Fach Designtheorie hat es Christian Demand im Merkur mal so ausgedrückt: *»Selten sind dünnere Bretter mit massiverem Selbstbewusstsein gebohrt worden.«* Von medizinischen Promotionen ganz zu schweigen. Derzeit sind insgesamt etwa 200 000 aktive Doktoranden registriert, jährlich kommen knapp 30 000 Doktorarbeiten auf den Markt, mehr als 2,5 Mal so viel wie in den 70er-Jahren. Und das, ohne dass es mehr Stellen im akademischen Betrieb gibt. Der Aufstieg existiert häufig nur noch auf dem Papier, es ist eine Zertifizierung der eigenen Großartigkeit, anstelle von echtem geistigen oder beruflichen Vorankommen. Der Drang nach »höheren Weihen« ist letztlich nur eine weitere Schleife, ein Pseudo-Aufstieg, der den tatsächlichen Abstieg kaschiert. Nicht ohne Grund antworten 87 von 100 Menschen auf die einfache Frage: »Glauben Sie, dass ihre Kinder es einmal besser haben werden als Sie?« mit »Nein«.

Die Noten sind die Beruhigungspille, die vorerst noch halbwegs wirkt. Doch auch das kann nicht ewig so gehen, es sei denn, man gibt jedem eine »1«, was einem Offenbarungseid gleichkäme. Wir brauchen eine grundlegende Neuformatierung des Bildungssystems. Immer mehr Leuten fällt auf, dass die Massenakademisierung ein himmelschreiender Selbstbetrug ist, die einem blinden Bürokratismus folgt und letztlich auf der Illusion einer Demokratisierung der Exzellenz beruht. Daraus entstehen Wissenschaften, die pro forma »kritisch« sind, Universitäten, die pro forma »exzellent« sind, und Studenten, die pro forma »die Bestausgebildetsten ever« sind, aber offenbar nicht mal richtig rechnen und schreiben können. Und das in Massen. Wenn unser System das Beste ist, das wir je hatten, warum produzieren wir dann nicht Genies am laufenden Bande? Wieso gibt es Menschen wie Naina, die über Wissenslücken klagen? Warum herrscht an Universitäten ein Überbietungswettbewerb statt eines Klimas intellektueller Begeisterung und gedanklicher Freiheit? Gegen die Einseitigkeit des Stoffs rebellieren inzwischen sogar Wissenschaftler. In der Volkswirtschaftslehre wird inzwischen offen kritisiert, dass so manches Standardlehrbuch in unwissenschaftlichem Propagandaton gehalten ist und nur ein Denkmodell vermittelt wird, nämlich das neoklassische, das den rationalen und egoistischen Homo oeconomicus in das Zentrum der Betrachtung stellt, eine Figur, die seit gut 40 Jahren überholt ist.

Die Konzepte liegen seit Jahren auf dem Tisch. Man weiß vieles über individuelle Förderung (Ken Robinson), die veralteten Schulstrukturen (Precht), man weiß, wie gehirngerechtes Lernen funktioniert (Gerald Hüther, Vera Birkenbihl) und dass man mit digitaler Unterstützung meistens nachweislich schlechter lernt als besser (Manfred Spitzer). Schule zerstört Kreativität, sie ist eine Disziplinierungs- und Dressuranstalt, nicht mehr, wussten Maria Montessori, Michel Foucault und auch Robert Musil, der das Schulsystem als »barbarische Sünde« bezeichnete, weil sie »das Schöpfertum des Kindes durch Raub seiner Welt zerstören, unter totem Wissensstoff ersticken und auf fremde Ziele abrichten«. Für Breitband und Tablets stellt der Bund fünf Milliarden zur Verfügung. Das Geld ist einfach da (wir wissen ja jetzt, wie es entsteht). Für die Umsetzung neuer Unterrichtskonzepte ist kein Geld da (lies: man will es nicht ausgeben).

Das System wird so lange unbefriedigend sein, solange es die wichtigste Ressource des wissensdurstigen Menschen verknappt: Zeit. *»Das Gras wächst nicht schneller, wenn man an ihm zieht«*, lautet ein afrikanisches Sprichwort. Wer Bildung und Wissenserwerb als bürokratischen Planungsprozess versteht, wird ein Heer entwurzelter Halme züchten. Der junge Newton entdeckte die Gravitationsgesetze nicht, als er im internationalen Exzellenbachelor Physics & Business an der Privatuni gerade dabei war, die letzten ECTS-Punkte einzufahren, sondern als er unter einem Apfelbaum lag. Ausbildung muss wieder zu einem Erkenntnisprozess werden, an dessen Ende eine verstärkte Gewissheit über sich und die Zusammenhänge in der Welt steht und nicht das Gefühl, letztlich ein leeres Gefäß zu sein, das man mit beliebigem Inhalt füllen kann. Die jetzigen Bildungsanstalten töten Motivation und Eigenverantwortung, statt sie zu fördern.

Nochmal zurück zu Julia: Wusste sie überhaupt, warum sie nach Paris gehen wollte? Und wollte sie das überhaupt herausfinden? Ich fürchte: nein. Ihre bezeichnendste Frage aber habe ich bisher noch nicht genannt:

»Was haben Sie damals in Ihr Motivationsschreiben geschrieben? Und haben Sie es vielleicht noch und könnten es mir schicken?«

They say jump, you say: how high?
Rage Against The Machine , ›Bombtrack‹

And you think you´re so clever and classless and free. But you´re still fucking peasants as far as I can see.
A working class hero is something to be.
John Lennon, ›Working Class Hero‹

Wir sind die letzten Helden der Arbeit

Wie fängt man Affen? Die Ureinwohner Afrikas haben dazu eine höchst erfolgreiche Methode entwickelt. Sie suchen sich Felsmulden, die gerade so groß sind, dass die Hand eines Affen bequem hineinpasst. In diese Felsmulde legen sie einen Köder aus, zum Beispiel eine Handvoll Reiskörner oder süßes Obst. Sobald der Affe nach dem Köder greift, merkt er, dass die Mulde nicht groß genug ist, um die geballte Hand wieder herauszuziehen. Dazu müsste er seine Beute erst wieder loslassen. Doch dazu sind Affen nicht bereit. Eher lassen sie sich fangen, als dass sie das aufgeben, was sie erbeutet haben. Sie bleiben in der Falle stecken und werden Opfer der eigenen Gier.

Im Zuge der letzten Finanzkrise 2008 machte ein junger Mann aus England Schlagzeilen. Im Grunde war er im Herzen ein Hippie. Er hatte Geschichte studiert, die Welt bereist und wollte diese Art Leben gerne verlängern. Um sich etwas Geld zu verschaffen, heuerte er etwas naiv in der Londoner City als Investmentbanker an und wurde Rohstoffanalyst. Viel Ahnung davon hatte er zwar anfangs nicht, aber das war kein Hindernis. Dass er im Herzen des globalen Kapitalismus gelandet war, war ihm bewusst, allerdings hatte er sich geschworen, den Job nur »für maximal fünf Jahre« zu machen.

Er machte sich gut, verdiente sehr viel Geld, bekam jedes Jahr einen höheren Bonus. Jedes Jahr beschloss er, um noch ein weiteres Jahr zu verlängern. Den Absprung schaffte er nicht, er musste erst gefeuert werden: Als Cityboy hatte er in einer anonymen Kolumne den täglichen Wahnsinn seines Berufsstands beschrieben. Ganz London rätselte, wer sich dahinter verbirgt, bis er sich irgendwann stellte. Aus den fünf Jahren waren inzwischen 12 Jahre geworden.

Wenn man die Affen und Cityboy vergleicht, wird die Verwandtschaft unserer Arten besonders deutlich. Affen mögen schlicht gierig sein. Wir sind recht begabt in Sachen Selbstbetrug. Und ebenso anfällig für das Belohnungsprinzip, gerade wenn es uns von dem ablenkt, was wir wirklich wollen. Sowohl der Affe als auch Cityboy landeten in der sogenannten »Honigfalle«. Die Honigfalle ist das Pendant der Arbeitswelt zur freundlichen Manipulation, wie wir sie bisher kennengelernt haben. Sie ist die perfekte Traumvernichtung. Der Cityboy wusste, was er will, er hatte das ideale Leben sogar schon gefunden und für ein paar Jahre gelebt: in seinem Fall als Hippie und Globetrotter. Und trotzdem kam er von dem süßen Gift von Geld, Status, Macht nicht los, sobald er es mal geschmeckt hatte. Diese Falle ist so stark, weil sie menschliche Schwachstellen ausnutzt: die sogenannte »Verlustaversion«. Kaum hat man etwas in der Hand, möchte man es ungern wieder hergeben.

Die Generation Y ist dafür nicht weniger anfällig als die meisten Menschen. Was man ihr jedoch vorwerfen kann, ist ihr ostentativ zur Schau getragener Pseudo-Antimaterialismus. Im

Kern sind wir genauso korrumpierbar wie der Affe oder Cityboy. Im Zweifel entscheiden wir uns für das Geld. Das passt auf den ersten Blick nicht zu unserem Selbstbild: die »Generation Y« (Why) wurde schließlich mit der Forderung berühmt, eine ganz neue Arbeitskultur eingeläutet zu haben. Wir wollen angeblich mehr Flexibilität, weniger Präsenz, mehr Freiheit, mehr Urlaub, und noch dazu das Grundeinkommen. Überhaupt suchen wir ja laut Generationenforschung eher Bestätigung, Erfüllung und Sinn. Mit so etwas schnödem wie Geld und Status braucht man uns angeblich nicht zu kommen.

So weit das Klischee. Die Zahlen sprechen eine andere Sprache. Wenn Mitarbeiter die Wahl zwischen mehr Freizeit oder mehr Geld haben, wie kürzlich bei der Deutschen Bahn, dann entscheiden sich gerade die Jüngeren für mehr Geld. Für Studenten ist laut Umfrage die Jobsicherheit das Wichtigste. Zugleich gilt es auch nicht als verpönt, sich »erst einmal« ein paar Jahre ordentlich den Hintern in einer Großkanzlei, Bank oder Unternehmensberatung aufzureißen, viel Geld zu verdienen und dann auf einen etwas chilligeren Job umzusatteln. Und dann gibt es ja auch noch die ganzen coolen Start-ups mit flachen Hierarchien, Feelgood-Managern, gleichaltrigen Kollegen im T-Shirt und mit Apple-Laptop. Wie passt das alles zusammen?

Ganz einfach: wir wollen die Quadratur des Kreises. Die meisten wollen Sicherheit, ein bisschen Karriere, früh Verantwortung, ein spannendes Team und gutes Gehalt, ohne sich dafür kaputt zu machen. Also das Prinzip Überraschungsei: was Spannendes, was zum Spielen und Schokolade. Nur ohne Überraschung eben. Und die Schokolade ohne Zucker. Und bitte ein Spiel, bei dem alle gewinnen. Die höchste Karrierestufe muss es für viele nicht mehr unbedingt sein, die meisten Akademiker sind mit ihren Arbeitsbedingungen zufrieden, backen lieber kleinere Brötchen. »Hippies« sind wir definitiv nicht. »Yuppies« jedoch auch nicht.

Vielleicht sind wir eine seltsame Mischung, ein kruder Klon aus beidem: die »Happies«. Wir sind happy Yuppies, wir sind pseudosoziale Karrieristen, die nach außen die Welt »zu einem besseren Ort machen wollen« (zum Beispiel indem wir an sprechenden Kühlschränken und Pizzalieferungen per Drohne arbeiten), während sie gleichzeitig clever in die eigene Tasche wirtschaften und tatsächlich glauben, es gehe ihnen besser als allen Generationen vor ihnen, nur weil sie ein als Smartphone getarntes Überwachungsgerät bei sich tragen.

Wäre die Generation Y einen Arbeitsplatz, dann wäre das wohl eine Art Umwelt-Behörden-Start-up mit Kokoswasser-Spender, Dachterrasse mit Minigolf mitten in Berlin, in der Menschen mit grauen T-Shirts, engen Jeans, Sneakers und Nerdbrillen halbtags an einer disruptiven Technologie arbeiten, wie man per Smartphone das Energieproblem der Welt, AIDS und den Hunger in der Welt ausknipst und dabei auch noch reich wird.

Auch in der Arbeitswelt sind wir im Kern konservative Kleindenker und Lebenszwerge. Auch die Arbeitswelt soll ein Kuschelkosmos sein. Entweder entscheiden wir uns gleich für die Beamtenlaufbahn oder aber sind bereit, ein paar Jahre Kohle zu scheffeln und dann: schnell zurück in den Strebergarten, pardon Schrebergarten. Wir bewegen uns wie die Haselmaus. Wenn es etwas abzugreifen gibt, stehen wir parat, stopfen uns die Backen voll und hauen dann wieder ab.

Selbst wenn wir uns selbstständig machen, sind wir risikoavers. Wir definieren die Scheinselbstständigkeit ganz neu und nennen es einfach »Start-up«. Jeder Handwerksmeister fährt ein großes Risiko, muss Kredite aufnehmen, Auftragsflauten umschiffen und dem Geld der Kunden hinterherlaufen. In der Start-up-Szene jedoch, wo wir uns tummeln und wo vielleicht das nächste große Ding entsteht, kann man mit dem Geld von Investoren und Business Angels fröhlich vor sich hin dilettieren, ohne Angst haben zu müssen, dass man damit im Fall des Scheiterns auf Jahrzehnte verschuldet ist.

Doch selbst unter diesen paradiesischen Bedingungen muss man die angeblich »kreativste Generation aller Zeiten« noch zum Jagen tragen. Die Unternehmenswelt in Deutschland ist fest in der Hand der Nachkriegsgeneration. Welche profitablen Großunternehmen von jungen Menschen, die in den 80er-Jahren geboren wurden, kennen wir? Der größte Player im Segment der Start-ups in Deutschland ist die Holding »Rocket Internet« (u. a. Zalando) der Samwer-Brüder. Ihr Geschäftsmodell ist die Kopie von Geschäftsmodellen anderer. Das ist Risiko à la Generation Y: Erst mal die anderen vorschicken und schauen, ob es klappt.

Das ist bezeichnend: Selbst am größten Hort der Freiheit, der totalen Selbstverwirklichung und des natürlichen Größenwahns, der Welt des freien Unternehmertums nämlich, geben wir ein trauriges Bild ab. Wir wollen nichts Großes mehr gründen, wir wollen keine Dynastien bauen, keine neuen Welten entdecken oder alte Zöpfe abschneiden. Wir wollen etwas mit fremdem Geld anschieben und dann schnell absahnen. Das ist ein bisschen so, wie mit dem Fuffziger von Papi am Roulettetisch zocken. Man blickt wie das Kind zum Venture Capitalist und hofft auf eine weitere Kapitalspritze. Später hofft man, von einem der Internetgiganten »aufgekauft« zu werden.

Auch hier begegnet uns die Weigerung, erwachsen zu werden und aus der Blase der Abhängigkeiten auszubrechen. Man möchte die alte Welt nicht herausfordern oder zur Disposition stellen, man möchte von ihr getätschelt und gemocht werden.

Für Freud war der natürliche Drang des Kindes der sogenannte »Vatermord«, das Einnehmen der Position des Vaters; bei uns ist es die Lust des Adoptiertwerdens. Wir sind die Generation der perfekten Schwiegersöhne und Schwiegertöchter und leiden an ödipaler Schwellenangst. Wenn wir nicht so real wären, könnte uns das Privatfernsehen gar nicht besser erfinden.

Die Schwelle der totalen Selbstaufgabe in Form der Verschmelzung mit dem Unternehmen erreichen wir, wenn einer der Internetgiganten à la Apple, Google oder Facebook auf der Matte steht. Dann können wir uns vor Loyalität kaum überbieten. Durch unsere Adern läuft dann das Kühlwasser der Unternehmensgrundsätze, der »Code« der Firma. Individualität ist uns höchst gleichgültig, wenn es etwas Status zu gewinnen gilt. Dieses Lebensgefühl der legeren Coolness im »Job« bei gleichzeitiger sklavischer Unterwerfung ist inzwischen zu einer Epidemie geworden, nicht nur in der Start-up-Welt, aber dort ganz besonders.

Der Journalist Dan Lyons, der einige Zeit in einem Start-up angeheuert hat, fühlte sich wie in einer Generation-Y-Sekte: jeder war etwas Besonderes, überall urbaner Neusprech, ein Heer von »Believern« und »creative Rockstars with Superpowers« konkurrierte darum, als inspiriert und irgendwie überirdisch durchzugehen. Für Lyons war es die totale »Bozo Explosion«, der Aufstieg der Mittelmäßigen an die Schaltstellen des Unternehmens, die im Kern anspruchslos waren und mit Spaß abgespeist wurden, statt echte Perspektiven zu bekommen. Für Lyons sind wir *»die erste Generation, die bereit ist, für kostenlose Süßigkeiten mehr zu arbeiten«*.

Identifikation und die Chance, Teil von etwas ganz Neuem zu sein, nebst Gratis-Bonbons, Kickertisch und klingenden Titeln läßt viele darüber hinwegsehen, wie miserabel teilweise die Arbeitsbedingungen heute sind. Bei näherem Hinsehen geht der

Trend dazu, die Nachteile der Selbstständigkeit mit den Nachteilen des Angestelltendaseins zu kombinieren und hinter einer Fassade aus Aufbruchsstimmung und urbaner Coolness zu kaschieren. Das gilt für die Start-up-Welt und das fröhliche Prekariat, das dort besungen wird, besonders, aber eben nicht nur.

Deutschland hat den größten Niedriglohnsektor Europas. Die wahrhaft produktiven Jobs gehen zurück, aus dem Boden springen die »Bullshit-Jobs«, wie es der Anthropologe und Aktivist David Graeber formulierte: Das sind rund um Verwaltungstätigkeiten, Kommunikation, Meetings, Pitches oder Marketing aufgebaute Pseudojobs, die Menschen beschäftigt halten sollen, um ihnen den Glauben an ihren eigenen Wert durch Arbeit zu vermitteln. Schlecht bezahlt, überflüssig, frustrierend. Man soll gefälligst »froh« sein, einen Job zu haben. Ist das die Art von Arbeit, die uns begeistern soll?

Hier zeigt sich die fehlende Organisiertheit der Generation Y auf fatale Weise: Man braucht nicht auf die üppigen Tarifverträge der Metallarbeiter aus den 70ern zu schielen oder zu schimpfen. Die haben sie sich schließlich erkämpft. Was hat die Generation Y an Arbeitsbedingungen erkämpft? Einen Tag pro Woche im Homeoffice? Gleitende Arbeitszeiten oder das Ende der »Rund-um-die-Uhr-Erreichbarkeit«? Nichts von alledem. Stattdessen lässt sie sich die Firma als »Zweitfamilie« auftischen, wenn nicht als »Familienersatz«.

So wenig die Generation Y schon als Generation organisiert ist, so wenig ist sie es auch als Arbeitskollektiv. Wir sind ein Smartphoneproletariat, das verlernt hat, sich zu wehren und sich stattdessen auf die Kundgabe der eigenen Misere und den täglichen »Stress« konzentriert. Das Nettoeinkommen stagniert seit den späten Siebzigern. Der Deal der Leistungsgesellschaft vom möglichen Aufstieg der Fleißigen ist brüchig. Wo sich noch in den 60ern ein nichtakademischer Einzelverdiener für seine Familie ein Häuschen leisten konnte, da sitzen heute zwei Akademiker in einer gemieteten Zweizimmerwohnung in der Stadt und hoffen, dass ihre Zeitverträge demnächst verlängert werden.

Es gibt Generationen, die handeln und es gibt Generationen, die reden. Wir sind klar die »Talkers«, nicht die »Do-ers«. Wir können jedem die Welt erklären, alles diskursiv dekonstruieren und pseudokritisch hinterfragen und im Delegieren sind wir auch gut. Unser Traum ist es, ohne Anstrengung reich zu werden, am besten mit einer Plattform im Netz, auf welcher andere die Arbeit machen, die auch noch irgendwie »sozial« ist. Doch wenn es darum geht, Risiko zu spielen oder etwas zu wagen, verlässt uns der Mut.

Wir verlassen uns bei alldem sehr stark auf die Stabilität der alten Welt. Das könnte ein großer Fehler sein. Der Aufschwung der letzten Jahre in Europa (so die Bezeichnung für das eigentlich recht mickrige Wirtschaftswachstum) wird mit Schulden erkauft. Alles ist bunt, billig und in bester Ordnung. Alle sind gerade in der sedierenden Wolke des billigen Geldes, egal ob Staaten, Unternehmen oder auch die junge Generation. Und überall ist der Effekt der gleiche: Wozu anstrengen? Läuft doch alles wunderbar.

Das billige Geld ist der große Weichzeichner, der Handy-Fotofilter für die Realität, der alles im besten Licht präsentiert. Wenn die Blase mal geplatzt ist, werden es die Jungen besonders schwer haben. Sie werden der Schmetterling sein, der nie trainiert wurde, seine Flügel auszubreiten und es dann plötzlich tun soll. Wie werden wir irgendwann über die jetzige Zeit seit 2009 später sprechen? Als die Zeit der großen Illusion, in welcher die alte Welt versucht hat, ihre alten Konzepte mit alten Lösungen zu retten? Und wie wird die Generation Y davonkommen: als der letzte Handlanger, der nützliche Idiot, den die Hunde als Erstes beißen?

Der Start-up-Investor Eugene Kleiner, der u. a. in Intel, AOL, Google und Amazon investierte, als noch niemand diese Firmen kannte, hat mal den treffenden Satz gesagt: *»Sogar Truthähne können fliegen, wenn der Wind sehr stark ist.«* Wir profitieren als Truthahn-Generation gerade von reichlich Wind.

In den 1950er-Jahren schrieb Dale Carnegie einen Bestseller: ›Wie man Freunde gewinnt: die Kunst, beliebt und einflussreich zu werden‹. Es war die Bibel der Egoshooter & Selbstvermarkter. Und niemand hat diese Lehre besser zur Vervollkommnung gebracht, als die Generationen Y und Z. Was wir besser als alle anderen können ist das Vermarkten. Und das fängt mit uns selbst an.

Wir sind die »Carnegie-Kids«, wir wollen angenehm durch den Tag kommen und passen unsere Haltung an, wie es dafür eben gerade notwendig ist. Wir sprechen PR-Sprache, sind »connected,« »responsive« und »mindful«, wir »stressen« andere nicht mit unseren Ansprüchen und sind auch nie aggro (bei Frauen: zickig) oder übertrieben kritisch.

Wir sind für alles »offen«, gemeint ist: gefällig, nett, harmlos, desorientiert und – irrelevant. Diese Form der »adaptiven Gefallsucht« (für den Fall, dass Ärzte noch einen Namen dafür suchen) ist in ihrer heutigen Verbreitung vermutlich unerreicht, aber noch erschreckender ist, wie genau Erich Fromm in den 50er-Jahren schon unsere Generation vorhergesehen hat. Die »Carnegie-Kids«, wie ich sie nenne, sind niemand anderes als der »Marketing-Charakter« bei Fromm. Carnegie war selbst ein Genie der Selbstvermarktung: eigentlich hieß er »Carnegey«, wählte jedoch die Schreibweise des berühmten Stahlmagnaten, um seine Bücher besser zu verkaufen.

Wir schwimmen auf der letzten Welle, aber auf dieser dafür vermeintlich weit oben. Der Siegeszug der PR in allen Lebensbereichen ist ein Krisenphänomen: Gut bezahlt wird heute nicht, wer die Wahrheit sagt, egal ob es der Schauspieler oder Kleinkünstler auf der Bühne oder der investigative Reporter ist. Gut bezahlt werden die Schaumschläger, die Schönfärber und Illusionsmaler der »Public Relations«, die man früher treffender »Propaganda« nannte. Jede Gesellschaft hat die Helden, die sie verdient. Unsere Helden sind Trash, sie werden mit einem TV-Ausraster berühmt, dann von Talkshow zu Talkshow herumgereicht und kommen am Ende noch mit einem Balla-Balla-Lied in die Charts, wenn sie sich davor vielleicht noch bei ›Promi Big Brother‹ ausgezogen haben.

Immerhin, auf diese Welt haben uns die Schule und Heidi Klum gut vorbereitet. Wir haben gelernt, dass es wichtiger ist, uns gut zu verkaufen, als etwas zu können. Bald werden wir Millionen von Werbefritzen mit hübsch klingenden Titeln und bunten Diplomen von TÜV-zertifizierten Bullshit-Universitäten haben und niemanden mehr, der einen Wasserhahn oder eine Klospülung reparieren kann. Die eine Hälfte der Gesellschaft bringt dann die andere Hälfte dazu, auf Werbung zu klicken, kuratiert den Instagramkanal, verpackt Plattitüden in Powerpointpräsentationen, sammelt Follower und influencet sich gegenseitig zu Tode, wenn man nicht gerade damit beschäftigt ist, selbst »eine Marke« zu werden, möglichst authentisch versteht sich, bio-vegan und in Bambussprossen-Achtsamkeits-Ästhetik.

Die PR-Menschen in meiner Timeline verhalten sich wie Stars, verbreiten »offiziell« wirkende Statements, bedanken sich fast täglich für Ausbildung, Arbeitsstelle und die »great people«, die man die Ehre hatte, kennenzulernen. Sie posten Bilder mit Eigenzitaten darunter und Autosuggestionen aus dem fernöstlichen PR-Seminar à la »Teile deine Erfolge anderen mit, sei stolz auf dich selbst.« Eigenlob stinkt nicht mehr, sondern scheint Teil einer selbstverordneten, öffentlichen Social-Media-Psychotherapie zu sein.

Wir sind umgeben von PR-Minions, die das Gehirnwaschmittel, das sie anpreisen, auch tatsächlich selbst anzuwenden scheinen. Das ist schon eine neue Kategorie von Verblendung. Erich Kästner würde sich im Grab umdrehen. Bei ihm heißt es einmal: *»Was immer geschieht: Nie dürft ihr so tief sinken, von dem Kakao, durch den man euch zieht, auch noch zu trinken!«*

Dabei bahnt sich durch die Digitalisierung gerade in der Arbeitswelt ein Systemwechsel an. Das System, in das wir reinpassen wollten, nämlich die lebenslange sozialversicherungspflichtige Beschäftigungskarriere, bekommt Risse. Die Generation Y ist eine Generation der Krise, weil sie von dem alten, sterbenden System nicht mehr profitieren wird, gleichzeitig jedoch durch ihr Konformitätsdenken noch zu oft den Anschluss an die neue Welt verpasst.

Die Generation Z ist da schon weiter. Spätestens im Jahre 2017 machte eine neue Technik von sich reden: Blockchain, eine Art Kontobuch im Internet. Die Blockchain bietet eine dezentrale, fälschungssichere, transparente und (im Idealfall) autoritätsfreie virtuelle Infrastruktur mit zahlreichen Anwendungsgebieten, von alternativen Währungs- und Zahlungssystemen über smarte Verträge, Buchführung, Dokumentation und Prognostik bis hin zu E-Voting oder Charity. Bekannt wurde die Blockchain vor allem als Technologie hinter Kryptowährungen, wie Bitcoin. Viele der Protagonisten in diesem Bereich sind kaum dem Teenager-Alter entschlüpft. Während die Generation Y also nach den alten Regeln zu spielen versucht, sich in vermeintliche Sicherheitsblasen flüchtet oder eingehüllt in falsches Lob und mit einem Rattenschwanz an Diplomen ihren Bullshitjobs nachgeht, macht die Generation Z bereits ernst und arbeitet an einer neuen Welt.

Wir müssten im Grunde schon seit zehn Jahren über das »bedingungslose Grundeinkommen« reden. Doch stattdessen wählen wir Politiker, die einen Nanny-State für uns aufrechterhalten, in welchem jeder halbwegs was zu tun hat, und sei es auch für immer weniger Geld. Die Generation Y wird wohl als die Generation der letzten Helden der Arbeitsmoral in die Geschichte eingehen: lächelnd, mit einem Bonbon-Abzeichen in Plüsch und einem gewonnenen Praktikum bei einem Trump-Double. Unsere Eltern werden sich ganz stolz ein Foto davon in die Vitrine stellen.

»Die besten meiner Generation denken nur darüber nach, wie sie andere dazu verleiten, auf Werbung zu klicken. Das kotzt mich an«, fand Jeff Hammerbacher, Mathematiker und einer der ersten Facebook-Mitarbeiter schon im Jahr 2011. Doch die Zeit der Verpackungskünstler der Generation Y geht zu Ende. Die Generation Z hat die Chance, die alten Strukturen abzuklemmen, indem sie an ganz neuen, besseren baut.

Tu nichts Böses.
Google-Motto des Jahres 2004

Böse ist schwierig zu definieren.
Google-Motto des Jahres 2009

Wir bauen jetzt Killerroboter.
Google-Motto 2013

Hilflosigkeit will gelernt sein: die Smartdoofheit der Digital Naïves

Das bisher Gesagte klingt zugegebenermaßen skandalös: wir lassen uns also kleinhalten, suchen überall nur nach Zustimmung und Komfort, egal ob in Erziehung, Ausbildung oder Job. Wir sind überhaupt große Kinder auf dem IQ-Level der Teletubbies. Doch es gibt ja noch das Internet. Unser Internet. Und es gibt unabhängige Medien. Die Lage ist also nicht hoffnungslos. Wir können uns aus dieser Situation selbst herausziehen, schließlich sind wir informiert, smart und digital versiert. Oder nicht?

Ein kleiner Test. Schauen wir uns mal zwei Beispiele an und fragen uns im Anschluss: Was davon ist schlimmer?

Beispiel 1:

Karl, 25 bewirbt sich um eine Stelle als Marketingbeauftragter von »HappyCloud«, einer größeren Firma im Digitalbereich. Sein Diplom einer Berufsakademie hat er gerade frisch in der Tasche, er gehörte zum oberen Drittel seines Jahrgangs. Wie inzwischen üblich, arbeitet er oft von unterwegs aus. So auch diesmal: im Zug zwischen Hamburg und Berlin sitzend und einen Kaffee im Bordrestaurant schlürfend verschickt er seine Bewerbung ganz papierlos und modern. Da sein Firefox-Browser gerade etwas klemmt, verschickt er den Datensatz mit Safari. Zwei Wochen später erfährt er, dass er leider nicht in der nächsten Runde ist. Karl bewirbt sich nun bei weiteren Firmen und schließlich klappt es auch mit der Bewerbung.

Beispiel 2:

In der chinesischen Stadt Rongcheng gibt es ein »Amt für Ehrlichkeit«. Jeder Bürger startet mit 1000 Punkten und wird dann wie von einer Ratingagentur mit Bewertungen von AAA bis D versehen. Mit D gilt man als unehrlich, der Name kommt auf eine schwarze Liste, die Öffentlichkeit wird informiert. Mit D wird man Objekt signifikanter Überwachung. Die Vertrauenswürdigen sollen sich frei bewegen können, die Vertrauensbrecher sollen keinen einzigen Schritt mehr tun können. »Jetzt ist die Moral zurückgekehrt«, sagte einer der Verantwortlichen in Rongcheng. Die Namen der Vertrauensbrecher werden öffentlich bekannt gemacht. Die Herabgestuften dürfen nicht mehr fliegen, bekommen keine Tickets für Hochgeschwindigkeitszüge, dürfen nicht in die komfortable Klasse der Nachtzüge, ihr Internetzugang wird eingeschränkt. Nicht nur der Umgang mit Geld fließt in die Bewertung durch den Algorithmus ein, sondern auch das moralische und gesellschaftliche Verhalten und natürlich auch die Spuren, die ein Mensch im Internet hinterlässt.

So weit zu den Beispielen. Nun zur Frage: Was ist schlimmer? Blöde Frage, oder? Hat irgendwer Lust, im Orwell'schen Überwachungsstaat zu leben, in welchem man Punkte für gutes Benehmen sammeln muss, nur um Zug zu fahren? Was sollte überhaupt das Beispiel 1? Hier ist doch gar nichts passiert. Sichtbar ist nichts passiert, richtig. Unsichtbar aber eine ganze Menge.

Eine amerikanische Firma hatte sich einmal die Frage gestellt, warum ein Teil der Mitarbeiter motiviert war und der andere Teil eher nicht. Wie findet man bei Bewerbungen heraus, wer wirklich begeistert, agil, dauerhaft motiviert und neugierig ist und wer nur so tut? Schließlich hängt der Unternehmenserfolg entscheidend von den Mitarbeitern ab. Man fand schließlich heraus, dass die Browserbenutzung darüber Aufschluss geben kann. Wer eher faul und träge war, benutzte den vorinstallierten Browser (hier Safari bei Apple oder auch Chrome bei Microsoft). Wer nach den besseren Lösungen suchte, also agiler und kreativer war, lud sich Firefox herunter. Karl bekam den Job nicht. Und er erfuhr nie, warum. Er wusste vielleicht nicht, dass die Firma darauf Wert legte, über welchen Browser er die Bewerbung verschickte. Vermutlich wusste er nicht mal, dass die Firma sehen konnte, welchen Browser er benutzte. Wie hätte er das auch wissen sollen?

Im zweiten Beispiel (böses China) sieht man, dass man ausspioniert wird. Jeder beteiligt sich schließlich an der Pranger-App. Im ersten Beispiel (gutes Deutschland) sieht man es nicht. In China gibt es offene Punktesysteme, bei uns versteckte Punktesysteme, wenn man an das intransparente Kredit-Scoring-System bei Banken denkt, oder schlicht an den Fall von Karl. Es gibt auch bei uns längst eine Unterscheidung zwischen »guten« und »schlechten« Bürgern/Kunden/Usern.

Wo also liegt der Unterschied zwischen den Beispielen? Die digitale Diktatur ist auch bei uns längst da, aber es interessiert niemanden. Man arrangiert sich derzeit noch mit der fremden Macht, um keinen Nachteilen ausgesetzt zu sein. Man tut so, als sei man »Herr der Lage«. Ist das der verantwortliche, kompetente Umgang mit neuer Technologie, für den wir, die »Digital Natives« stehen? Wissen wir überhaupt, was alles hinter den kostenlosen Programmen, Apps und Diensten abläuft, die wir täglich nutzen?

Werfen wir einen Blick auf die dunkle Seite der Digitalisierung. Also auf diejenigen Vorgänge, die im Unsichtbaren ablaufen. Schauen wir auf die 80 Prozent des Eisbergs, die unter Wasser liegen. Dort sieht man zum Beispiel Folgendes:

- Es gibt eine digitale Akte von jedem von uns. Eine Art Web-ID. Sie wird verkauft und gehandelt. Völlig legal. Das Eigentumsrecht an Daten ist bisher rechtlich nicht vollständig geklärt.
- Geheimdienste können mir gerade dabei zuschauen, wie ich diesen Text tippe. Meine Webcam ist potenziell ein Fernrohr für andere in meine Welt, ohne dass ich es merke. Die Wanzen stecken in den Fernsehgeräten und senden, selbst wenn sie ausgeschaltet sind.
- Wenn du dieses Buch über einen eReader liest, weiß Amazon, wie sich dein Lesefluss gestaltet (also wie gut oder schlecht ich an welcher Stelle schreibe).
- Dein Smartphone ist ein Tracker. Selfies sind die kostenlose Fütterung einer Gesichtserkennungssoftware für den Preis der Selbstdarstellung.
- Das Internet weiß ziemlich genau, welches Geschlecht wir haben, welches Alter, welche sexuellen Präferenzen. Und zwar

auch dann, wenn wir diese Information nicht veröffentlichen. Man weiß es über Likes und Freunde.

- Das Internet weiß besser als wir, wer wir sind. Unsere Persönlichkeit ist bekannt, man weiß, ob wir ängstlich, extrovertiert oder neurotisch sind (das sogenannte OCEAN-Modell). Auch dies wieder über Likes. Man kann es für Wahlkämpfe nutzen oder zur Produktplatzierung.
- Man weiß, ob wir doof oder schlau sind, ob wir lügen oder die Wahrheit sagen oder schlicht betrunken sind. Es lässt sich messen, anhand der Geschwindigkeit, mit der wir Texte tippen, wie oft wir dabei Fheler mahceen, ups, oder daran, wie wir die Maus bewegen. Firmen nutzen dies für die Einschätzung deiner Kreditwürdigkeit.
- Man weiß, in welcher Stimmung du bist: anhand der Lieder, die du bei Spotify hörst. Oder ob du zu Depressionen neigst, weil du traurige Bilder postest.
- Apps sollen süchtig machen. Spiele ebenfalls. Wer 100 mal am Tag auf ein Gerät schaut, obwohl es keinen Mucks macht (aber einen machen könnte), lässt sich freiwillig fremdsteuern.

Ist dir schon schlecht oder willst du mehr?

Na gut, es geht noch schlimmer. Inzwischen passt sich das Netz nicht nur unseren Präferenzen an, sondern vermag sie sogar zu ändern durch die Art von Treffern, die bei Suchmaschinen angezeigt werden. Der »Search Engine Manipulation Effect« (SEME) gilt als der wohl mächtigste Verhaltenseinfluss, der je gemessen wurde. Darüber lässt sich das Wahlverhalten von Unentschlossenen um gut 20 Prozent verändern.

Einfacher ist es, zu fragen: Was ist heute in Sachen Überwachung, Manipulation und Kenntnis über uns noch nicht möglich? »Sie wissen alles«, mit diesem Buchtitel brachte Yvonne Hofstetter die Digitalisierung auf den Punkt. Wenn man die Asymmetrie zwischen Staat, Großindustrie und der Überwachungsindustrie auf der einen und dem Bürger auf der anderen Seite grafisch darstellen müsste, wäre es ein klassisches Bild von oben und unten. Das Internet ist ein durch und durch feudales Medium geworden und wie im Feudalismus ist Macht, Geld und Wissen auf wenige verteilt und neigt in der Tendenz zu immer mehr Konzentrierung bei wenigen und damit zur Ausweitung der Macht einer Elite.

Die Zusammenarbeit des Staates mit der Wirtschaft läuft hier derzeit wie am Schnürchen. Die Spende eines Internetunternehmers an die CDU im April 2017 fiel mit der Verabschiedung eines neuen Datenschutzgesetzes zusammen. Dieses Gesetz dient im Kern dem Rückbau des Datenschutzes, denn, so die Kanzlerin, ein »überzogener Datenschutz gefährdet die wirtschaftliche Entwicklung«. Für Innenminister De Maizière ist Datensparsamkeit »kein Wert an sich«. Man denkt unweigerlich an ein Plakat von Klaus Staeck mit der Überschrift: »Frieden gefährdet Arbeitsplätze«. Grundrechte werden für ein Geschäftsmodell geopfert. Das ist Refeudalisierung in Reinkultur: Es ist billiger für Unternehmen, Gesetze zu ändern, als sie brechen zu müssen. Die Politik legalisiert den größten Datenraub der Geschichte.

Die Entwicklung geht trotzdem munter voran: Staatliche Sicherheitsbehörden lesen neuerdings auch offiziell WhatsApp mit; die Industrie zieht schon Kinder im Kita-Alter zu Smartphonenutzern heran, mit teils gravierenden gesundheitlichen Folgen, Süchten, Depressionen, ADHS etc.

Allein die große Koalition von 2013–2017 hat den Big Brother Award Deluxe verdient: Staatstrojaner, Lauschangriff, Facebook-Zensurgesetz, Speicherung von Fluggastdaten, Legalisierung der Weitergabe von Daten an Geheimdienste, Ausweitung der Videoüberwachung, Nacktscanner an Flughäfen, automatischer Abruf biometrischer Daten aus dem Pass, NSA-Untersuchungsausschuss ausgebremst.

Wir sind in dieser Entwicklung nicht Subjekt, sondern Objekt. Nicht der Kunde, sondern das Produkt. Und wir sind es freiwillig. Reicht hier noch ein Nackenklatscher für die Generation Y oder müsste es nicht längst ein Tritt in den Hintern sein? Wir geben unsere Autonomie ab, unser Hirn und unsere Restwürde, und grinsen den Überwachern blökend und giggelnd ins Gesicht, wie eine Herde von Smartphoneschafen.

Wir sind Digitalsklaven, wir arbeiten umsonst. Schlimmer noch: wir haben sogar dafür bezahlt, Sklaven zu werden. Unser Smartphone ist die Schaufel im Bergwerk einer Datenverarbeitungsmine. Wir sind kostenlose Selbstausbeuter. Wir lassen uns freiwillig ausnehmen, wie eine Weihnachtsgans. Wie soll man es anders nennen? Wir sind Nutztiere. Ja, genau. Wir sind Kühe, die auf einer virtuellen Weide grasen, etwas herumblöken, den einen oder anderen Haufen hinterlassen und sich täglich brav melken lassen. Die Raffinerien des Datenrohstoffs sitzen im Silicon Valley, sie sammeln, bündeln, verpacken die Sahne unserer Daten und verkaufen sie weiter. Unsere Daten landen als Ware in einem Geschäft, so wie die Milch im Tetrapak im Discounter landet. Der Staat bekommt unterwegs auch noch Einblick in den Datensatz, dafür zahlen die Unternehmen bei uns kaum Steuern. Klingt nach einem perfekten Deal zu Lasten des Einzelnen.

Man muss es sich auf der Zunge zergehen lassen: Wir arbeiten kostenlos für ein Unternehmenskartell mit staatlichem Gütesiegel, das uns als Nutztiere betrachtet. Zum »Dank« bekommen wir Zugriff auf die vielen Dienstleistungen zur Selbstdarstellung, um das eigene Ego zu streicheln und uns auch mal kurz wie die »Stars in der Ego-Manege« zu fühlen. Wir sind nicht nur nicht smart, wir sind in höchstem Maße geistig unzurechnungsfähig. Wir sind noch doofer als Kühe: Wir lassen uns melken und bezahlen auch noch für das Melkgerät.

Auch hier begegnen uns die altbekannten Muster: Die »Digital Natives« sind ein weiteres Lob-Label. So wie in der Fabelwelt der Fuchs dem Raben den Käse abschwatzt, so lassen auch wir uns umschmeicheln, kaufen die neuesten Geräte, singen wie der Rabe (das Youtube-Motto lautet »Broadcast yourself«) und hops, liegt der Käse unserer Daten bei anderen. Man hat ja eine »informierte Zustimmung« zum Datenraub erteilt. Diese Industrie lebt davon, dass das Recht ins Reich der Fiktion abgewandert ist: Wer liest AGBs? Wer weiß, wozu die Daten verwendet werden? Häkchen ins Kästchen, fertig. Unsere Digitalnutzung ist ein Kreditgeschäft: nutze jetzt, zahle später. Das Prinzip »Instant gratification«. Aber irgendwann ist eben Payday. »There's no free lunch«, wie es so schön heißt. Kein Unternehmer hat etwas zu verschenken. Es wäre nicht das erste Mal, dass eine Elite der Informierten der Masse der Uninformierten und Einfältigen ihr Gold für Glasscherben abgeknöpft hat. Heute sind es eben Daten gegen die kostenlose Nutzung eines Dienstes.

Das Gerede von den »Digital Natives« als kompetente Netznutzer ist eine Chimäre. Ein Werbespruch, eine Fiktion, die durch zahlreiche Studien hinreichend widerlegt ist. Es gibt, wie so oft, eine Elite, die sich auskennt. Sie sitzt im Chaos Computer Club, bei den Geheimdiensten oder in Konzernzentralen. Der normale User hat keine Ahnung, und was noch wichtiger ist: Er soll auch gar keine Ahnung haben. Wir sind die »Digital Naïves«. Die digitale Kompetenz beschränkt sich bei den meisten jungen Leuten darauf, ein Gerät einzuschalten und es zu bedienen. Das ist Konsum, nicht Kompetenz. Die Einfältigsten unter uns widersprechen den Facebook-AGBs per Kettenbrief auf ihrem Profil. Das ist in etwa so, wie wenn man früher glaubte, man könnte etwas lernen, wenn man mit dem Buch unter dem Kopfkissen einschläft, sodass sich der Inhalt auf geheime Weise in unserem Gehirn festsetzt.

Wird man also später sagen können, wir hätten von nichts gewusst? Nein. Niemand muss ein Hacker sein, um zu verstehen, was gerade passiert. Jeder kann Fragen stellen, man muss es nur wollen.

Philipp Riederle, eine Art Posterboy der Generation Y (»Wer wir sind und was wir wollen«) tut es zum Beispiel nicht. Im Gegenteil, er verkündete stolz, schon mit 13 Jahren ein Smartphone gehabt zu haben (vor dem legalen Alter) und freut sich, derart »early adopted« zu haben, also früher als alle seiner Mitschüler transparent geworden zu sein. Und er ruft seinen Altersgenossen zu: Macht es wie ich!

Dabei ist das Smartphone ein Überwachungsgerät mit eingebautem Suchtfaktor. Niemand hat das früher erkannt, als die Elite der Digitalbranche selbst. Bei Steve Jobs durften die Kinder weder Smartphones noch Tablets haben. Klar, die Familie Krauss-Maffei lässt zu Hause ja auch keine Maschinengewehre liegen, ebenso wenig wie die Kinder von Pablo Escobar zum Frühstück eine Line Koks zu ihrem Müsli bekamen. Der Miterfinder des iPhones, Tony Fadell, warnte kürzlich sogar vor dem eigenen Produkt: *»Die suchterzeugende Wirkung ist fest in das Design des Gadgets hineingewoben.«* Die Millennials und Co. sind wieder mal als Erste in die Honigfalle getappt.

Wo bleibt ein Minimum an kritischem Umgang mit neuen Technologien? Die Generation Y erkämpft nicht nur keine neuen Rechte, sie verhindert auch nicht den Abbau von bestehenden Rechten. Als Generation kann sie sich schon jetzt auf die Fahnen schreiben, den Datenschutz durch Unterlassen quasi pulverisiert zu haben. Den Minderjährigenschutz ebenfalls, denn wer mit Daten bezahlt, bezahlt eben trotzdem. Und den Jugendschutz gleich mit: jeder Achtjährige kann heute mit zwei Klicks härteste Pornografie aufrufen. Wie rührend, dass der ›Playboy‹ im Tankstellenkiosk eingeschweißt ist! All das kommt der Generation Y nicht seltsam vor? Zugleich sorgt sie für einen #Aufschrei, wenn ein Student mit dunkler Hautfarbe auf dem Unigelände gefragt wird, wo er herkommt. Mikroaggression! Der Narzissmus der kleinen Unterschiede sorgt dafür, dass die Mächtigen es sich dort gemütlich machen können, wo es wirklich um etwas geht.

Sind junge Menschen also per se dumm, »jung und naiv«? Junge Menschen sind offener für Neues als ältere. Und damit tragen sie ein Risiko. Sie stehen entweder an der Spitze einer ganz neuen Entwicklung oder sind die Ersten, die in die Falle tappen. Einer der Hauptbegründer der Informationstechnologie, Claude Shannon, war 21, Mark Zuckerberg war fast noch Teenager, als er Facebook gründete.

Fortschritt ist jedenfalls keinesfalls so eindimensional, wie es die Tech-Claqueure rund um Kathrin Passig gerne darstellen. In ihrem Buch ›Standardsituationen der Technologiekritik‹ zeigt sie den Fortschrittskritiker als Depp der Dekade. Es stimmt schon: Hätte man zu allem neuen »Nein« gesagt, würden wir noch in Höhlen leben. Und sie sind ja auch amüsant, diese Geschichten von IBM-Manager Watson, der von einem Weltmarkt für PCs von fünf Stück ausging oder von Menschen, die Henry Ford sagten, dass nichts das Pferd ersetzen würde. Wer will Schauspieler reden hören?, fragten Studiobosse zu Zeiten des Stummfilms. Hundert Jahre später in der Rückschau schlau zu sein, ist jedoch keine Kunst. Sich an dem sichtbaren Fortschritt zu ergötzen, also den Erfindungen, die einen harten Selektionsprozess quasi überlebt haben, ist schlicht einfältig. 90 Prozent aller Start-ups scheitern. Wo ist die Revolution der

Segways im Straßenverkehr? Wo sind die fliegenden Autos? Wo die Google-Brille? All das galt mal als »die Zukunft« und verschwand doch im Orkus.

Wie trennt man den nützlichen vom schädlichen Fortschritt? Das ist die Frage, die sich die junge Generation stellen muss. Blinde Fortschrittsgläubigkeit ist genauso einfältig, wie die blinde Ablehnung jeder Neuerung. Es ist eben nicht nur derjenige ein Idiot, der nicht an das »next big thing« glaubt, sondern auch der, der überall ein »next big thing« ausmacht. Es gibt immer auch die verirrte Fortschrittsgläubigkeit. Und dass wir in einer solchen Periode drinstecken, ist angesichts der Gefahren der Digitialisierung nicht undenkbar, sondern recht wahrscheinlich. Wir sehen eine Oligarchisierung rund um die Big Player GAFAM (Google, Apple, Facebook, Amazon, Microsoft). Transparenz gilt für User, nicht für Firmen, Staaten, Geheimdienste. Wir haben eine Situation, die wir nicht kontrollieren und durch politisches Handeln auch nicht abwählen können.

Die Generation Y muss, wie jede Generation vor ihr, eine Urteilsfähigkeit dafür entwickeln, was gut ist und was weniger gut ist. Und sie muss rote Linien definieren. Diese rote Linie könnte bei der Frage verlaufen, ob bei einer technischen Neuerung noch der einzelne Mensch und seine Rechte im Vordergrund stehen oder doch nur die Interessen der Industrie. Man muss versuchen, das Richtige im Jetzt zu erkennen und vom weniger Guten unterscheiden zu lernen. Der Glaube an den Fortschritt, so Baudelaire, ist eine Ideologie der Denkfaulen. Hier denkt der Einzelne, dass sein Nächster das für ihn besorgt, was er eigentlich selbst machen soll. Das ist Verantwortungsabgabe. Wieder mal. Das können wir super. Das »next big thing« ersetzt dann auch gleich das Denken: künstliche Intelligenz.

Es bleibt der jungen Generation nichts anderes übrig, als sich eine Offenheit im Denken bei gleichzeitiger Begeisterungsfähigkeit zu bewahren, ohne zu vergessen, ihre Alltagsphänomene zu hinterfragen. Gerade wenn es um den Konsum von irgendwas geht. Und besonders, wenn es angeblich »kostenlos« ist. Das Doofe an den Beispielen Kathrin Passigs ist eben, dass man sie recht leicht ins Gegenteil verkehren kann. Hier mal eine kleine »Standardsituation der Fortschrittsnaivität« zum Vergleich: In der zweiten Hälfte des 19. Jahrhunderts galt »Vin Mariani« als Modegetränk Europas. Herr Mariani, ein Pharmazeut, war auf die Idee gekommen, Rotwein mit gewissen Zusätzen anzureichern, sodass dieser belebend und kreativitätssteigernd wirken sollte. Mit durchschlagendem Erfolg: Mariani bekam eine Medaille des Papstes und gewann die Gunst der englischen Königin. Das Gebräu wurde zum Kultgetränk unter Künstlern. Heute ist »Vin Mariani« verboten, denn man weiß es besser: Bordeauxwein mit Kokainblättern ist bestimmt belebend, aber eben nicht besonders gesund. Derartige Beispiele wiederholen sich immer wieder, egal was wir konsumieren. Galten Zigaretten nicht mal als »gesund«, empfohlen von Ärzten, die dafür Werbung machten? »Das Atom« galt mal als unser Freund. Und die Digitalisierung soll nur »gut« sein? Peter Sunde Kolmisoppi, der Gründer der Filesharing-Plattform Pirate Bay schrieb mal: *»Big Data ist wie Big Tobacco. Heute heißt es, dass es unschädlich ist, später ist es zu spät, dann sind alle süchtig.«* Nicht jede Neuerung ist gut, nicht jede Mode nützlich, nicht jede Erfindung segensreich. Und es reicht nicht, nur die Zeit aussortieren zu lassen. Sonst läuft man blind in jeden Trend hinein.

Wir sehen die Überwachung überall. Warum tun wir nichts dagegen, gerade wir als »Digital Natives«? Einerseits vielleicht, weil wir doch nicht so smart und aufgeklärt sind, wie wir gerne wären. Doch das ist keine Ausrede. Seit Snowden, Wikileaks & Co. liegen die Fakten auf dem Tisch. Autoren wie Harald Welzer,

Juli Zeh, Evgeny Morozov, Yvonne Hofstetter, Frank Schirrmacher, Jaron Lanier, Marc Elsberg oder Max Schrems haben die Gefahren einer unregulierten Digitalisierung ausreichend beschrieben. Es gibt Unmengen an Dokus, es gibt Filme, wie ›Democracy‹, ›Nothing to hide‹ oder ›Citizen 4‹. Eine Ausweitung der Überwachung bei Einschränkung der Grundrechte – das kann man nachlesen in jeder Zeitung, schwarz auf weiß. Und immer wieder groß bei netzpolitik.org oder heise.de.

Allein an Ignoranz kann es nicht liegen. Vielleicht lautet auch hier die Erklärung schlicht: Gehorsam. Im Kern kann man auch hier das Muster der freiwilligen Unterwerfung erkennen, der Selbstaufgabe, einer Form der Autoritätsgläubigkeit. Es ist die Fortsetzung des immergleichen Schemas: zuerst gehorchten Menschen Göttern und Religionen, dann Ideologien (NS, Sozialismus, Neoliberalismus) und jetzt der Technologie. Wir waren nie wirklich modern, sonst würden wir nämlich nur uns selbst gehorchen. Stattdessen tauschen wir alte Autoritäten gegen neue Autoritäten. Die mangelnde Aversion gegen Überwachung heute hat einen Grund im damals: Die Autorität war ja immer vermeintlich »gut«, man konnte also getrost Kontrolle abgeben und hatte das gute Gefühl, richtig zu handeln, man stand ja auf der richtigen Seite. Überwachung in der DDR und durch die Gestapo? In der Rückschau schlimm, natürlich. Aber hier und heute im offenen, demokratischen Rechtsstaat und dann auch noch durch unseren Freund und Befreier USA? Halb so wild.

Kontrolle und Überwachung durch die »Guten« ist uns kulturell tief eingeimpft: »Der liebe Gott sieht alles«, hieß es schon in der Bibel – wer nichts zu verbergen hat, hat nichts zu befürchten. Dieser Satz tauchte später bei Goebbels und auch Eric Schmidt von Google auf, also mal in der Variante der Ideologen, mal in der Variante der neuen Technokraten. Wer seinen Kopf ausschaltet, und die Existenz der vermeintlich »guten«

Überwachungsautorität akzeptiert, wird natürlich auch keine Empörung für die Überwachung empfinden. Das Thema wiederholt sich: es geht auch hier wieder um fehlende Selbstermächtigung, das ungesunde Verhältnis zur Autorität, die fehlende Gestaltung seines Lebens, die Abneigung gegenüber Verantwortungsübernahme und letztlich dem Erwachsenwerden. Denn Selbstbestimmung ist erst mal anstrengend, sie kostet Energie und versorgt einen auch nicht wie die virtuelle Welt mit einem künstlichen Hormonrausch durch Dauer-Likes.

Information ist eine Währung, Information ist Macht. Alle Mächtigen haben sich immer der Information und ihrer Beschaffung verschrieben: die Kirche durch die Beichte und den alles sehenden (und strafenden) Gott, weltliche Herrscher hatten Spitzelsysteme – und heute geben wir zum ersten Mal in der Geschichte alles komplett freiwillig preis, und zwar mit vollen Händen, unbegrenzt zum Dumpingpreis. Einzig und allein für Selbstdarstellung? Ist das nicht der größte Selbstbetrug, den man konzipieren kann? Wenn es nicht so tragisch wäre, müsste man darüber lachen.

Was also tun? Alles hoffnungslos? Gibt es einen Ausweg? Natürlich gibt es ihn, auch wenn die Digitale Welt den Blick für Alternativen erst mal versperrt. Das Internet als Blasentechnologie setzt auf die erlernte Hilflosigkeit der User, auf das Grundgefühl der Apathie und die Aussichtslosigkeit, an der jetzigen Situation etwas ändern zu können. Soll ich etwa mein Smartphone wegwerfen? Musst du gar nicht. Die digitale Welt ist ein handhabbares Werkzeug. Und damit kann jeder Einzelne sie verändern.

Gerade im Bereich der Digitalisierung ist die Chance auf Selbstbestimmung und Selbstermächtigung groß. Hier kann der Konsument selbst zum Produzenten werden und damit seine wahre Macht ausspielen, vielleicht sogar in historisch einzigartiger Form. Überlegen wir mal fröhlich ins Blaue hinein. Die Welt der Digitalisierung ist eine Werbewelt. Die Milliarden der Werbeindustrie sind der Blutkreislauf. Unsere Daten sind Währung und Informationsträger in einem. Was, wenn man diese Zwangstransparenz einschränkt oder verhindert? Was, wenn niemand mehr mit Kreditkarte oder PayPal bezahlt, sondern mit anonymen Kryptowährungen wie Monero oder Verge? Wenn niemand mehr Payback-Karten nutzt, nicht bei Gewinnspielen im Netz mitmacht, nicht bei Umfragen, nicht bei Rechtschreibsoftware oder Spotify? Was wäre, wenn der Großteil der Nutzer unterhalb des Radars surfen würde, also per Torbrowser im Darknet, also keine Suchanfragen über Google mehr erfolgen? Was wäre, wenn der Nutzer nur noch die positiven Seiten der Digitalisierung nutzt: Das, was praktisch ist und das Leben erleichtert, und nicht das, was zeitraubend und datenfressend ist? Wenn alle in den Untergrund gehen, und sich der freiwilligen Durchleuchtung verweigern, holen wir uns die Macht zurück, die wir als Konsumenten haben. Man entflieht der Knechtschaft, indem man den Mächtigen die Gefolgschaft verweigert. Dazu müssen wir uns wieder als Individuen begreifen, nicht als Follower-Schafe.

Die »Giganten« sind nicht unverwundbar: Facebook leidet schon jetzt unter weniger persönlichen Messages. Wir Minenarbeiter werden langsam träge, das ist in diesem Fall ausnahmsweise mal gut. Snapchat vermeldete zuletzt schlechte Quartalszahlen, die Aktie ist seitdem im Sinkflug und fiel unter den Ausgabepreis. Keine Entwicklung geht immer nur in eine Richtung. Wir können die Zurückeroberung der Macht über unsere Daten und damit über uns selbst jetzt gestalten.

Denken wir weiter, um das Ausmaß unserer Macht zu erkennen. Wir haben es in der Hand, mittels Kryptowährungen (wie Bitcoin) erstmals in der Geschichte der Menschheit eine weltweite Währung zu haben. Und zwar eine, die dezentral ist (also nicht von Banken abhängt), die nicht auf Schulden und Zinsen basiert und die aufgrund der mengenmäßigen Beschränkung nicht der Gefahr der Inflation ausgesetzt ist. Wer sagt, dass soziale Veränderungen immer von unten erzwungen werden müssen? Wozu Steine auf Bankgebäude werfen oder Parks in der Nähe der Wall Street besetzen, wenn man dem bisherigen System einfach den Stecker ziehen kann? Ein alternativer Geldkreislauf wäre für die etablierten Währungen in etwa so, wie Mobiltelefone für das Telefonzellensystem. Heute sind Telefonzellen in Städten verwaiste Hundetoiletten. Selbstermächtigung bedeutet nicht, um Einfluss zu betteln, sondern neue Spielregeln aufzustellen. Diese Chance ist greifbar: Banken zu Kaffeehäusern!

Und natürlich gäbe es auch politisch einiges zu tun, hier mal meine Wunschliste:

- Wie wäre es mit einer Art »Ethik-Kommission« für Digitalen Fortschritt oder einer Stiftung Warentest mit Kontroll- und Klagerecht und einen Rechtsanspruch auf Einblick in die digitale Akte für jeden Bürger?
- Wie wäre es mit Warnhinweisen auf Google, Facebook, Amazon, Snapchat und Co., ähnlich wie auf Zigarettenpackungen: »Die Nutzung dieses Dienstes ist mit dem Verlust von Daten verbunden. Irreparabel.«
- Wie wäre es, wenn wir eine digitale Bürgerwehr hätten, die die Mächtigen zurücküberwacht, mit Zugang zu kostenloser Verschlüsselungstechnik und echter Aufklärung in Schulen und Universitäten durch Hacker, Informatiker, Juristen und Psychologen?
- Wie wäre es, wenn wir jede technische Neuerung, die von einem Konzern massiv beworben wird, erst mal kritisch betrachten? Schließlich beliefert McDonald's auch keine Schulkantinen.

If you want to bankrupt a fool, give him information.
Börsenweisheit

A lie can travel half the world while the truth is still putting on its shoes.
Mark Twain

Die Blickfeldverengung der Medien

Mitte 2017 startete in der Schweiz eine kleine Rebellion. Ein journalistisches Projekt setzte ein Crowdfunding in Gang, um eine unabhängige, werbefreie Rechercheplattform zu schaffen. Die Initiatoren des Projekts, Christoph Moser und Constantin Seibt, fanden harte Worte für ihre eigene Zunft. Verleger hätten die Welt der Publizistik verlassen. Sie investierten kaum mehr in Inhalte, sondern nur noch in Geschäftsmodelle. Das sei demokratiegefährdend, weil durch schlechte Informationen auch schlechte Entscheidungen getroffen werden. Die Medienbranche gleicht damit in etwa dem Metzger, der seine Wurstproduktion vernachlässigt, weil in der Partyservicebranche gerade mehr Marge drin ist. Er verkauft primär Luftballons, Luftschlangen, die Wurst kommt danach. Seibt und Moser suchten für ihr Projekt »Republik« lediglich 3000 Abonnenten, die bereit wären, jährlich (immerhin) 240 Schweizer Franken zu berappen, um das Projekt zu finanzieren. Dieses Ziel war nach nur sieben Stunden erreicht. Die Abonnenten liefen den Initiatoren die Tür ein. Über 15 000 Abonnenten und 3 Millionen Franken an

Investorengeldern kamen zusammen, bevor überhaupt eine Zeile veröffentlicht war. Aus einem bescheidenen Crowdfunding wurde eine Abstimmung über die Lage der Medienbranche, die angeblich frei ist, pluralistisch und kritisch gegenüber den Mächtigen (hüstel!).

Schauen wir uns mal an, wie die Wurst entsteht, und wer sie macht. Fragen wir uns dabei: Können wir uns mit bestem Wissen und Gewissen als »gut informiert« bezeichnen? Schließlich bestimmen Medien maßgeblich darüber mit, wie wir denken, entscheiden und handeln. Werfen wir einen kurzen Blick auf die Akteure. Das sind auf den ersten Blick viele und auf den zweiten Blick wenige. 99,5 Prozent der Kaufzeitungen an den Kiosken in Deutschland gehören den fünf größten Verlagsgruppen, also unter anderem Familien wie Springer, Burda, DuMont, Bertelsmann, Funke und Augstein. Die Zahlen stammen übrigens von der ARD, und die lügt bekanntlich nicht ...

In der Schweiz hat der Einfluss des rechtsgerichteten Multimillionärs Blocher zuletzt sichtbare Schneisen geschlagen. Er versuchte, sich über Zeitungen Einfluss zu kaufen, griff sogar nach der Neuen Zürcher Zeitung. Wo ist oder war es je anders? Egal ob Hearst, Buffett, Murdoch oder Blocher, die Liste der reichen Medienbesitzer ist lang. Journalismus ist nicht erst seit gestern ein Gadget von Milliardären. Jeff Bezos von Amazon gehört die ›Washington Post‹. Der französische ›Figaro‹ schießt mit Tinte so gerne gegen die bösen Linken in Frankreich, wie sein Besitzer, der Rüstungsunternehmer Serge Dassault mit seinen Mirage-Kampfjets auf die Bösen der Weltpolitik schießt. Von Italien und Berlusconi ganz zu schweigen. Journalismus neigt, wie leider alles, im Kern zur Oligarchisierung. Der Inhalt folgt dem Geld, nicht umgekehrt.

Und der Druck nimmt zu. Branchenweit werden Redaktionen zusammengelegt, verkleinert, geschlossen. Alle rücken näher zusammen, wie Pinguine auf der schmelzenden Eisscholle. Zeit für Experimente gibt es nicht. Jetzt gilt es, den Job möglichst lange zu bewahren. Jedes Mal, wenn am Journalismus gespart wird, wenn Redaktionen verkleinert, fusioniert oder aufgelöst werden, stirbt auch ein wenig Geist, ein wenig Diversität. Nach außen ist die Pressefreiheit gewahrt. Eine Zensur findet nicht statt. Die innere Pressefreiheit dagegen ist in Gefahr. Die Schere im Kopf schneidet ständig mit, sondiert aus, was gerade noch akzeptabel ist oder was den Zeitungsbesitzern, Werbekunden oder Kollegen als »gewagt« vorkommen könnte. Ich kenne das aus eigener Erfahrung: Ich schreibe seit 15 Jahren für Zeitungen und Zeitschriften, eine Zeit lang habe ich kritisch über Partnervermittlungsagenturen und Onlinedating geschrieben. In einer FOCUS-Reportage wurde mein Verweis auf »Elitepartner« gleich mal getilgt. Die Plattform gehörte damals zu 100 Prozent zum Burda-Tocherunternehmen »Tomorrow Focus AG«. So viel zur Trennung von redaktioneller Freiheit und Geschäftsmodell.

Die Folgen lassen sich bereits erkennen, zum Beispiel an der Qualität des Inhalts. Wie viel verdienen die Stars? Was wird aus Brangelina? Ist Kim Kardashian einfach nur fett? Ja, das ist der Boulevard. Doch auch die »Qualitätsmedien« haben die Endprodukte längst gestreckt. Wenn 40 Prozent (laut Spiegel) bis 80 Prozent (!) (so der Guardian) des Inhalts von Zeitungen von PR-Agenturen stammt, muss man sich über den Vertrauensverlust nicht wundern. Der ist gerade bei den jungen Menschen besonders groß. Laut europaweiter Umfrage haben nur 4 Prozent der 17–34-Jährigen volles Vertrauen in die Medien. 40 Prozent sind skeptisch und 24 Prozent haben »gar kein Vertrauen«.

Kein Wunder. Der Journalist ist nicht mehr alleiniger Produzent, wie der Landwirt, der auch noch selbst schlachtete, sondern ein Rädchen im Produktionsbetrieb, oder, um im Bild zu bleiben, schlicht derjenige, der das Schnitzel nur noch einlegt (in der Marinade aus familienbetrieblicher Produktion), und es dann für den Leser mundgerecht zubereitet. Man muss gar nicht so weit gehen, uns Journalisten vorzuwerfen, dass wir absichtlich die Unwahrheit sagen (»Lügenpresse«). Das Arsenal an manipulativen Möglichkeiten unter der Wahrnehmungsschwelle ist groß genug. Man kann an der Schwerpunktsetzung drehen (das Wichtigste wird ganz weit unten versteckt), Verbindungslinien kappen oder Wissen in Bröckchenform anliefern. Am Ende liest man als Leser verwässerte Artikel, muss latent gesponsorte Information von der echten Information trennen, selbst erahnen, welcher Spindoktor oder PR-Mensch einen Twist im Artikel hinterlassen hat. Man fängt an, zunehmend »zwischen den Zeilen« zu lesen und muss für ein paar Körnchen Wissen ganz schön arbeiten. Das ist im Kern wieder ein Inflationsproblem: Man bekommt weniger und muss mehr dafür bezahlen. Inflationierung des Papiers bei Verringerung des Lektürewerts.

Die Produkte des Mainstreams werden von Wenigen in enger werdenden Grenzen produziert. Die letzte Verengung besorgt der Endnutzer selbst: Er lädt sich in seine Filterbubble davon nur das, was ihn in seiner Ansicht bestätigt, oft ohne es überhaupt zu merken. So lässt sich die Illusion der Freiheit aufrechterhalten, während man sich der Gedankenkontrolle hingibt. Aldous Huxley hatte recht. Nur ist heute selten etwas »verboten«, eher ist es gut versteckt. Die interessante Doku läuft unter der Woche um 23.30 Uhr. Da pennen die meisten schon, in den Schlaf gewogen durch Rosamunde Pilcher & Co. und das zweite Glas Wein. Zuvor hat man vielleicht noch die Tagesschau geschaut, mittags mal bei süddeutsche.de gesurft und morgens den Newsletter gelesen. Man fühlt sich also top informiert (der Soziologe Paul Lazarsfeld bezeichnet das als »Illusion der Informiertheit«) und kann beruhigt schlafen gehen. Die Beruhigungspille wirkt.

In der Wissenschaft nennt man dies »Narcotizing dysfunction«. Massenmedien sollen betäubend wirken, sie sollen Apathie und Handlungsunfähigkeit fördern und zwar, indem sie die Illusion der Informiertheit an die Stelle der Handlung setzen. Wieder mal wird das Echte für das Falsche eingetauscht. Im Idealfall nimmt man die Welt jetzt durch eine Milchglasscheibe wahr, glaubt aber genau zu wissen, was passiert.

Die gleiche Sichtfeldverengung erreicht man durch das Ablenkungsmanöver der Hypes. Für Medien ist es ein Leichtes, publikationsübergreifend Themen hochzuspielen oder kleinzuhalten. Die Viralität eines Themas ist ein sich selbst verstärkender Prozess, dem sich kaum jemand entziehen kann, weder der Journalist noch der Medienkonsument. Der Journalist will das Thema nicht verpassen, der Medienkonsument will mitreden können. Alle verstärken sich selbst, bis sie sich in der Eskalation des Themas ermüden. Diesen Vorgang kann man nun unendlich oft wiederholen, die Themen ändern sich, der Mechanismus bleibt der Gleiche, die Schleife funktioniert. Die Blase ist abgeschlossen und absolut, man glaubt, dass nur das existiert, was man sieht. Wir erleben in den Medien das gleiche Spiel wie schon zuvor in der Erziehung, der Ausbildung, der Arbeit, der Funktionsweise des Internets: die Tyrannei der Alternativlosigkeit in der Illusion der Vielfalt.

Auf den Journalismus wurden schon viele Abgesänge geschrieben. Dies soll kein weiterer Text in diese Richtung sein. Man darf die Existenz von Medienhäusern nicht mit Journalismus verwechseln, ebenso wenig wie man das Vertrauen in Parteien mit dem Vertrauen in die Idee der Demokratie gleichsetzen kann. Medienhäuser werden sicher in irgendeiner Form überleben, sei es, dass sie sich neu aufstellen, sei es, dass sie wie Springer und viele andere längst zu Mischkonzernen geworden sind, die ihr Geld mit Vergleichsportalen, Reisen oder Immobilienverkauf verdienen.

Der wahre Journalismus hat sich bereits in Bewegung gesetzt. Wir sehen eine Wanderbewegung, die in vielerlei Hinsicht einem Exodus hin zur Selbstermächtigung gleicht. Ihr macht schlechten Journalismus? Dann machen wir ihn nun selbst (wie das Beispiel »Republik« zeigt). Oder fördern alternative, mutige Medienmacher wie Tilo Jung von ›Jung und Naiv‹, informieren uns über Vorträge, Dokus oder Reden auf Youtube, surfen bei telepolis.de, netzpolitik.org oder Blogs wie den nachdenkseiten.de. Wo der Geist ausgedünnt wird, muss er sich neue Wirkungsstätten suchen. Journalismus ist kein Geschäftsmodell, kein Produkt. Sondern eine Geisteshaltung, die einen Zustand ehrlicher Informiertheit gewährleistet. Eine Zeitung muss, wenn sie Wahrheit ernst nimmt, vor der Politik flüchten und sich die Wirtschaft vom Leibe halten. Das geht nur, wenn sie eine unkorrumpierbare eigene Machtbasis hat. In dem Moment, wo sie mit den zwei anderen Akteuren händchenhaltend im Kreis tanzt, stirbt ein Einhorn (mindestens!).

Vertrauen ist ein scheues Reh. Wenn das ZDF einmal die »Liste der beliebtesten Deutschen« manipuliert, um Angela Merkel auf Platz 1 zu bringen, geht das vielleicht noch. Aber wenn es sich häuft (zum Beispiel durch inszenierte muslimische Demonstrationen auf CNN nach einem Terroranschlag oder zensierte SPIEGEL-Bestsellerlisten) und Medien sich zu Handlangern von Mächtigen machen (man erinnere sich an Powells Rede zum Irakkrieg), ist der Konsens über die Wirklichkeit in Gefahr und es entstehen erst die parallelen Wirklichkeiten und »alternativen Fakten«, die man dann als Fake News bekämpfen zu müssen glaubt. Im Grunde ist es ein Kampf um die eigene Glaubwürdigkeit, die man selbst aufs Spiel gesetzt hat.

Das Mediensystem ist krank. Es ist kein gutes Zeichen, wenn man Satiresendungen wie ›Die Anstalt‹ oder die ›heute-show‹ mit einer höheren Erwartung an Wahrheitsgehalt konsumiert als die Zeitung oder die Tagesschau. Der Geist wandert ab, aus den Redaktionen hin zum Narren, der, wie man seit Goethes Faust weiß, oft die Wahrheit spricht.

Wer diese Wanderbewegung des Geistes für Fortschritt hält (weil woanders Kabarett ja vielleicht ganz verboten ist), dem sei ein Blick in ein Geschichtsbuch empfohlen: Es ist der Anfang vom Ende der freien Information. Es gab mal eine Zeit, als Politiker Journalisten verklagten und bekämpften. Helmut Kohl hat dem Spiegel nie ein Interview gegeben. Franz Josef Strauß ließ Rudolf Augstein einsperren. Heute verklagen Journalisten der angeblich »links-liberalen« ZEIT die Kabarettisten »der Anstalt«, weil diese die Verbindungen von Journalisten zu mächtigen Thinktanks wie der »Atlantik Brücke«, der »Trilateralen Kommission« oder den »Bilderbergern« aufzeigen.

Es ist kein gutes Zeichen für eine Kontrollinstanz wie den Journalismus, wenn die Erfüllung der Funktion, also die Verpflichtung zu Aufklärung und Wahrheit bestraft und ihr Verrat belohnt wird. Wer einen Blick auf die Journalistenpreise wirft, dem fällt auf, dass es kaum einen Preis gibt, der nicht gesponsort wird. Auch ich habe mich schon bei derartigen Preisen beworben, inzwischen lasse ich es. »Ausgezeichnet« wird hier nicht die Schreibe, sondern der Inhalt. Alles andere ist Augenwischerei. Wenn die holländische Bank ING-Diba den Helmut-Schmidt-Journalistenpreis zum Thema Wirtschaft sponsort, wie oft gewinnt dann ein bankenkritischer Artikel? Wenn Google den Zürcher Journalistenpreis finanziert, welche Chancen haben dann kritische Beiträge über die Macht der Internetgiganten? Die Selbstbeschreibung des Deutschen Journalistenpreises (djp) über die Themen Wirtschaft, Börse und Finanzen muss man sich auf der Zunge zergehen lassen:

»Der djp wird ausgelobt vom ›The Early Editors Club‹ (TEEC), einem Netzwerk für Journalisten und Wirtschaftsvertreter zur Förderung des Qualitätsjournalismus und zum gegenseitigen Informationsaustausch. Er wird unterstützt von den djp-Partnern Clariant, Deutsche Asset Management, GLS-Group, Pictet-Gruppe und Randstad. Sie würdigen damit die Bedeutung, die ein engagierter und qualifizierter Journalismus für das Verständnis der Strukturen und Entwicklungen in der Wirtschafts- und Finanzwelt hat.«

Noch mal: Ein Chemiekonzern, zwei Vermögensverwalter, ein Logistikkonzern und eine Zeitarbeitsfirma belohnen das »Verständnis der Strukturen und Entwicklungen in der Wirtschafts- und Finanzwelt«. Und jetzt finde mal jemand einen preisgekrönten kritischen Beitrag zur Ausbeutung im Niedriglohnsektor, zum Beispiel in der Logistikbranche, vermittelt durch einen Zeitarbeitsbetrieb, in welchen vielleicht auch noch ein Hedgefonds investiert hat.

Hier wird die Verwertungskette so herrlich schön bespielt, dass man als Journalist schon wirklich dämlich sein muss, bei so etwas mitzumachen. Derartige PR-Preise gehören abgeschafft oder zumindest geächtet. Kein Journalist ist natürlich gezwungen, dem Beifall der Mächtigen hinterherzuschreiben. Was kommt als Nächstes? Ein Friedenspreis der Rüstungsindustrie zum »Verständnis der Strukturen und Entwicklungen der

Sicherheitspolitik«? Ein Ernährungspreis von McDonald's, Coca-Cola und Monsanto zum »Verständnis der Strukturen und Entwicklungen der Lebensmittelproduktion«? Die Farce wird gefährlich, wenn sie niemandem mehr auffällt.

Es ist schließlich auch kein gutes Zeichen für das Klima der Meinungsfreiheit, wenn die wahrnehmbarsten Kolumnisten nicht mehr Journalisten sind, sondern Bundesrichter im Herbst ihrer Karriere, die nichts mehr zu verlieren haben. Ein Thomas Fischer wurde für den Klartext, mit dem er schreibt und denkt, vor allem von Journalisten angefeindet, teils massiv. Dabei sollten diese darüber nachdenken, warum es jemanden wie ihn offensichtlich überhaupt brauchte und warum kaum jemand der Berufsjournalisten (es gibt Ausnahmen, auch in den sogenannten Mainstream-Medien) die Lücke füllte, die er schließlich besetzte.

Es ist schließlich kein gutes Zeichen, wenn Journalisten weniger als Kontrollinstanz wahrgenommen werden, sondern als Teil einer Elite. Die Jauchs, Kerners und Schönebergers moderieren Industriegalas, Nachrichtensprecher werden als Redner gebucht, eine FAZ-Literaturchefin wird Verlagsleiterin bei Piper, der Stern-Chefredakteur Wichmann wechselt zur PR-Abteilung von Daimler, Nachrichtensprecher werden Regierungssprecher. Für diese Art von Wechsel qualifiziert man sich nicht durch Aufmüpfigkeit, sondern durch Anpassung, und damit durch Verrat an der Funktion des Journalismus.

Wir sind wieder bei unserem Grundproblem, das auch für die junge Generation gilt: Gehorsam. Im Thema Pressefreiheit wiederholt sich unser Drama des verhinderten Erwachsenen oder autonomen Individuums, das wir anhand der Generation XYZ durchexerzieren. Pressefreiheit: ja, frei von äußeren Zwängen. Aber trotzdem inneren Zwängen gehorchend. So wie wir. Wir werden selten offen zu etwas gezwungen, und agieren trotzdem konform. So ist es in der Tendenz auch beim Journalismus. Der Konformismus funktioniert freiwillig, unterhalb der Schwelle der nachweisbaren Falschinformation.

»Journalismus bedeutet, das zu schreiben, was andere nicht in der Zeitung lesen wollen. Alles andere ist PR«, lautet ein schöner Satz, der im Netz George Orwell zugeschrieben wird. Journalismus ist im Kern Rebellion. Wo die Überzeugungen der Rebellion verraten werden, sammelt sie sich neu und sucht sich neue Räume. So wie die »Republik« in der Schweiz. Das Beispiel macht Mut und zeigt erneut, was auch in den anderen Bereichen gilt: »Du musst alles selbst machen. Wenn du es nicht tust, macht es niemand.« Vom Anspruch der jungen Generation heute hängt ab, welche Information sie morgen bekommt. Und was sie als ihre Realität ansehen wird.

Der dumme Bürger, meine Herren – und der Bürger in Deutschland, ich weiß nicht, wie er anderswo ist, ist strohdumm! –, glaubt das.
Konrad Adenauer (gewählt zum beliebtesten Deutschen)

Inzwischen sind nicht die Eliten das Problem, sondern der Bürger.
Joachim Gauck

Mehr Apathie wagen: Warum dich Politik anöden soll

Sie heißen Anna Lührmann, Mahmut Özdemir und Ronja Kemmer. Schon mal gehört? Özdemir vielleicht? Nein, es ist nicht *der* Özdemir aus dem Fernsehen. Vielleicht noch ein paar andere: Dennis Rhode, Emmi Zeulner, Kai Whittaker? Nein, nicht »Roger« Whittaker. Kai Whittaker. Klingelt es immer noch nicht?

Diese Menschen sind oder waren zwischen 20 und Anfang 30 und absolute Exoten. Es sind oder waren die jüngsten Abgeordneten des Deutschen Bundestages der letzten Legislaturperioden, und man kann sie an zwei Händen abzählen. In der Bevölkerung ist jeder Dritte unter 35. Im Bundestag war es bis zur Wahl 2017 jeder 18. Wir sind mehr als sechsfach unterrepräsentiert. Was jedoch noch schlimmer ist: diese Abgeordneten sind quasi unsichtbar. Bevor ich nicht anfing, nach ihnen zu suchen, wusste ich nicht, dass es sie überhaupt gibt. Ich habe von diesen jungen Menschen in den letzten Jahren keine einzige Forderung vernommen, keine einzige Rede gehört, ich könnte keinen einzigen Satz oder auch nur ein Stichwort nennen, das mir im Gedächtnis geblieben wäre.

Dabei sind sie angeblich sehr aktiv. Allein Muhamat Özdemir, SPD-Abgeordneter für Duisburg, ist laut Wikipedia Mitglied in zig Vereinen:

- seit August 2004 Mitglied des Freundeskreis Historisches Homberg e. V.
- seit Juli 2007 Vorstandsmitglied des Freundeskreises der Juristischen Fakultät zu Düsseldorf e. V.
- seit Juni 2008 Mitglied der Arbeiterwohlfahrt e. V., Kreisverband Duisburg, Ortsgruppe Homberg
- seit Juni 2010 Mitglied der Industriegewerkschaft Bergbau, Chemie, Energie
- seit März 2010 Vorstandsmitglied im Deutschen Mieterbund Rhein-Ruhr e. V.
- seit Juli 2011 Mitglied des Feuerwehrvereins Duisburg-Homberg e. V.
- seit November 2011 Senator der Karnevalsgesellschaft Narrenzunft Homberg 1957 e. V.
- seit Februar 2012 Gründungsmitglied der Arbeitsgemeinschaft Westvereine Duisburg e. V.
- seit März 2013 Mitglied des Baerler Heimat- und Bürgervereins 1988 e. V.
- seit Juli 2013 Mitglied des MSV Duisburg

Gut vernetzt zu sein ist wichtig, das wussten schon die Alten in der Politik: ein bisschen Bergbau, Kultur, Karneval, Feuerwehr und dann wird das schon. Ein super Politiker ist heute, wenn niemand genau weiß, wofür er oder sie eigentlich steht, Hauptsache man ist dauerpräsent. Engagement für Junge? Mutige Forderungen oder Gesetzesentwürfe? Fehlanzeige.

Das Problem der jungen Generation liegt nicht nur in der mangelnden Repräsentation. Es liegt tiefer. Die Jungen bringen nichts Neues auf die Tagesordnung, selbst wenn sie die Möglichkeit haben. Das Beispiel der jungen Abgeordneten zeigt: Es geht nicht um das Alter auf dem Papier, es geht um das Mindset, die innere Einstellung, die Veränderungsenergie und das Erkennen von Veränderungsmöglichkeiten. Joschka Fischer legte seinen Amtseid bekanntlich in Turnschuhen ab, er war anders und wollte es auch zeigen. Die jüngste Abgeordnete der letzten Legislaturperiode, Ronja Kammer von der CDU, könnte vom Habitus her auch eine 50-jährige Verwaltungsangestellte in einer KFZ-Zulassungsstelle sein: dezentes schwarzes Sakko, Hemd, Seidenschal. Der jüngste Abgeordnete der neuen Legislaturperiode, Philipp Amthor von der CDU ist erst 24, aber im Habitus und Denken schon mindestens 60 Jahre bei der CDU dabei. Zwischen Fischer und Kemmer bzw. Amthor muss irgendwas in den letzten 30 Jahren passiert sein. Es geht heute scheinbar nicht mehr darum, die Älteren durch Frische, durch Neues und durch Mut zu überbieten, sondern durch die Tiefe des Kniefalls vor ihnen.

Mehr noch: die Jungen hängen bis zur Schmerzgrenze an ihren Alten. Ihnen fehlt der Wille zur Macht. Hans-Christian Ströbele ist ein Urgestein der Grünen, lange Zeit (einziger) direkt gewählter Abgeordneter der Grünen für den Bezirk Friedrichshain-Kreuzberg, Jahrgang 1939 und war damit bis zu seinem Ausscheiden 2017 der zweitälteste Abgeordnete des Deutschen Bundestages. Er wurde von seiner Partei regelrecht bekniet, noch mal anzutreten, damit nicht jemand von der AFD Alterspräsident im Deutschen Bundestag wird. Die Regelung wurde im Sommer 2017 flugs geändert: nunmehr ist der Dienstälteste Abgeordnete der Alterspräsident. Das ist Wolfgang Schäuble. Er sitzt seit 1972 im Bundestag, also 45 Jahre. Dass er im September 2017 erneut in den Bundestag einzieht, wusste er wohl schon davor. Er wird im Jahre 2021 auf 49 Jahre Parlamentstätigkeit anstoßen. Die zunehmende Vergreisung der Politik wird unter dem Stichwort »Erfahrung« abgehandelt. Die Jungen nehmen dies so ackselzuckend zur Kenntnis, als wäre das ein Naturgesetz. Warum eröffnet eigentlich der älteste Abgeordnete die erste Sitzung des Bundestages und nicht der oder die Jüngste? »Die Stadt soll die politischen Geschäfte in die Hände bartloser junger Männer legen«, befand schon der alte Heraklit.

Gerontokratie ist nicht die Lösung der Stunde, sondern das Problem. Der Demokratie laufen die jungen Demokraten davon. Laut einer europaweiten Umfrage haben lediglich 1 Prozent der 17–34-Jährigen »vollstes Vertrauen« in die Politik. Wohlgemerkt: in Menschen, die sie wählen, damit diese sie repräsentieren. Ein! Fucking! Prozent! Man stelle sich nur mal eine Plakette an der Tür eines Restaurants mit der Aufschrift vor: »1 Prozent unserer Kunden geben uns ihr vollstes Vertrauen.« Würde man hier essen wollen? Würde man in einem Flugzeug mitfliegen wollen, in welchem nur 1 Prozent der Passagiere dem Piloten vollstes Vertrauen entgegenbringen? Wäre die Demokratie ein Unternehmen, hätte es längst keine Kunden und wäre pleite.

An der Demokratie an sich liegt es aber nicht unbedingt. Es liegt an der Demokratie, wie wir sie jetzt kennen. So furchtbar öde Politik sich auch abspielt: immerhin 47 Prozent würden sich als »politisch sehr interessiert« bezeichnen. Davon schaffen es allerdings nur 2 Prozent, sich für eine Partei zu begeistern.

Mehr sind nicht Mitglied. Es gibt also eine massive Unzufriedenheit auf der einen Seite, ein recht großes Interesse auf der anderen Seite, aber nur ganz wenige, die mitmachen. Und das soll nichts, aber auch gar nichts mit den Strukturen zu tun haben, mit den Parteien, den Repräsentanten, der Politbürokratie?

Dass die Jungen fast vollständig aus der Politik verbannt sind, fällt kaum jemandem auf. Oft nicht mal den Jungen selbst. Der Soziologe Klaus Hurrelmann, ein Generationenforscher, verstieg sich sogar zu der Aussage, die Generation Y »unterwandere die Politik« und zwar »auf leisen Sohlen«, zum Beispiel durch Petitionen und Tweets. Ist ja süß: seit wann sind 500 Follower ein Regierungsauftrag?

Wo bleibt stattdessen die reale Option, in der jetzigen Demokratie aktiv zu werden? Wo ist die Möglichkeit, direkt Veränderung herbeizuführen? Wer sich politisch engagieren will, kann es fast nur in einer etablierten Partei. Die Parteistruktur durchzieht alle Bereiche der Macht. Politisches Engagement ist quasi parteipolitisches Engagement. Natürlich kann man sich auch in NGOs engagieren oder bei politischen Initiativen wie Welzers (›Die offene Gesellschaft und ihre Freunde‹); man kann Demos organisieren, Protest- und Unterschriftenaktionen starten oder Petitionen einbringen. Oder man kann, wie es Philip Ruch und das »Zentrum für politische Schönheit« sehr wirksam tun, versuchen, den allgemeinen Nebel der Apathie durch gewagte Kunstaktionen zu lichten.

All diese Möglichkeiten existieren und sie sind weitaus besser, als gar nichts zu tun. Am Ende des Tages macht aber trotzdem der Bundestag die Gesetze und in ihm sitzen die gewählten Abgeordneten. Und ausnahmslos alle gehören einer Partei an. Das letzte Mal schaffte es vor 70 Jahren ein Parteiloser ins Parlament. Soll das irgendwen ermutigen, sich zu engagieren? Ohne Parteien geht es am Ende nicht. Und auch am Anfang schon nicht. Und hier wird es kompliziert. Denn ab hier betritt man ein bürokratisches System, in welchem vieles erlaubt ist, aber bitte nicht eigene Ideen; die hat ja schon die Parteispitze. Der Kopf denkt, der Rest trampelt in die richtige Richtung mit und klatscht im Takt. Wer Visionen hat, soll zum Arzt; dabei sollte es umgekehrt sein.

Was haben Parteien mit der Generationenfrage zu tun? Viel. Wer sich heute in eine Partei verirrt, betritt einen Rentnerverein (Durchschnittsalter 60, bei den Grünen 50), der es sich zum Ziel gemacht hat, Politik bis zur Unkenntlichkeit zu verlangweilen. Hier lernt man, wie man das Wording des Vorsitzenden unter die Menschen bringt und inhaltliche Diskussionen an der Parteilinie im Keim erstickt. Wer da als denkender Mensch nicht sofort die Flucht ergreift, darf bei der nächsten Wahl das Gesicht des Spitzenkandidaten an Straßenlaternen kleben. Damit erst gar kein echter Meinungsaustausch oder keine Wahlkampfstimmung aufkommt, wird dabei sorgsam darauf geachtet, auf Themen und Aussagen zu verzichten.

Inzwischen ist Verlangweilung sogar zu einer Wahlkampfstrategie geworden. In der Politikwissenschaft spricht man dann von »asymmetrischer Demobilisierung«. Bei dieser Technik verzichtet der Kandidat schlicht darauf, zu brenzligen Themen Stellung zu nehmen, um die Anhänger des Gegners nicht zu mobilisieren. Das ist nichts anderes als ein Flächenangriff auf den Bürger mit Narkosegas. Nie haben es die Parteien besser hinbekommen, das Volk einzuschläfern, als zur Bundestagswahl 2017. Die Meisterin dieser Technik ist Kanzlerin Angela Merkel.

Gleichzeitig sind sich dieselben Politiker nicht zu schade, den Bürger dazu aufzurufen, sich zu engagieren, da es ja inzwischen »um die Demokratie selbst gehe« (Steinmeier). Doch derartige Appelle an den Bürger oder die »junge Generation« sind

Lippenbekenntnisse. Die Nachwuchsförderung wird bei allen Parteien seit Jahren gnadenlos vernachlässigt. Wenn Politiker zu Engagement auffordern, wollen sie außerdem nicht, dass der Bürger sich kritisch einmischt. Sie hoffen auf ein paar junge Gesichter vor den Wahlkampfkameras. Die Jungen der Generation Y und Z sind Statisten für Selfies, weiter nichts.

Politiker wollen nicht diskutieren, sie wollen aus einer Fernsehsendung als Sieger herausgehen. Sie selbst stehen im Vordergrund, nicht das Thema. Heiko Maas nimmt zur Sicherheit gleich seinen Pressesprecher mit zur Talkshow, um notfalls den Applaus einzuleiten. Mehr als die Hälfte (54 Prozent) seiner Twitter-Follower sind laut Twitter-Audit »Fake« (www.twitteraudit.com, abgerufen am 9.05.2018). »Fangt doch mal an«, rief Martin Schulz den Jusos auf einem Treffen zu, leider liefen die Kameras. »Fangt doch mal an zu rufen: ›Martin, Martin ....‹« Fake-Politikdarsteller ohne Themen freuen sich natürlich auch über Fake-Begeisterung. All das nützt nur leider am Ende der Demokratie nichts.

Zusammenfassend kann man sagen: die Politik ist nach außen wie ein Techno-Club, in welchem aber noch die Comedian Harmonists laufen. Theoretisch steht dieser Club, wie das Berghain in Berlin, jedem offen. Praktisch stehen die meisten jedoch zwei Stunden in der Schlange, um dann – genau: nicht reinzukommen. Diejenigen, die reinkommen, dürfen dafür zu der Musik, die der DJ auflegt, tanzen, klatschen und johlen. Und das Ganze nennen wir dann »ein Fest der Demokratie«.

Wir halten fest: der Bürger *will* sich engagieren. Er ist interessiert und hat auch Ideen. Doch effektiv *kann* er sich nicht engagieren. Im Parteienbetrieb wird jede hochfliegende Idee zuverlässig geerdet und abgetötet. Hier klatscht man brav, hier muckt man nicht auf. Wer brav ist, bekommt irgendwann einen guten

Platz auf der Liste. Aufmüpfigkeit wird nicht belohnt: Die rhetorisch begabte, aber eben auch ungemütliche Juso-Vorsitzende Johanna Uekermann, mit 29 ein frisches Gesicht, schaffte es in Bayern für die Bundestagswahl nur auf einen aussichtslosen 26. Listenplatz. Die Alten hatten wieder mal alles schön aufgeteilt. Wieso sollte man sich auch kritische Quertreiber antun?

Das war auch bei den eingangs genannten jungen Abgeordneten nicht anders. Sie waren im System eigentlich gar nicht vorgesehen. Sie verdanken ihren Platz oft eher einem dummen Zufall, einem Mangel an älteren Alternativen, der Aussichtslosigkeit des Wahlkreises oder, der Klassiker, weil ein älterer stirbt (im Fall von Ronja Kemmer) oder wegen eines Skandals zurücktritt (von Guttenberg im Fall von Emmi Zellner). Wer heute als junger Mensch Politik machen will, suche sich am besten den Wahlkreis eines dahinsiechenden oder schwer skandalträchtigen Vorsitzenden aus und versuche, sich möglichst direkt hinter ihn zu stellen, um im Katastrophenfall sogleich seinen Platz einzunehmen und einen Neuanfang zu verkünden.

Doch man kann viel über die wenigen jungen Leute und ihren vorauseilenden Gehorsam und ihre Angepasstheit lachen. Sollen sie halt aufmüpfiger sein und mehr querschießen! Damit wären sie im gegenwärtigen System die große Ausnahme und am falschen Platz: Denn Gehorsam und Gefälligkeit sind hier die Geschäftsgrundlage. Ministerien lassen sich von Lobbygruppen, Anwaltskanzleien oder Unternehmensberatungen Gesetzesentwürfe diktieren. Die Pharmawirtschaft diktiert die Liste der zulässigen Medikamente, wie einst Horst Seehofer im Fall der Positivliste beklagte. Die Versicherungswirtschaft und ihre Vertriebe sorgten bei Kohl und Schröder dafür, dass die private Altersvorsorge zu ihren Gunsten gestärkt wird. Bei dem Finanzvertrieb DVAG war das halbe Kabinett Kohl unter Vertrag,

Schröder war persönlicher Freund von Carsten Maschmeyer vom Konkurrenten AWD. VW schrieb an der Regierungserklärung des Ministerpräsidenten von Niedersachsen mit und die Bertelsmann-Stiftung betreibt quasi eine Schattenregierungs-Agenda, um neoliberale Reformen und die Digitalisierung aller Lebensbereiche zu pushen. Wie eigenständig ist die Politik gegenüber der wirtschaftlichen, kulturellen, militärischen und digitalistischen Übermacht der USA? Warum müssen in Krisenzeiten immer erst »die Märkte« beruhigt werden? *»Diejenigen, die gewählt wurden, haben nichts zu sagen und diejenigen, die was zu sagen haben, wurden, nicht gewählt«*, brachte es Horst Seehofer mal in einer Satiresendung auf den Punkt.

Auch in der Politik ist Gehorsam eines der Grundprobleme, und es zieht sich durch das ganze System bis hinunter zum Bürger. Wie oben, so unten. So gehorsam die angeblich »Mächtigen« gegenüber den Interessen der noch Mächtigeren sind, so gehorsam ist auch der Bürger gegenüber Vater Staat und Mutti Merkel oder der Jungpolitiker gegenüber den Parteioberen. Die Haltung ist dabei immer die gleiche: man gibt sich den Umständen hin und akzeptiert die eigene Rolle als Untergebener. Selbstverzwergung überall. Bei Orwell beginnt der Bürger irgendwann »den großen Bruder zu lieben«. Es ist ein Grundproblem, das schon lange existiert: schon Alexis de Tocqueville sah anhand des jungen Amerikas die Gefahr, dass der Staat eine freundliche, aber doch gewaltige väterliche Macht über den Bürger ausübt, und diesen in ewiger Kindheit gefangen hält: *»Eine solche Macht übt keine offene Tyrannei aus, das Volk wird von ihr zusammengepresst, geschwächt, erstickt und verdummt. Die Nation ist nur noch eine Herde furchtsamer und geschäftiger Tiere, deren Hirte die Regierung ist.«*

Das bringt uns zu unserem letzten Punkt und der tut weh: der Bürger *soll* sich vielleicht gar nicht engagieren. Er *soll* nichts verändern können. Politik *soll* ihn anwidern und abstoßen. Der Bürger soll sich nicht einbringen, er soll seine 40 Stunden pro Woche arbeiten, zweimal täglich bei Spiegel Online vorbeischauen, um sich informiert zu fühlen, nach Feierabend sein Glas Rotwein trinken und das seichte Vorabendprogramm im Fernsehen konsumieren, seinen nächsten Urlaub planen, sich etwas um die Zukunft sorgen, aber bloß nicht anfangen, politisch zu handeln.

Am Wochenende darf er sich beim Stammtisch in bierseliger Runde bis zur Erschöpfung über »die da oben« auslassen, nur um am Montag wieder rechtzeitig zur Arbeit zu erscheinen. Dank Facebook glaubt er sich mit Gleichgesinnten vernetzt und aktiv, tatsächlich ist er isolierter denn je und bewirkt gar nichts. Die Petitionen, die er vielleicht im Netz unterschreibt, nehmen die Regierenden nicht mal mehr zur Kenntnis. Zwischendurch lernt er durch regierungsnahe Stiftungen und Onlinezensoren, dass seine Meinung der Regierung nicht passt, da sie mindestens »umstritten« und »populistisch« ist, wenn sie nicht sowieso »Fake News« oder eine »Verschwörungstheorie« darstellt. Die Verzweifelten wählen dann einen vulgären Hallodri vom Schlage Trumps, um dem System einen Denkzettel zu erteilen. Mal ehrlich: soll das schon die wahre Demokratie gewesen sein, das oft zitierte »beste System«, das wir je hatten?

Der Kieler Kognitionspsychologe Professor Rainer Mausfeld hat zu diesem Thema mehrere hervorragende Vorträge gehalten, die auch auf Youtube verfügbar sind. Sein Vortrag »Warum schweigen die Lämmer?« hat bereits über eine halbe Million Zuschauer. Er beschreibt, wie planvoll der Staat den Bürger durch Soft-Power-Techniken beeinflusst, manipuliert und indoktriniert. Er nennt zum Beispiel das Konzept der »Zuschauerdemokratie« von Walter Lippman, das darauf abzielt, den Bürger in einen Zustand apathischer Passivität zu versetzen. Massenmedien, so Mausfeld mit Bezug auf den Soziologen und Medienforscher Paul Lazarsfeld, gehören zu den »most respectable and efficient social narcotics«, sind also eine Art Anästhetikum. Der Bürger soll vor dem Bildschirm mitfühlen, wenn ein Kätzchen nicht mehr vom Baum herunterkommt, er soll aber gleichzeitig die Millionen Opfer von Kriegen hinter dem Begriff Kollateralschaden vergessen. Der vermeintliche »humanistische« Fortschritt dieser Politik und der große Unterschied zu offen repressiven Staaten oder Diktaturen liegt nur noch in der ökonomischen Effizienz begründet: laut dem Propagandatheoretiker Harold Lasswell ist Meinungsmanagement schlicht billiger als Gewalt.

Der amerikanische Philosoph und Aktivist Noam Chomsky hat gezeigt, wie planmäßig der Staat insbesondere dabei vorging, die Menschen zu entpolitisieren und sie zu folgsamen Konsumschafen abzurichten, die ihre Freizeit am liebsten in einer Shopping Mall verbringen. Die kritischen Bürgerinitiativen der 60er, 70er und 80er stellten eine Gefahr für das Establishment dar. Viel besser ist es, wenn der Bürger am Ende froh ist, dass er seine Verantwortung an jemanden delegieren kann. Er soll denken, dass es vernünftig ist, ignorant zu sein (»rational ignorance«), da er ja ohnehin nichts verändern kann. Gegenüber der allmächtigen Vaterfigur des Staates nimmt der Bürger die Rolle des unwissenden Kindes ein und verhält sich auch so.

Doch eine Demokratie, die nicht gestaltbar ist, hört auf, eine zu sein. Sie ist nur noch ein Demokratiekorsett. Eine solche Demokratie stirbt weder mit einem Knall noch mit einem Winseln (wie es T. S. Eliot schrieb), sondern mit einem Achselzucken. Eine solche Demokratie werden junge Menschen nicht verteidigen. Wie auch? Oder besser: warum eigentlich? Dabei ist in der Demokratie niemand nur Passagier, alle gehören zur Besatzung. Es ist eine Tragik von fast schon mythologischem

Ausmaß, dass der Mensch in der Geschichte immer wieder Autoritäten überwindet, um sich bereitwillig gleich wieder neuen Autoritäten zu unterwerfen. Erneut ist der Gehorsam eines der Hauptprobleme für die Erlangung der Freiheit, wie es Erich Fromm schon in den 60er-Jahren beschrieben hat; im Drama des gehorsamen Kindes ist scheinbar jede Generation aufs Neue verurteilt, die Hauptrolle zu spielen.

Und ein Ende ist nicht absehbar. Nach Monarchien, Kirchenfürsten, Ideologien und altväterlichen Präsidenten folgt bald vermutlich die Delegierung der Willensbildung auf die datenbasierte, künstliche Intelligenz. Die Juristin und Big-Data-Unternehmerin Yvonne Hofstetter warnt in diesem Zusammenhang vor einem Ende der Demokratie. Klingt nach Science Fiction? Schon jetzt hält nur noch eine knappe Mehrheit der europäischen Jugendlichen die Demokratie für die beste Regierungsform. Man delegiert ohnehin ständig: Google findet, Amazon kauft, Facebook vernetzt, die Matchingpoints verkuppeln, der Tradingalgorithmus verdient das Geld und weil der Kühlschrank ja bald die Milch nachbestellt, muss man das selbstfahrende Auto dann nicht mal mehr zum Einkaufen schicken. Doch wenn es nur noch eine Wahrheit gibt, die algorithmengestützte nämlich, wer braucht dann noch demokratische Wahlen oder Politiker?

Auf all diese Schwierigkeiten fährt die Generation Y und Z frontal mit Vollgas zu. Die Jungen müssen nicht nur als Generation erwachsen werden, sondern auch als Bürger. Als solcher muss er sich bewusst werden, dass es auf die Einzelperson genauso ankommt, wie auf den seit 25 Jahren im Bundestag sitzenden Abgeordneten.

Der Bürger muss die Demokratie wieder vom Kopf auf die Füße stellen und anfangen, sie von unten zu denken und zu gestalten. Der Soziologe Robert Michels vertrat die These, dass jede Organisation zu Verkrustungen und Zentralisierung der Macht verdammt ist, er nennt es das »eherne Gesetz der Oligarchie«. So ist es auch in unserer »Demokratie«. Das alles ist seit Jahrzehnten bekannt. Der Philosoph Karl Jaspers hat in seinem Buch ›Wohin treibt die Bundesrepublik?‹ dargelegt, dass wir längst in einer Parteienoligarchie (mit Risiko des Abgleitens in eine Diktatur) leben, die den Staat usurpiert hat und in welcher der Bürger zum Konsumenten von Obrigkeit herabqualifiziert wird. Das war 1965. Die Aufgabe des aufgeklärten (jungen) Bürgers, nämlich diese Verkrustung wieder aufzubrechen, ist seit Jahrzehnten unvollendet. Was wir brauchen, ist nichts anderes als einen »Democracy-Hack«.

Der Bürger ist der wahre Souverän. So steht es auch in unserem Grundgesetz. In einer Demokratie ist jeder Bürger ein Fürst. Macht kommt von unten, nicht von oben, das ist im Kern der Anspruch von Selbstherrschaft (»Autonomie«) der Kerngedanke der Demokratie, so der italienische Philosoph Paolo Flores d' Arcais. Ein System, das diesen Grundsätzen nicht folgt, sich aber als Demokratie ausgibt, provoziert eine »Pflicht zum Ungehorsam gegen den Staat«, wie sie von Henry David Thoreau einmal formuliert wurde. Gewählte Politiker sind nur Sachwalter einer höheren Idee von Demokratie. Ihre Legitimation besitzen sie nur so lange, wie sie diesen Grundsätzen verpflichtet sind.

Erste Lichtblicke für einen neuen demokratischen Aufbruch gibt es bereits: die Piratenpartei wurde vor ein paar Jahren aus dem Nichts zu einer ernst zu nehmenden Alternative zu Grünen, FDP und Linke. Der Schreck bei den Etablierten war so groß, dass Peter Altmaier anfangen musste zu twittern. Liquid Democracy und Volksentscheide wurden dabei als Möglichkeit diskutiert, den Bürger wieder politisch zu reanimieren. Eine

Zusammenstellung vieler guter Initiativen findet sich des Weiteren bei Daniela Dahn (›Wir sind der Staat‹) oder Harald Welzer (›Die offene Gesellschaft‹). Man kann schon jetzt über adhocracy.de mittels dezentraler Expertengruppen am System vorbei Probleme lösen, man kann über planungszelle.de Online-Crowdsourcing und Bürgergutachten erstellen oder sich für die Initiative des Belgiers David Van Reybrouck stark machen. Er will Bürger per Losverfahren zur Lösung politischer Fragen verpflichten, ähnlich wie bei dem System der Schöffenwahl. Gegen die Übermacht der Lobbygruppen hilft nur die Selbstorganisation. Kryptoanarchisten und Hacker bauen sogar schon am digitalen Staat, der »Bitnation«, in welchem dezentral und herrschaftsfrei Entscheidungen durch alle getroffen werden können, mit verschlüsseltem Personalausweis, einer eigenen Währung (Bitcoin) und einem eigenen Geburtsregister.

Insgesamt waren die Möglichkeiten der Massenvernetzung noch nie so günstig wie heute. Doch politisches Bewusstsein und Demokratiefähigkeit muss man trainieren. Wer in der Demokratie pennt, wacht in der Diktatur wieder auf. Eine »Zuschauerdemokratie« à la Walter Lippmann ist nur eine Zeit lang möglich, irgendwann hört sie auf, noch eine Demokratie zu sein. Ein Lichtblick dabei: auch politische Apathie hat ihre Grenzen. Der Drang nach Freiheit und Selbstbestimmung, was Mitbestimmung in der Demokratie mitumfasst, lässt sich nicht bis zur Unkenntlichkeit ausmerzen.

Vielleicht sollte man die Bravheit und Unsichtbarkeit der jungen Generation am Ende auch nicht unterschätzen. Laut einer europaweiten Erhebung konnte sich selbst in Deutschland mehr als ein Drittel aller 17–34-Jährigen vorstellen, bei einem Massenaufstand (»Mass Uprising«) dabei zu sein. Zum Vergleich: in Griechenland, Italien, Spanien und Frankreich waren es jeweils über 60 Prozent. Und das kann schneller gehen, als man denkt. Fangen wir also schon mal an, ein paar Forderungen zu stellen. Wie wäre es beispielsweise für den Anfang damit: bedingungsloses Grundeinkommen, Volksentscheide auf Bundesebene, eine Quote für Unter-35-Jährige in staatlichen und privaten Leitungsgremien, die Senkung des Wahlalters auf 14, ein Verbot von Großspenden aus der Industrie für die Politik und das Bundesverdienstkreuz für Edward Snowden?

Nichts ist ekelhafter als Musik ohne versteckte Botschaften.
Chopin

How much is the fish?
Scooter

Was ist das für K1 life: Das Unbehagen in der #YOLO-Kultur

»Ich bin die neue Generation. Ich finde es schön, mein Leben mit Millionen zu teilen. Meine Verwandtschaft zeige ich wenig. Ansonsten ist für mich so gut wie nichts privat.« Für ein gelungenes Instagram-Foto brauche sie mitunter 50 Anläufe, schließlich müsse alles passen: die Haltung, das richtige Licht. *»Das ist für mich wie Kunst.«* So outete sich Stefanie Giesinger, 20, ›Germany's Next Topmodel‹-Gewinnerin als »leidenschaftliche Social-Media-Exhibitionistin«, wie die ›Süddeutsche Zeitung‹(!) in Berufung auf die ›Cosmopolitan‹ schrieb.

Im antiken Pygmalion-Mythos verliebt sich ein Künstler in seine Statue. Im Narzissmus-Mythos ein Jüngling in sein eigenes Spiegelbild. Die Zeit, in der wir leben, scheint beide Mythen zum Übermythos verschmelzen zu wollen, dem Pygmalziss-Mythos: Jeder ist selbst ein Künstler, ein Kunstwerk und dabei von sich selbst unglaublich angetan. Das Selfie schafft uns selbst als Kopie, als besseres Ich, als Designprodukt, das wir gerne wären, und als das wir uns dann auf dem Markt den Followern anbieten.

In den vergangenen Kapiteln ging es stets um Bereiche, denen wir ausgesetzt sind, die wir uns nur beschränkt ausgesucht haben: Erziehung, Ausbildung, Arbeit, Medien und Politik. Doch jetzt ist alles anders, denn jetzt geht es um die Freizeit. Und damit wird es spannend. Was tun wir jetzt? Dies ist eigentlich mit die entscheidendste Frage, denn wir wollen ja den Tag nutzen (#carpediem), zumal wir ja auch nur einmal leben (#yolo). Also, was passiert jetzt? Brechen wir aus unserem Mikrokosmos aus?

Erst mal nein. Erst mal checken wir E-Mails. Kaum haben wir frei, geht es zurück ins Nest, äh, Netz. Der Großteil der jungen Menschen nimmt gleich wieder die erste Ausfahrt und landet im Internet. Das Internet ist mit die beliebteste Freizeitbeschäftigung. Für Jugendliche bis 18 ist Freizeit und Internet sogar fast identisch. Freizeit, das heißt: Konsumieren bei YouTube, Inszenieren bei Facebook bzw. Snapchat und zur Ablenkung ein paar virtuelle Bonbons und Melonen crushen.

Das ist seltsam, gerade heute, wo doch jeder angeblich so »kreativ« ist. Zudem ist es widersprüchlich. Ich vermute mal, wenn man uns fragen würde, was unser Lebenstraum ist, dann würden die wenigsten wohl antworten, dass sie sich nichts Erfüllenderes vorstellen können, als bis zu 200 Mal täglich auf das Smartphone zu schauen, Whats-App-Chats mit Herzchen vollzuschreiben und abends ›Germany's Next Top Model‹, ›DSDS‹ oder ›Die Simpsons‹ zu schauen. Aber genau das tun junge Menschen laut Umfragen am liebsten und nehmen sich dabei mediale Pseudo-Figuren wie Giesinger zum Vorbild. Na gut, das ist eben Trash, kann man sagen. Gab es immer. Zum Glück gibt es ja noch mehr an Freizeitbeschäftigungen. Entdecken wir hier etwas Neues, Unerwartetes?

Nicht wirklich: Die aktuelle Partykultur gleicht einer Art kollektiven Selbsthypnose. »Feiern« bedeutet heute überwiegend, auf Elektro tanzen zu gehen, also in minimalistischem Umfeld zu minimalistischem Sound die Zeit bis zum nächsten Arbeitsbeginn zu füllen. Die Partykultur in den großen Städten der westlichen Welt ist homogen, harmlos, folgenlos, sich selbst genügend, repetitiv wie die Musik und meistens: ohne Botschaft. Stattdessen gibt es mantraartige, scheinsuggestive Textbausteine in leicht verwechselbarer Beat-Folge. Und das kennt die Generation Y, seit sie sich mit 16 zum ersten Mal in die Clubs schlich. Damals hieß es Techno, heute Elektro. Das war's.

Über Geschmack lässt sich eben nicht streiten? Doch, und es wird dringend Zeit. Denn es geht hier um mehr. Nämlich um kulturelle Relevanz. Kultur ist ein Katalysator für neue Ideen, Bewusstseinszustände und letztendlich für gesellschaftliche Transformation. Was haben wir in diese Richtung anzubieten? Wenn uns in 25 Jahren mal unsere Kinder fragen werden, welcher Liedtext aus unserer Generation uns im Gedächtnis geblieben ist, welches Riff, welche Melodie, was sagen wir dann?

Unsere Musik ist so vergänglich wie wir selbst. Wir haben auf Durchlauf geschaltet, wie auch sonst. Die Zeitgeistdiagnose lautet: Kulturdiarrhoe. Alles ist toll, nichts bleibt hängen. Ist aber auch egal, denn letztlich feiern wir ja uns selbst. Elektro ist nur die Fahrstuhlmusik für den drogeninduzierten Höhenflug, unser Ticket in Baudelaires künstliche Paradiese, ein reiner Mittel zum Zweck. Und der DJ ist nur der austauschbare Stimmungslieferant zweiter Ordnung. Die Zeiten, als man Platten gesammelt hat und Musiktexte auf ihre verschlüsselten Botschaften untersucht hat, sind vorbei. Soll das schon alles gewesen sein?

Zu dieser Art des Feierns passt auch unsere Form des Rausches. Der Spaß kommt auf Knopfdruck von außen, wird angeliefert wie eine Pizza; alles ist schon da, man selbst muss gar nichts mehr tun. Im Kern ist es auch hier ein Ego-Erlebnis, kein Gemeinschaftsgefühl. Es gibt selbst bei den Substanzen keinen gemeinsamen Nenner mehr, jeder stellt sich seinen eigenen Cocktail zusammen, verzieht sich in seine eigene Welt. Musik aus der Dose und Spaß aus der Tablette: Feiern wir besser als Generationen vor uns? Ich wage zu sagen: Wir feiern gar nicht mehr. Bei den Alten heißt es bald »Betreutes Wohnen«, bei den Jungen jetzt schon »Betreutes Feiern«. Wer zu viel Ecstasy erwischt hat, bekommt Gratisobst oder eine Chill-Out-Lounge zugewiesen, Hauptsache man stört nicht. Nichts gegen gelegentliche Ausflüge der Bewusstseinserweiterung. Doch die massenhafte Pseudo-Stimulation ist zugleich nur eine Simulation. Statt Erweiterungen des Bewusstseins verabreicht man sich eine Lähmung des Antriebs. Die Botschaft: schöner als auf Drogen wird es angeblich nicht mehr im Leben. »Es gibt hier nichts zu sehen« steht auf dem Eingangsschild zur Partyarea, oder um es mit dem Motto des Elektrofestivals in Garbicz zu sagen: »Alles ist gut.«

Auch das ist ein seltsames Phänomen: kaum verlassen wir die künstliche Welt der gesellschaftlichen Zwänge, begeben wir uns in die eigene Kunstwelt ohne höheres Endziel. Selbst in der Freizeit lassen wir uns ein Substitut andrehen, einen Ersatz für etwas. Internet oder Partykultur. Man bleibt in der Schleife der bunten Wochenendwelt, doch am Montag geht es eben wieder zurück in die Tretmühle. Diese wird durch unseren Wochenendeskapismus eher gefestigt als infrage gestellt. Wir halten uns selbst klein. Anstatt die Luft der Freiheit zu atmen, gestalten wir das Gefängnis für kurze Zeit zum Partyraum um. Anstatt die Türen der Bewusstseinserweiterung zu öffnen und durchzugehen, bleiben wir im Türstock stehen. Anstatt den Moment wirklich zu leben, halten wir nur ein fotografisches

Abziehbild davon fest, während wir inszeniert begeistert in die Luft springen.

Doch es gibt ja noch die Hochkultur. Und die ist ja wohl der Bubble-Breaker schlechthin: Theater verzaubert mit der ihm eigenen Magie, Musik transportiert geheime Botschaften, Kunst zwingt uns in neue Perspektiven und verändert unseren Geisteszustand, Literatur entführt uns in fremde Welten. Wo hinterlassen wir hier eigene Spuren?

Kunst ist für uns ein Label geworden, eine Marke. Wir schaffen wenig Neues, wir kuratieren das Alte, sampeln, vermischen, remastern, kopieren und holen über einen Skandal die Medien ins Boot. Yeah, Buzz kreieren! Das können wir. Der Tod der Kunst ist die Kopie, meinte Leonardo da Vinci. Das hat die Dramaturgentochter Helene Hegemann nicht davon abgehalten, mit einem Plagiatstext erst in die Bestsellerlisten und schließlich ins Kino zu kommen. Wenn das oberflächliche Spektakel genauso honoriert wird wie die mühsame Erschaffung neuer Inhalte, warum sollte man dann Letzteres tun? Scheiß auf das Ethos des Künstlers! Wo gibt es heute noch Ethos? Auch die Kunst ist nur ein Spiegel ihrer Zeit.

Eigentlich sollte unsere Kunst die Gesellschaft aufbrechen, sie knacken wie eine Auster. *»Ein Buch muss die Axt sein für das gefrorene Meer in uns«,* meinte Kafka. Stattdessen bricht die Gesellschaft die Kunst zum Anhängsel ihrer Marketinggesetze herunter. Und wir machen mit. Die Kunst ist erlahmt, genauso wie wir. Das beste Beispiel dafür ist der Hype um Pop-Art & Co., als Beispiel der letzten Landnahme der Kunst durch Werbung und PR. Die Hello-Kitty-Kunst eines Jeff Koons und seine Luftballonpudel markieren den Höhepunkt der Kunstverdrängung unserer Zeit durch Marktgesetze. Früher gab es »Expressionismus«, heute hält sich jeder für einen »Espressionist«, weil er

Muster in den Milchschaum seines Milchkaffees malen kann. Wo bleiben demgegenüber die jungen Künstler? Sicher es gibt Ausnahmen, es gibt das Phänomen Street Art, Banksy, aufstrebende Künstler wie Jonas Burgert, doch insgesamt muss man wahrnehmbare Stimmen aus der jungen Generation mit der Lupe suchen.

Das gilt auch für die Literatur. Marcel Reich-Ranicki hat mal zu einem Schriftsteller gesagt: »*Um Schriftsteller zu sein, muss man etwas gelitten haben, Sie haben doch nicht gelitten!*« Ist das nicht unser eigentliches Problem? Seit der Popliteratur der 1990er schwimmen Jungautoren überwiegend auf der Welle der »Ich-Literatur«. Inspirationen kommen aus der Werbewelt, selbst bei Generationenbüchern dienen Produkte (›Generation Golf‹) oder Werbekampagnen (»Generation Maybe«) als Blaupause. Die Schreibschule in Hildesheim hat es in den letzten zehn Jahren genau zweimal in die Medien geschafft: einmal, weil ein Absolvent ihr vorwarf, ultrahomogen zu sein, also vor allem Professorenkinder und Unternehmersöhnchen auszubilden und zuletzt mit dem Thema Frauenquote und Sexismus. Wie wäre es mal zur Abwechslung mit aufrüttelnden Texten? Beim Ingeborg-Bachmann-Preis wartet jeder inzwischen gespannter darauf, ob sich mal wieder jemand die Stirn aufritzt, als auf die Lesung eines mitreißenden Textes. Wo Form den Inhalt ersetzt, hat Selbstdarstellung Konjunktur.

Auch im Theater muss man frische Autoren und Themen mit der Lupe suchen. Lieber drückt man das ewig alte Material noch mal durch den Fleischwolf und streckt es dann in die Länge. Balzac hat diese Methode in seinem Roman ›Cäsar Birotteaus Aufstieg und Niedergang‹ als »Teebetrug« beschrieben: Der unehrliche Händler vergrößert seine Marge dadurch, dass er dem Kunden ein Drittel bereits verbrauchter Teeblätter untermischt. Frank Castorf von der Berliner Volksbühne kennt seinen Balzac und schafft es so bei seinen Stücken mühelos auf über fünf Stunden, ganz nach dem Motto: Wenn das Theater schon zunehmend gesellschaftlich irrelevant ist, dann soll es zumindest zu einer zeitraubenden Tortur werden. Die beste Inszenierung war die des eigenen Abgangs (nach 25 Jahren) als Ende des Kulturstandorts Berlin, Ende der Volksbühne und Untergang des Abendlandes. Peymann musste 80 Jahre alt werden, um seinen Platz im Berliner Ensemble zu räumen.

Doch auch die jungen Wilden bleiben zu oft im Bannstrahl des Alten: Bei René Pollesch ist Zeitdiagnostik eine endlose monologische Karussellfahrt. Der Zuschauer wird im eigenen Brei seiner Lebenswelt noch mal aufgekocht und bekommt sich dann selbst als Karikatur serviert. So lassen sich Theaterstücke wie Würste produzieren: als Schlachtabfälle des Alltags im eigenen Darm mit etwas metadiskursiver, dekonstruierter Žižek-Soße. Kein Hoffnungsschimmer, kein Lichtblick, keine Erhebung aus der Misere. Dem zeitgenössischen Theater ist jede Art von Anstiftung zur Veränderung abhanden gekommen. Es gibt scheinbar eine Aversion, das Publikum mit einem Auftrag zu behelligen.

Wo sind die Bernhards, Handkes oder Fassbinders von früher geblieben? Thomas Bernhard brachte mit ›Heldenplatz‹ ein ganzes Land gegen sich auf, als er Österreich mit der Nazi-Vergangenheit konfrontierte. Die Zeitungen forderten die Schließung des Burgtheaters! Wo sind die Stücke, die uns nicht nur Vergangenheit und Gegenwart erklären, sondern auch einen Blick in die Zukunft wagen? All das fragt sich das Publikum nicht. In Berlin, der selbsterklärten Kreativhauptstadt der Welt fragte sich im Jahr 2017 alle Welt stattdessen, wo man noch Karten für Richard III. von Shakespeare in der Schaubühne herbekommt.

Kunst steht oft für gesellschaftliche Geburtsprozesse und es ist bezeichnend für unsere Zeit, dass sie diese Funktion derzeit kaum wahrnehmbar ausführt. Kunst wird wertvoll, wenn sie eine Botschaft hat. Und noch wertvoller, wenn sie Wahrheiten ausdrückt, die andere nicht hören wollen. Wenn sie sich mit Mächtigen anlegt. Das Prekariat, die Ächtung und Zensur ist eine Prüfung des Geistes für den Künstler, eine Initiation, die herausbringen soll, ob jemand das Zeug zum Künstler hat oder nur eine Handpuppe ist. Wenn hohe Kunst, Kultur, Literatur, Malerei etc. so belanglos wären, wie ihre Verkaufszahlen oder ihre Marginalisierung oft widerspiegelt, müssten Diktatoren sie nicht unterdrücken und verbieten. Sie strahlen umso heller, je dunkler es um sie herum ist. Das ist Relevanz, und der Grund, warum nie ein Platz oder eine Straße nach einem ›DSDS‹-Star benannt werden wird.

Wenn Musik mit Botschaften nicht gefährlich wäre, müsste man sie nicht im Radio verbieten, wie es seit dem 11. September in den USA der Fall ist. Dort gibt es Schwarze Listen (u. a. das ›Clear Channel Memorandum‹), mit bestimmten Liedern wie ›Imagine‹ von John Lennon, ›Free Falling‹ von Tom Petty, einige Lieder von Pink Floyd (u. a. ›Mother‹) und alles (ich wiederhole: alles) von »Rage Against The Machine«, die nicht mehr im Radio gespielt werden sollen. Kunst hat oft prophetische Fähigkeiten, kann aufrütteln und verändern. Es stimmt, was nach der Trump-Wahl als Tweet folgte: »›Rage Against The Machine‹ waren 24 Jahre zu früh dran.« Man könnte auch sagen: Sie wussten es eher. In einem ihrer Videos von 1999 sieht man ein Wahlplakat, auf dem »Trump 2000« steht.

Was also bleibt von uns?

Wenn meine Generation eine Stadt wäre, dann wäre sie München: nach außen ist alles »scheee«, herausgeputzt, gerne groß, beim näheren Hinsehen aber doch provinziell, unbedeutend und hinter dem schönen Schein ist so gar nichts. Wie München leidet die Generation unter der Diskrepanz zwischen Selbsteinschätzung und Fremdbewertung. Sie selbst ist für sich das Non plus ultra. Der Welt ist sie absolut gleichgültig.

Wenn meine Generation ein Event wäre, dann wäre sie eine Essenseinladung bei Juristen & BWLern in Düsseldorf, Hamburg oder Passau: leicht gebräunt im Hemdchen säße man da und spräche über den perfekten Garzeitpunkt des Fleisches, die richtige Dosis Himalaya-Salz und den Preis der Weinflasche. Auf die Reizworte des Abends reagiert diese Art von Stand-by-Mensch, indem er nacherzählt, was er tagsüber auf Twitter gelesen hat. Zum Beispiel, wie viele Selfies ein GNT-Model im Durchschnitt für einen Post braucht. Man würde Fotos schießen, sich gegenseitig bestätigen und danach sagen, wie toll es war und dass man das »unbedingt bald mal wieder machen müsse«.

Wenn meine Generation ein Designobjekt wäre, dann wäre sie so austauschbar, unscheinbar und namenlos wie der Plastikstuhl Monobloc, allerdings in aufblasbarer Form. Denn die Generation folgt dem Leitbild der Mode, einer industriellen Passgenauigkeit, die auf Ein- und Aufblasbarkeit beruht. Die Mode macht dies, indem sie das Alte zerstört: Mal sind Schulterpolster in, dann wieder out, Krawatten werden von dick auf dünn und zurück geeicht. Man sieht es auch an der Mode der Körperformen: Mal ist es Twiggy, mal sind es Curvy Models und »Big is Beautiful«. Erst heißt es: Hungert euch runter (kauft die Diätprogramme!), dann heißt es: Mästet euch schön, ihr seid so toll, wie ihr seid (kauft Nahrungsmittel!).

Wenn meine Generation ein Auto wäre, dann wäre sie eines dieser knuffigen, knutschigen Autos mit Knopfaugen, ein fahrender Kokon mit Airbags und Knautschzone, bestens digitalisiert und bevormundend (anschnallen, bitte!). In Zukunft auch selbstfahrend. Die Botschaft ist wieder mal: Du brauchst nichts machen, es wird sich um alles gekümmert. Gib uns Kontrolle und nimm dafür Komfort. Ähnlich lässt sich auch schon der Säugling im Kinderwagen herumfahren. Die Verkindlichung in Design und Prozess ist laut Peter Sloterdijk eine zwingende evolutionäre Entwicklung. Schon äußerlich hat sich der Mensch so entwickelt, weg von schnauzenartigen Gesichtern hin zu Manga, der popkulturellen Umsetzung des Kindchenschemas. Aus Autos, welche die Natur imitierten, mit ihren Flügeltüren, ihrer aufregenden Form (Jaguar, Manta, Stingray) oder zeitlosen Schönheiten im goldenen Schnitt (Porsche 911) sind Bärchenwurstformate geworden, die keine Emotion mehr wecken, keine Loyalität aufbauen und die man nur benutzt, um von A nach B zu kommen, um sie schnellstmöglich wieder zu entsorgen.

Wenn meine Generation ein Lied wäre, dann wäre sie eine Mischung aus ›Hip to be square‹ und ›Atemlos durch die Nacht‹. Fröhliche Konformität gepaart mit Pseudoparty. Im Internet war mal die interessante Frage zu lesen: Wann ist aus »Sex, Drugs & Rock´n´Roll« eigentlich »Ich muss morgen früh raus, Apfelschorle und Helene Fischer« geworden?

Wenn meine Generation ein Buch wäre, dann wäre sie »Malen nach Zahlen«, bei dem es darum geht, festgelegte Formen und Figuren auszufüllen. Sie produziert keine Inhalte mehr, sondern malt bunte Felder aus. Bewusstseinserweiternde junge Autoren à la Hermann Hesse sucht man heute fast vergebens.

In unserer Generation gibt es auch kaum mehr wahrnehmbare, tiefe Dichter oder Liedermacher (sorry, Frau Engelmann), nur noch die alte Riege der Meys, Waders und Weckers, die langsam abtritt.

Wenn meine Generation ein Künstler wäre, dann wäre sie Roy Black. Sie wäre der verhinderte Rocker, der Gernerevoluzzer, der von Sex, Drugs & Rock´n´Roll träumt, sich aber sicherheitshalber für eine künstlerische Beamtenexistenz entscheidet und die Schmalzschiene einschlägt, weil das die Leute ja hören wollen. Wie Roy Black kapitulieren wir vor dem Druck des Systems. Wir werden den »Erfolg« mitnehmen und uns später schämen, den Durchbruch mit ›Ganz in Weiß‹ geschafft zu haben, statt mit ›I can´t get no satisfaction‹. Und wahrscheinlich endet meine Generation auch wie Roy Black: vergessen von allen, aufgedunsen, überarbeitet und alkoholisiert mit Herzkasper. Auf unserem Grabstein wird man lesen:

Ich habe alles richtig gemacht.
Ich habe mich gut verkauft.
Ich war eine arme Sau.

II Inside the Bubble: Was wir nicht sehen sollen

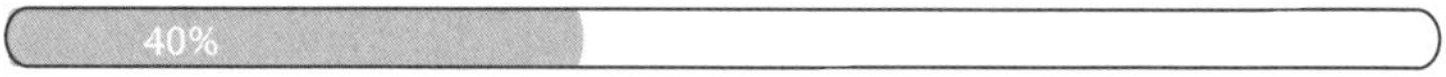

Wer die Enge seiner Heimat begreifen will, reise.
Wer die Enge seiner Zeit begreifen will, studiere Geschichte.
Kurt Tucholsky

Bubbles: Sei der Hype, den die Welt sehen will

Im Jahre 1903 erreichte ein junger italienischer Einwanderer die Vereinigten Staaten. Zunächst schlägt er sich mit Gelegenheitsjobs durch, wird Laufbursche, ist teils obdachlos, vagabundiert herum, begeht kleine Betrügereien, sitzt immer wieder mal im Gefängnis.

Er startet schließlich eine Art Investmentfonds und macht den Bewohnern von Boston ein Angebot, das sie nicht ablehnen können: 50 Prozent Rendite in 45 Tagen und 100 Prozent in 90 Tagen. Die Banken boten damals etwa 3 Prozent Zinsen – pro Jahr. Jemand, der hundert Dollar investierte und seine Gewinne stets reinvestierte, konnte nach dieser Strategie in zwei Jahren auf die für damalige Verhältnisse unglaubliche Summe von 65 000 Dollar kommen. Damals kostete ein guter Mantel 12 Dollar, eine Zeitung war für 2 Cent zu bekommen und das Durchschnittsgehalt lag bei 2000 Dollar jährlich. In kürzester Zeit stehen die Menschen Schlange vor dem Büro der »Securities Exchange Company«. An den besten Tagen nimmt die Firma 1 Million Dollar entgegen und stellt dafür Rückzahlscheine aus, auf denen die Einzahlungssumme vermerkt ist, nebst Stempel. Insgesamt nimmt die Firma Einlagen von über 15 Millionen Dollar entgegen, nach heutigem Wert ist das gut das Zehnfache. Die Rückzahlscheine tragen den Namen des Firmenchefs: Charles alias Carlo Ponzi.

Was nur Ponzi wusste: Hier wurde in nichts investiert. Das System beruhte vielmehr auf der exponenziellen Akquise immer neuer Anleger, welche mit den neuen Einlagen die Auszahlung der Gewinne und Einlagen der alten Anleger bewirkten, ohne es zu wissen. Ponzis Trick war ein klassisches Pyramidensystem. Die Ersten profitierten, ganz oben Ponzi. Die Letzten waren die ersten Verlierer. Sobald die Gerüchte die Runde machten, dass es sich um ein Betrugssystem handelte und die Anleger ihre Einlagen zurückforderten, kollabierte das System.

Wenn man derartige Geschichten hört, ist man verführt sich zu fragen, wie einfältig die Amerikaner doch sein mussten, sich auf Ponzis Trick einzulassen und einem kleinen Italiener mit dandyhaften Klamotten nebst Spazierstock zu glauben. Alle standen sie Schlange. Selbst die Laufburschen, die 10 Dollar pro Woche verdienten, zockten mit.

Hypes, Blasen und Crashs gab es immer schon, nicht erst seitdem es den modernen Kapitalismus gibt. Es gab die Tulpenmanie in Holland im 17. Jahrhundert, die Südseeblase, die Mississippi-Blase, den Schwarzen Freitag 1929, die Dotcom-Blase, die Immobilienblase 2008 und so weiter. Und wie so oft, ist man erst in der Rückschau schlauer. In der Blase denken viele, dass diesmal alles anders kommt. Selbst Ponzis Idee hat seitdem noch einige Nachahmer gefunden: in Albanien führte ein System wie das von Ponzi fast zum Staatsbankrott. Bernie Madoff hatte so gehandelt und das größte, weltumspannende Betrugssystem aufgebaut. Auch deutsche Firmen wie FlowTex und Prokon (Windanlagen) basierten auf der Ponzi-Methode. Derartige Hypes sind auch nicht auf die Finanzmärkte beschränkt, es gibt sie auch in der Mode und Alltagswelt und es gibt sie auf dem Markt der Ideologien, Ideen, populären Glaubenssätze.

Insbesondere die Generation Y erlebt diesen Zyklus aus Hype

und Crash in stark gehäuftem Maße. Wer 1980 geboren wurde, erlebte den Crash an der New Yorker Börse von 1987 mit, den Fall der Berliner Mauer 1989 und des Sowjetimperiums, die Boom-Zeit der 90er, die Russland-Krise 1998, den Fall der New Economy ab dem Jahr 2000, die Immobilien- und Finanzkrise 2008 und seitdem die Boomphase an den Börsen, bei Immobilien, bei der teils völlig überzogenen Bewertung von Start-ups, und nicht zuletzt in Form der massiven Anleihenkaufprogramme der Zentralbanken in Form extremer Verschuldungen vieler Länder.

Stefan Zweig beschreibt in seiner »Welt von gestern« das Lebensgefühl seiner Generation als »goldenes Zeitalter der Sicherheit«. Alles boomte, alles blühte, die positiven Veränderungen waren sichtbar und mit den Händen zu greifen. Heute ist das Lebensgefühl von Unsicherheit geprägt, von einem Tanz auf dem Vulkan, bei dem es schon morgen vorbei sein kann. Die Zahlen und Statistiken sind stets glänzend, das Gefühl geht oftmals in eine andere Richtung. Der sichere Grund Zweigs ist heute beweglich, man glaubt, sich auf auseinanderdriftenden Kontinentalplatten zu bewegen.

Die Glaubenssätze von früher hören sich dabei oft erschreckend naiv und dumm an. Glaubten die Menschen wirklich mal, dass der Papst unfehlbar ist, dass es heroisch sei, für Kaiser, Führer und Vaterland zu sterben und begeistert in den Krieg zu ziehen, wie es zuletzt in den beiden Weltkriegen der Fall war? Glaubten die Menschen tatsächlich mal an ein Tausendjähriges Reich des Nationalsozialismus mit Hitler als Messiasfigur, dem sie einen Eid schworen und für den sie bereit waren, in einen »totalen Krieg« zu ziehen? Man glaubte auch mal an das Atomzeitalter, die Lösung aller Probleme durch Kernspaltung, die Bewusstseinserweiterung und Kreativitätssteigerung durch Drogen. Nicht selten fielen Hypes schneller zusammen, als man schauen konnte: MySpace und StudiVZ, das Downloaden von Klingeltönen auf Handys, Karottenjeans, Lithiumaktien, Tamagotchis und zuletzt Pokémon Go und der Fidget Spinner.

Was ist unser Hype, der Hype der Generationen XYZ? Wir sind es selbst. Wir sollen daran glauben, die smartesten, bestausgebildeten, wohlhabendsten und technikaffinsten jungen Menschen zu sein, die es je gab. Wir sollen glauben, dass wir alles erreichen können, wenn wir es nur wollen. Jede Generation ist ein Versuchskaninchen für ein Glaubenssystem, das zuvor nicht erprobt worden ist. Wir sind ein Spielball, ein Testballon.

Wir stehen gerne in der längsten Schlange vor dem angesagtesten Club der Stadt, warten gebannt auf das nächste »große Ding«, durchforsten Immobilienangebote in Großstädten und sammeln Diplome, um uns von unseren Freunden abzusetzen, die wir auf Facebook argwöhnisch beobachten; wer mehr Kleingeld hat, sitzt in der ersten Reihe einer Modeshow, bei der Taschen vorgestellt werden, die in der Herstellung 20 Euro kosten, aber für 4000 Euro verkauft werden. Für lackierte Pudel von Jeff Koons werden auf Kunstauktionen Millionen geboten. Wer etwas auf sich hält, zeltet vor Apple-Stores, um das neueste elektronische Spielzeug vor allen anderen zu ergattern.

Die Generation Y hat erkannt, dass sie sprunghaft und wendig sein muss, um stets mitreden zu können. Die Angst vor dem »Anschlussverlust«, die FOMO (»Fear of Missing Out«) ist groß. Soziale Netzwerke tun ein Übriges, um die Eskalation des Hypes voranzutreiben, sei es als Kettenbrief oder als Hexenjagd gegen Andersdenkende. Wir sind mehr als zuvor umgeben von Ponzi-ähnlichen Systemen, bei welchen die frühen Teilnehmer gewinnen, und die Gewinne der späten Teilnehmer verwässert werden. Die Generation Y und Z erlebt gerade die hässliche Endphase einer Periode, in welcher jeder ein Gewinner war und damit das Ende eines Illusionssystems, das die Form über den Inhalt stellte. Ein Diplom ersetzt heute Bildung, Information ersetzt Wissen, Zugang ersetzt Eigentum, Zahlenreihen ersetzen Geld, Profilierung ersetzt Persönlichkeit, beeindruckende Jobtitel ersetzen Aufstieg, Likes ersetzen Bezahlung, Kredite ersetzen Wohlstand, das Kuratieren ersetzt Kreativität, das Influencen ersetzt Relevanz, der Rausch das Glück, und statt »find yourself« heißt unser Lebensmotto »broadcast yourself«.

Die Generationen Y und Z werden merken, dass der Großteil ihrer Lebenswelt, den sie als Generation nicht selbst geschaffen, sondern von früheren Generationen übernommen haben, ihnen nur noch in begrenztem Maße nützen wird. Im Grunde sehen wir die Risse im Gemäuer um uns herum längst. Wir sehen die reelle Geldentwertung, wir sehen seit Jahrzehnten stagnierende Gehälter bei steigendem Wirtschaftswachstum und steigenden Immobilienpreisen; wir sehen die Entwertung von akademischen Diplomen bei stetig steigender Absolventenzahl oder die wundersame Senkung der Arbeitslosenzahlen durch die Zunahme vieler prekärer und unterbezahlter Arbeitsverhältnisse.

Den Zusammenbruch des größten Ponzi-Systems der Welt werden wir vielleicht schon bald alle miterleben, wenn die internationale Verschuldungspyramide mit den USA an der Spitze einbricht; ein System, das nur so lange funktioniert, wie alle Schuldner der USA ihre Schulden bezahlen, während allen klar ist, dass die USA selbst ihre Schulden nie begleichen können werden. Gerade jetzt, zur Zeit der höchsten historischen Bewertungen an den Aktienmärkten, sind es ausgerechnet die Millennials, die anfangen Aktien zu kaufen. Alle anderen Generationen ziehen sich bereits zurück. Sell low, buy high? Wir haben nicht nur in der Geldanlage etwas grundlegend missverstanden.

Am Ende wird es sein wie bei jedem Betrug. Am Ende hat der Betrogene meist nur ein wertloses Stück Papier in der Hand, während der Betrüger den Wert einstreicht. Durch die übermäßige Produktion von Papiergeld oder anderweitige Geldentwertung sind Imperien unter- und Staaten pleitegegangen. Der wahre Wert war durch das Wertzeichen nicht gedeckt und was nichts ist, wird irgendwann wieder zu nichts. Heute ist nicht nur jeder ein Kaufmann, wie Marx behauptete, sondern längst schon ein Zertifikatehändler, ein Käufer und Verkäufer von Optionen, von Papier, auf dem ein Versprechen abgedruckt ist.

Auch außerhalb des Finanzsystems zählt heute mehr denn je, was »auf dem Papier« steht, nicht was in der Realität dafür geleistet wird. Wir verkaufen uns beim Vorstellungsgespräch mit einem Lebenslauf, einem Blatt Papier, das ein Versprechen auf unsere Seriosität und Leistungsbereitschaft enthält. Natürlich gewinnen wir durch ein Diplom oder einen Abschluss oft (nicht immer) auch brauchbare Fertigkeiten. Im Kern ist der Wert des Zertifikats, der sich auch nach dem Emittenten, also der Universität und ihrem Ranking richtet, aber für unsere Karriere viel entscheidender. Das Papierdiplom verbrieft eine Option, die realisiert werden kann auf ein höheres Einkommen und steigende Gewinnerwartung. Jeder Like unter einem Foto auf Facebook, Instagram, Snapchat, jeder Re-Tweet bei Twitter, jeder neue Follower ist eine Aufwertung unserer Zertifikatsexistenz und bestimmt vermeintlich unseren Wert in der Gesellschaft.

Wenn wir nicht an diesen Wert glauben würden, hätten wir keinen Grund, andere über banale Tätigkeiten, wie z. B. die Einnahme einer Mahlzeit, zu informieren. Im Kern sind wir alle Ponzis.

Die Blase ist das erste Muster, das unsere Lebenswelt beschreibt, sie ist unsere aktuelle Matrix. Sie ist allgegenwärtig und hat viele Facetten. Sie kann uns als anschwellender Hype begegnen, sie kann als Filterblase den Blick auf Alternativen versperren, sie kann eine nährende und versorgende Komfortzonenblase sein, sie kann uns durch ihre räumliche Abgeschlossenheit in falscher Sicherheit wiegen und durch ihre Gegenwartsfixierung zeitliche Einzigartigkeit vermitteln und den distanzierten Blick auf uns selbst verhindern. »Geschichte ist Mumpitz«, hieß es nicht umsonst schon in Huxleys dystopischer Fantasie ›Brave New World‹. Wie eine hermetisch geschlossene Fruchtblase verhindert die Blase jegliche Form von Entwicklung. Immer ist sie gegen das Subjekt und seine Autonomie, sein Wachstum, seine Fantasie, seine Kreativität und gegen Alternativen gerichtet. In der Blase kann niemand »in der Wahrheit« leben, wie es Vaclàv Havel ausdrückte, der Schriftsteller und Bürgerrechtler, der die falsche Blase des Ostblocks durchstach und der erste frei gewählte Präsident der Tschechoslowakei wurde.

Das Platzen unserer Blase ist keine Frage des »Ob«, sondern eine Frage des »Wann«. Allein in den letzten zehn Jahren wurden auf der ganzen Welt zu viele Luftschlösser gebaut, zu viele falsche Versprechungen gemacht, zu viel auf Pump finanziert, zu viel an paradiesischer Zukunft in die Gegenwart projiziert. An welcher Stelle wird die Blase zuerst platzen? Bei der immensen Staatsverschuldung, also bei den auf Pump finanzierten Wohltaten für die jetzige Generation auf Kosten der zukünftigen? George W. Bush nahm mehr Schulden auf als alle US-Präsidenten vor ihm zusammengenommen. Noch mal: mehr als alle US-Präsidenten vor ihm zusammengenommen. Sein Nachfolger Obama wiederum nahm mehr Schulden auf als alle US-Präsidenten vor ihm zusammengenommen. Inklusive George W. Bush. Und Donald Trump macht keine Anstalten, die Staatsverschuldung zu reduzieren, ganz im Gegenteil. Noch ist das Problem auf später verlagert, da der Leitzins, also der

Preis des Staates für neue Schulden, sich auf einem historischen Tiefstand befindet. Wenn der Zins nur um 1 Prozent steigt, zahlen die USA 100 Milliarden mehr an Zinsen. Das ist so viel, wie der Vietnam-Krieg gekostet hat. Die Bankenrettungs-Programme kosteten mehr als alle davor geführten Kriege zusammen. Und all das soll ohne Auswirkungen für die zukünftige Generation und die Welt insgesamt bleiben? Man muss weder Hellseher noch Finanzexperte sein, um zu sehen, dass das nicht gut ausgehen kann. Genauso gut könnte die Blase auch bei den Diplomen platzen, also dann, wenn tiefverschuldete US-Studenten merken, dass selbst ein Elite-Master in Literaturwissenschaft nur für drei Nebenjobs reicht. Oder am Immobilienmarkt, bei den angeschwollenen Aktienmärkten, also der Sehnsucht, reich zu werden oder der Finanzierung eines ausschweifenden Konsumlebens auf Kredit.

Wie es auch kommt, der Aufprall wird hart sein und am härtesten trifft es dann, wie so oft, junge Menschen. Sie werden ihrer Zukunft beraubt und müssen das Schlamassel ausbaden. Denn es wird wieder mal heißen: geduldet euch, jetzt gibt es gerade nichts zu verteilen, alle müssen Abstriche machen. Die Babyboomer in den Chefetagen bleiben währenddessen natürlich, wo sie sind. Dann folgt der zweite Akt des »Cry-Baby-Kapitalismus« seit dem letzten großen Crash 2008: Die Finanzmärkte, die sich sonst lauthals für freie Märkte einsetzen, also für Deregulierung, werden wieder die Hand aufhalten und um Steuergeld betteln. Die gleichen Arbeitgeber, die den jungen Menschen sagen werden, dass es jetzt nichts zu verteilen gibt, werden sich gleichzeitig mit dem Geld der jetzigen und zukünftigen Generation sanieren, ohne sie daran teilhaben zu lassen.

Alles, was wir als Generation tun können, ist darauf gefasst zu sein und uns vorzubereiten. Die Zeit danach wird sicher ungemütlicher werden, bietet aber auch neue Entwicklungschancen für uns. Sich gegen derartig unangenehme Gedanken zu sperren, ist nur natürlich. In der Psychologie spricht man von der Vermeidung »kognitiver Dissonanz«. Und doch ist es am Ende besser, in der Wahrheit zu leben, auch wenn sie ungemütlich ist, als an einer Illusionswelt festzuhalten. Oder wie es mal auf Twitter stand: *»Die Wahrheit wird dich frei machen. Aber erst macht sie dich fertig.«*

Krieg ist Frieden! Sklaverei ist Freiheit! Unwissenheit ist Stärke.
George Orwell

Fracht-Kult: Die Simulation der Realität

Im Zweiten Weltkrieg lieferten sich die USA und Japan Gefechte auf kleinen Südseeinseln. Die melanesischen Ureinwohner konnten dabei beobachten, wie auf ihren Inseln immer wieder amerikanische Flugzeuge landeten, oft mit Waffen, Waren und Konserven im Gepäck. Sie beobachteten, wie die Amerikaner per Funk kommunizierten und dafür sorgten, dass gewaltige Himmelsvögel auf der Insel landeten oder aber Pakete abwarfen, die dank aufgeblähten Tüchern weich auf dem Boden ankamen. Nach dem Abzug der Amerikaner begannen die Melanesier nun ihrerseits »Bestellungen« aufzugeben. Sie richteten Landebahnen ein, entfachten Signalfeuer, bauten Bambushütten als Kontrollzentren, setzten »Fluglotsen« ein, stellten Bambusstöcke als Antennen auf, sprachen in Funkgeräte aus Holz, drückten Knöpfe aus Lehm, setzten sich Kopfhörer aus Ästen oder Rinde auf. Sie machten exakt das nach, was sie bei den Amerikanern beobachtet hatten. Sie bauten sogar Flugzeuge aus Bambus und Blättern, um die Götter milde zu stimmen. Der »Fracht-Kult« oder »Cargo-Kult« war geboren. Ein Aberglaube, der darin bestand, Ergebnisse dadurch zu erreichen, dass man ein Verhalten nachahmt, das der Form genügt – aber eben nicht mehr als eine Simulation ist.

Das Prinzip des Fracht-Kults ist auch sonst beliebt. Es ist das moderne Beten für Regen, eine Mischung aus Labelling, Storytelling, Marketing und dem Glauben an selbsterfüllende Prophezeiungen. In der Beschreibung der Generationen Y und Z begegnet uns dieses Denken unter anderem in den Schlagworten Kreativität, digitale Avantgarde, Hochbegabung und Exzellenz. Ein Beispiel dafür ist die Exzellenz-Initiative für Hochschulen, ein rein bürokratisches Label, erdacht in Amtsstuben und Gremien, hinter dem nichts steht als die Hoffnung, Anziehungskraft für den Hochschulstandort Deutschland sowie Elitestolz bei den Absolventen zu generieren. Ob sich daraus reale Exzellenz ergibt, also neue Erfindungen, spektakuläre Erkenntnisse und neuer Wohlstand, steht in den Sternen. Man hofft, dass die Fracht irgendwann landet.

Ist es bei dem Gerede von »Kompetenzvermittlung« in der Schule nicht ähnlich? Wie genau schaut man darauf, was wirklich funktioniert? Niemand lernt heute besser schreiben, lesen, rechnen; die Fähigkeiten gehen zurück, trotz angeblich bester Kenntnis der richtigen Lernmethoden. All das macht jedoch komischerweise niemanden stutzig. Und in diesem Punkt unterscheidet den Ministerialrat im Bildungsministerium, die zuständige Ministerin oder die Bürokraten hinter dem »Exzellenz-Label« ziemlich gar nichts von einem Melanesier mit Bambus-Headset. Es dauert heute sogar noch länger, bis der Betrug auffliegt. Erst im Rückblick werden wir natürlich wieder sehr schlau sein. Den Schülern, Studenten, Lehrern, Professoren, Eltern bleibt bis dahin nur der Glaube. Im Wissenszeitalter regiert das Prinzip Hoffnung, was für eine Farce!

Derweil vergeben wir fleißig Preise für »Exzellenz«, um die Konformisten von morgen zu tätscheln. »Jugend musiziert« heißen diese Wettbewerbe zum Beispiel, doch die Jugend spielt dabei das nach, was vor 150 Jahren quasi von ihren Altersgenossen komponiert wurde, neue Werke schaffen sie nicht. Oder habe ich eine Symphonie verpasst? Egal, es ist genial und wird beklatscht, von Honoratioren und Eltern mit Tränen in den Augen, alle fein herausgeputzt im Abendanzug.

»Jugend forscht« heißt ein weiteres Label, aber trotz allem Kreativitätsgerede erfinden wir immer weniger, was irgendwie von Relevanz wäre oder die Welt wirklich besser macht. »Jugend rechnet« auch, sie gewinnt Bundespreise und Olympiaden in Physik oder Mathematik. Vergleicht man das Brimborium und den logistisch-bürokratischen Aufwand dieser Wettbewerbe mit dem tatsächlichen Ergebnis an spannenden Forscherpersönlichkeiten, die man fast an einer Hand abzählen kann, dann bestätigt sich der Eindruck der Fracht-Kult-Huldigungen.

Das gilt insbesondere im Vergleich zu früher: Werner Siemens (damals noch ohne »von«) war ein mittelloser Tüftler, dem schon mal eine Versuchsanordnung ins Gesicht explodierte und der nicht einmal das Abitur hatte. Heute gälte er für die Repräsentanten der großen Exzellenz-Simulationen schlicht als Versager. Mit der gleichen Abschätzigkeit würde das Exzellenz-Establishment von heute auf einen jungen Mann mit Physikdiplom schauen, der es nach seinem Studium nicht mal auf eine Assistentenstelle an der Uni schafft, sich als eine Art privater Nachhilfelehrer durchschlägt und schließlich als technischer Experte dritter Klasse in einem Patentamt versauert. Die Rede ist von Albert Einstein.

Auch sonst gibt es zahlreiche Beispiele für nicht akademische Tüftler, wie James Watt (Mechanikerlehre), Daguerre (Maler und Erfinder der Fotografie) und Thomas Alva Edison (Telegrafist). Die moderne Medizin baut auf der Lehre von Paracelsus auf, der damals von Akademien verschmäht wurde. Es sind nicht unbedingt die Akademien, die Exzellenz hervorbringen, sondern eher exzellente und unangepasste Menschen, die Akademien schufen. Für diese fehlt uns heute der Blick. Dazu meinte Nassim Nicholas Taleb in einem Interview: *»Schauen Sie sich die industrielle Revolution an. Sie ging von privaten Bastlern aus, von Hobbymechanikern, die nach dem Versuch-und-Irrtum-Prinzip vorgingen. Nicht die Universitäten haben die industrielle Revolution geboren, sondern Bastler. Allesamt Nichtakademiker. Diese Erfinder machten England reich.«*

Das heißt natürlich nicht, dass Universitäten nicht auch exzellente Forschung betreiben und Erfindungen machen, welche die Welt nachhaltig verändern. Das sind dann aber internationale Spitzeninstitute mit Budgets, die den Bundeshaushalt für Forschung und Entwicklung wie Peanuts aussehen lassen und eher nicht eine der zahlreichen aus dem Boden gestampften »staatlich anerkannten« und mit TÜV-Siegeln versehenen Fernakademien oder »Euro-FHs« zur Verleihung bunter Papiere und wohlklingender Titelchen. Kein Altenpfleger braucht ein Uni-Diplom, um einen alten Menschen zu versorgen und kein Werbemensch oder »Berater« braucht einen Bachelor »of Science« in Marketing & Kommunikation, um andere dazu zu bringen, auf Onlinewerbung zu klicken.

Der Fracht-Kult ist in unserer Zeit allgegenwärtig geworden, und darunter leiden insbesondere die Generationen Y und Z, weil sie dadurch der Orientierung beraubt werden.

Das Problem der Generationen Y und Z liegt darin, dass sie verstärkt ihre Umwelt einer kritischen Überprüfung unterziehen müssen, ihnen diese Haltung aber zuwider ist, da sie davon ausgehen, alles um sie herum geschehe nur zu ihrem Besten. Sie sind dazu berufen, zunehmend misstrauisch durchs Leben zu gehen, hinter Begriffe und Labels zu schauen, Autoritäten und Institutionen auf den Prüfstand zu stellen und gegenüber überschwänglichem Lob und Anerkennung skeptisch zu sein, wenn sie nicht wollen, dass es ihnen so ergeht wie in der Fabel, in der der Fuchs dem Raben den Käse durch seine Schmeichelei abluchst.

Damit geht es den Generationen Y und Z nicht anders als Generationen zuvor. Jede Generation muss einen erreichten Standard verteidigen. Sie muss Spannungen in der Gesellschaft aushalten lernen und erkennen, dass bestimmte Akteure nur dann dem Gemeinwohl nützen, wenn sie ihre Funktion und Rolle ernst nehmen. Im Grunde wäre es einfach, die Simulationswelt zum Einsturz zu bringen. Jeder müsste einfach nur seinen Job machen. Eltern müssten ihre Kinder zu eigenständigen Persönlichkeiten erziehen, nicht zu abhängigen Abziehbildern ihrer selbst. Lehrer müssten die Leistung der Schüler ehrlich bewerten, Journalisten müssten kritisch und objektiv berichten, anstatt zu versuchen, die Mainstream-Meinung zu treffen, Politiker müssten nach ihren Visionen und ihrer produktiven Vorstellungskraft in Bezug auf Ideen beurteilt werden und nicht nach ihrer Krawattenfarbe oder Frisur. Wirtschaftsbosse dürften nicht trotz Misserfolgen hohe Boni bekommen, wie der VW-Chef Martin Winterkorn.

Der Fracht-Kult geht Hand in Hand mit der Blasenbildung, er ist die notwendige strukturelle Umsetzung des Hypeziels. Wer an etwas glauben will, soll den Bullshit nicht erkennen. Dafür ist es nötig, dass alles seine formelle Richtigkeit hat. Aus Systemgläubigkeit wird schließlich Systemblindheit. Wir leisten uns teure Strukturen, die unseren Glauben an etwas aufrechterhalten, in der Hoffnung, das Ergebnis werde sich dann schon einstellen. Zukunftsforscher, Börsenpropheten, Konjunkturprognostiker, Marketing-Experten, PR-Profis und ein Heer von Beratern und Coaches sind die Eigengewächse dieses strukturellen Problems. Sie werden dafür bezahlt, das System aufrechtzuerhalten und die Missstände zu verdecken. Dadurch wird eine Kette des Selbstbetrugs in Gang gesetzt und gehalten. Am Ende gewinnt der Status quo und die Struktur, nicht die beste Idee.

Warum betreiben wir als Europäische Union zum Beispiel per Entwicklungshilfe einen moralischen Ablass für eine Katastrophensituation, deren Grundlage wir durch die Abschottung unserer Märkte selbst herbeiführen? Warum publizieren mit Steuergeldern finanzierte Wissenschaftler unserer öffentlichen Bildungseinrichtungen und Universitäten quasi kostenlos in Zeitschriften von wissenschaftlichen Großverlagen (wie Elsevier), welche die Inhalte dann für teures Geld an die Universitäten zurückverkaufen? Wie ist der Kult um die Arbeitsmoral zu erklären und den Stellenwert, den beruflicher Status in unserer Gesellschaft einnimmt, wenn zugleich ein hoher Prozentsatz von Arbeitnehmern innerlich gekündigt haben und die Krankschreibungen wegen psychischer Störungen stark zugenommen haben? »Sklaverei ist Freiheit, Krieg ist Friede, Lüge ist Wahrheit.« Wie bei Orwells ›1984‹ gibt es zahlreiche Simulationen um uns herum, die es zu erkennen gilt. Jede junge Generation ist dazu aufgerufen, wie das Kind in Andersens Märchen zu rufen: »Der Kaiser ist ja nackt!«

Bisher scheint uns dazu der Mut zu fehlen. Wie die Melanesier malen wir Kreise in den Sand, sprechen Funksprüche in Knochen und warten, dass etwas passiert.

Tetris hat uns gelehrt, dass wir irgendwann verschwinden, wenn wir versuchen, irgendwo reinzupassen.
Internet

Es ist kein Zeichen von Gesundheit, an eine von Grund auf kranke Gesellschaft gut angepasst zu sein.
Jiddu Krishnamurti

Schachteln: Living in a Box

Stell dir vor, du bist bei jemandem zum Abendessen und Übernachten eingeladen. Dein Gastgeber ist sehr freundlich, spendiert dir ein tolles Essen. Er ist absolut nett und herzlich. Erst als es um die Bettenverteilung geht, wird die Angelegenheit seltsam. Er steckt jeden in ein Bett, das nicht wirklich gut zu demjenigen passt. Wer lang ist, kommt in ein kurzes Bett. Wer kurz ist, kommt in ein langes Bett. Geht das nicht anders, fragst du ihn? Er duldet keine Widerrede, denn er hat seine eigene Methode, um es passend zu machen. Unser Gastgeber legt die zu kurzen Gäste kurzerhand auf die Streckbank, um sie länger zu machen. Den zu langen Gästen hackt er die Beine ab.

Den Namen dieses fürchterlichen Kerls kennen wir aus der griechischen Mythologie: Prokrustes. Nach dem Prinzip des prokrustischen Betts funktioniert unser Leben in der Gesellschaft, egal ob es um Erziehung, Schule, Berufsleben oder Privatsphäre geht.

Stets soll sich unser Leben an die Umstände anpassen, nicht die Umstände an die Grundbedürfnisse des Einzelnen. Wir müssen dem Standard gerecht werden, nicht der Standard uns. Das ist die oberste Regel der Leistungsgesellschaft. Ein »wertvolles Mitglied« der Gesellschaft zeichnet sich dadurch aus, dass es die Erwartungen nicht nur erfüllt, sondern übertrifft, die herrschenden Strukturen stabilisiert und sie nicht infrage stellt.

Wir haben es in den vorherigen Kapiteln gesehen: Selbst in unserer vermeintlich freien Gesellschaft ist das Individuum von einer Vielzahl von Monopolsystemen umgeben. Niemand willigt in sein Erziehungssystem ein, es gibt nur ein staatliches Schulsystem oder Universitätscurriculum, so wie es in den Mainstream-Medien nur ein Programm mit bestimmter inhaltlicher Tendenz gibt. All diese Dinge sind vorgegeben und formen das gleichförmige Denken vor. Der Einzelne muss sich sein Recht auf individuelle Entwicklung durch ein Dickicht von Anpassungs- und Veränderungsmechanismen erkämpfen. Das fängt schon im Kindergarten und in der Schule an.

Ein Kind, das nicht still sitzen kann, wird pathologisiert (ADHS) und dann »geheilt«, also mit Ritalin ruhig gestellt. Die Anzahl der Verschreibungen, vor allem bei Jungen, hat sich in den letzten Jahren vervielfacht. Dabei bezweifeln Experten, wie der bekannte Hirnforscher Gerald Hüther, dass ADHS überhaupt eine Störung ist. Doch unsere prokrustische Gesellschaft reagiert auf Auffälligkeiten oder Normabweichung gern mit Pathologisierung und Neutralisierung.

Der Pathologisierungsdrang sowie die Zunahme von Befindlichkeitsstörungen sind in Wahrheit ein Warnzeichen, dass etwas mit der Gesellschaft nicht stimmt. Die Wirtschaft brummt, aber die Menschen sind gestresst, unglücklich, fühlen sich unzulänglich und haben Angst davor, abgehängt zu werden. Das gilt auf besonders alarmierende Weise für die Generation Y: nach einer Studie des Robert-Koch-Instituts zeigen 30 Prozent der jungen Männer und 43 Prozent der jungen Frauen zwischen 18 und 34 Kriterien einer psychischen Störung, also Symptome für Depressionen, Angststörungen oder Sucht. Wir haben das Gefühl, nur dann etwas wert zu sein, wenn wir alles richtig machen. Schon bei kleinsten Fehlern kann es vorbei sein. In der ›Frankfurter Allgemeinen Sonntagszeitung‹ gab es einmal einen ganzseitigen Artikel (»Fast super«) über Abiturienten, die »nur« einen Schnitt von 1,1 hatten, also die Traumnote knapp verfehlt hatten. Der Tenor des Artikels war durchweg in latentem Katastrophenton gehalten. Die 1,1 galt fast schon als Knick in der Biografie, zumindest aber als »Malus«, weil damit angeblich der Weg zu bestimmten Studiengängen (Medizin, Psychologie) stark erschwert würde. So also jagt man als Journalist dem Leser aus der bürgerlichen Mitte am Sonntag den Schreck ein, der ihn bei der Stange hält. Wer dann in Anbetracht derart hoher Perfektionserwartungen Anzeichen pathologischer Störungen zeigt, soll dies laut Erich Fromm als positives Zeichen sehen, immerhin wehrt sich das geistige Immunsystem noch gegen die brutale Anpassung an die Umstände.

Das Beispiel des Prokrustes ist bestimmt ein besonders drastisches, eine Art mythologische Horrorstory. Man fühlt sich an den Film ›Misery‹ nach dem Buch von Stephen King erinnert, wo ein geisteskranker weiblicher Fan einem Schriftsteller die Beine zertrümmert, nur damit er nicht aus seinem Bett fliehen kann und die Geschichte, die sie von ihm hören will, zu Ende schreibt. In der heutigen Gesellschaft tritt diese Form der Gewaltsamkeit jedoch nicht offen zutage. Heutzutage will man Menschen nicht mehr offensichtlich brechen, sondern eher sanft verbiegen. Dazu dient unter anderem die Technik, sie durch Lob, Anerkennung und Statusgewinn »weichzukochen«

und sie so zu Agenten und Überwachern ihrer selbst zu machen. Es gibt keine effektivere Pädagogik, so Erich Fromm, als das zu erziehende Objekt glauben zu lassen, dass es das, was es tun soll, selbst wolle. Das aber ist nichts anderes als Totalitarismus mit humaneren Mitteln.

Als ich mich mal bei einer großen Berliner Anwaltskanzlei um ein Praktikum bewarb, fragte mich die Personalchefin, wofür ich mich interessiere. Ich nannte treuselig und ehrlich die Gebiete Urheberrecht, geistiges Eigentum, Telekommunikationsrecht. Ihre Antwort: »Und M&A.« Ich wiederholte etwas begriffsstutzig meine genannten Interessensgebiete: »Urheberrecht, geistiges Eigentum, Telekommunikationsrecht.« Sie blickte auf, lächelte ein klein wenig und sagte: »Und M&A.« Jetzt verstand ich, lächelte zurück und sagte: »Und M&A, natürlich.« Sie sagte: »Wunderbar«, und ich war eingestellt. Mergers & Acquisitions, also Firmenverkäufe- und zukäufe, Abspaltungen und Fusionen sind das Spanferkel jeder großen Wirtschaftskanzlei, hier werden die richtig dicken Rechnungen geschrieben und die höchsten Honorare verdient. Natürlich war das kein manipulatives Gespräch, wir lächelten uns freundlich auf einer Metaebene an. Und doch habe ich nachgegeben, bin mit der Bereitschaft aus dem Gespräch rausgegangen, etwas zu tun, was mich eigentlich gar nicht interessierte. Es war alles witzig, es war alles entspannt und völlig ohne Zwang. Und doch habe ich eine Art Selbstverpflichtung abgegeben, eine Art Commitment. Denn ich wollte es ja jetzt auch. Stimmt's?

Auch in der neuen schönen Arbeitswelt der Start-ups und großen Technikfirmen à la Google, Apple und Facebook ist Individualität oft weniger gefragt als absolute Loyalität mit dem Unternehmen und seinem »Code«. Eingestellt (also belohnt) werden Konformisten, nicht Querdenker. Dies, so der Psychologieprofessor Adam Grant, erhöhe zwar kurzfristig die Harmonie des Betriebsklimas, gefährde jedoch auf lange Sicht die Wettbewerbsfähigkeit des Unternehmens, da die Belegschaft in die Falle gegenseitiger Selbstbestätigung tappt und beginnt, sich zu verhalten, wie Mitglieder einer Sekte. Dieses Phänomen nennt sich »Group Think« beziehungsweise »Herdenverhalten« und war u. a. dafür mitverantwortlich, dass die Kennedy-Regierung beschloss, Kuba anzugreifen, was bekanntlich kolossal schiefging.

Wir haben hier also ein Paradoxon vor uns: Wir leben in einer Gesellschaft, die prokrustische Anpassung einfordert und Nonkonformismus bestraft, obwohl sie von Letzterem erwiesenermaßen profitiert. Jeder künstlerische, wissenschaftliche, technologische Fortschritt beruht schließlich auf der Tatsache, dass alte Formen des Denkens, Handelns und Entwickelns zerschlagen werden.

Straßen und Plätze sind gemeinhin eher nach mittellosen Schriftstellern, Künstlern und Nonkonformisten ihrer Zeit benannt als nach Unternehmensberatern, Zahnärzten und M&A-Anwälten. Zahlreiche Persönlichkeiten, die wir heute verehren, waren in ihrer Zeit mindestens »umstritten«, wenn nicht beständig auf der Flucht oder in Lebensgefahr: Heine floh nach Paris, Rousseau nach Genf, Schiller aus Stuttgart nach Mannheim, Voltaire immer wieder aus Paris vor der Zensur und Marx ständig vor Verhaftung irgendwohin. Goethe büxte immerhin mal nach Italien aus, Casanova aus dem Gefängnis und Mozart aus der freundlichen Umklammerung des Vaters nach Wien. Kafka tat es in seinen Büchern, sein Josef K. wird im Prozess nicht einfach nur »verhaftet«, er wird arretiert, am Weiterkommen gehindert. Kafkas Brief an den Vater zeugt wie kaum ein anderes Dokument von diesem Leiden an der vorbestimmten Schachtelexistenz, und seine Romane sind eine Dokumentation dieses Leidens und ein Produkt seiner Fluchtfantasien.

»Die höchste Form der Versklavung ist erreicht, wenn man irrtümlich glaubt, frei zu sein«, schrieb Goethe, und dieses Zitat passt wie kein zweites auf unsere Zeit. Unsere Lebenswelt ist die der freiwilligen Knechtschaft, der vorauseilenden Erfüllung der Erwartungen, der ödipalen Schwellenangst vor Autoritäten, der prokrustischen Lust an der Passgenauigkeit im Maßstabssystem anderer bei gleichzeitiger Unfähigkeit, sich selbst als Maßstabsgeber und Schöpfer des eigenen Lebens zu verstehen.

Dabei ist es tatsächlich relativ einfach herauszufinden, wo das Spannende im Leben anfängt. Nämlich in dem Moment, in dem man über die Ränder der Schachtel hinausklettert. Es beginnt, wenn man im weitesten Sinne »ungehorsam« wird, dort, wo die süße Nahrung des Lobes aufhört und plötzlich die Kritik kommt. Diesen Weg muss man einschlagen, um ein gutes, eigenes Leben zu haben. Alles andere ist eine Existenz für andere in der bereits vorhandenen Schachtel. Wer in die Fußspuren anderer tritt, hinterlässt keine eigenen Spuren. Diese konforme und verarmte Existenz endet, wie immer, in einer Schachtel, diesmal in einer besonders hübsch ausgekleideten, vielleicht sogar mit Samt und Seide, dafür aber mit einem schweren Deckel, der nie mehr aufgeht. Die letzte Schachtel ist der Sarg.

Die Generation Z hat vielleicht eine noch größere Chance als die Generation Y, ihre bestehende Schachtelexistenz zu überwinden. Das hängt auch damit zusammen, dass die Autoritäten des jetzigen Maßstabssystems sich zunehmend sichtbarer disqualifizieren. Politiker, die nicht einmal richtig Englisch können und ihre Doktorarbeiten plagiieren, reden von Exzellenz und Aufstieg durch Leistung; in der Industrie und dem Bankensystem wird hemmungslos und sichtbar getrickst und betrogen, wo es nur geht. Das Vertrauen in die Medien ist auf einem Tiefpunkt.

Das Schachtelsystem ist wohl das gewaltsamste Muster unserer Lebenswelt. Während die Blase nur die Entwicklung hemmt und das Sichtfeld verengt, ist das prokrustische Bett sowohl Streckbank als auch Guillotine. Es produziert den standardisierten Menschen, wie ihn sich eigentlich vor allem Diktatoren und Autokraten wünschen.

Wie man aus dem Muster der Standardisierung ausbricht, zeigt uns die Mythologie. So drastisch die Verengung durch Prokrustes ist, so drastisch ist auch die Lösung.

(Achtung – - – Triggerwarnung – - – gewaltsame Szene)!

Als der griechische Held Theseus bei Prokrustes einkehrt, weigert er sich nicht nur, dem Befehl von Prokrustes Folge zu leisten und sich auf eines der unpassenden Betten zu legen. Nein, er dreht den Spieß um, zwingt Prokrustes, sich in das kurze Bett zu legen und schlägt ihm kurzerhand den Kopf ab.

Dem wird befohlen, der sich nicht selbst gehorchen kann.
So ist des Lebendigen Art.
Friedrich Nietzsche

Loop: das Prinzip Vertröstung

Vor ein paar Jahren erfanden Forscher ein Experiment, um die Geduld von Kindern zu testen. Sie legten ihnen einen Marshmallow hin und sagten ihnen, dass sie, wenn sie etwas warteten, einen zweiten Marshmallow dazubekämen. Dann verließen die Forscher den Raum und konnten durch eine Scheibe beobachten, wie sich die Kinder mit Blick auf den Marshmallow vor Ungeduld wanden und entweder zugriffen oder der Versuchung widerstanden. Laut den Forschern könne man mittels dieses »Marshmallow-Tests« herausfinden, ob Kinder bereit sind, Belohnungen aufzuschieben. Letztere kämen im Leben weiter als diejenigen, die beherzt zugriffen und ihrem Drang nachgaben.

Auf den ersten Blick misst dieses Experiment Selbstbeherrschung. Aber ist es nicht auch noch etwas mehr: Gehorsam? Lustverzicht? Wer statt fernzusehen an seinen Hausaufgaben sitzt, wird zwangsläufig nach den Maßstäben der Gesellschaft zu einem »erfolgreichen« Menschen. Und es zeigt in der Rückschau, wie gut Kinder durch Konditionierung bereits an Regeln herangeführt und zur Anpassung geneigt sind. Im Kern geht es um die Schmerztoleranz gegenüber der Vertröstung. Ist die Toleranz hoch, ist eine gute Karriere innerhalb des Systems möglich, bei geringer Toleranz eignet sich der Kandidat nicht. Wer eine Gratifikation verschieben kann, der ist zugleich auch gehorsam, er glaubt an etwas in der Zukunft liegendes. Klar, dass man mit solchen Menschen in einer durchbürokratisierten Welt verlässlicher arbeiten kann, als mit Menschen, die eher wenig Systemvertrauen haben und sich denken: Mir reicht der eine Marshmallow, den habe ich wenigstens sicher. Der Marshmallow-Test misst also nicht nur die Unterdrückung von Lust, sondern auch Unterwürfigkeit. Dazu meinte schon Fromm: »gut« ist in einem System, wer dem System nützt. Man könnte den Marshmallow-Test auch den »Schäuble-Test« nennen. Wolfgang Schäuble galt jahrelang als der Kronprinz Helmut Kohls, der sich diese Position durch die bedingungslose Loyalität zu Kohl sicherte, nur um dann bei der nächsten Wahl schlicht übergangen zu werden. Kohl trat einfach wieder an. Schäuble hatte es nie gewagt, offen gegen Helmut Kohl, seinen Ziehvater, zu rebellieren und offen Anspruch auf die Kanzlerschaft anzumelden. Er wartete, statt nach dem Marshmallow zu greifen. Die erste Person, die sich nach der Spendenaffäre öffentlich gegen Kohl stellte und es wagte, offen mit dem Übervater der Partei zu brechen, ist heute (fast zwanzig Jahre später) unangefochten Kanzlerin: Angela Merkel.

Es gibt Momente, in welchen man sich als Einzelner und auch als Generation klarmachen muss, was man sich bieten und gefallen lässt, und was eben nicht. Sicher sind Selbstdisziplin, Schmerztoleranz und Durchhaltevermögen wichtige Erfolgsfaktoren. Sicher ist auch Warten eine wichtige Tugend. Ebenso wichtig ist es aber auch, sich nicht mit weniger zufriedenzugeben, als mit dem, was man glaubt, für sich beanspruchen zu können. Es heißt oft, die Generation Y habe Probleme mit Hierarchien. Sie hat wohl eher Probleme mit dem, was in Hierarchien als Gesetz gilt: Nämlich, dass diese Position oft nicht durch Leistung und Eignung, sondern durch Tradition und langjährige Loyalität erreicht wird.

Die Vertröstungsthematik ist als Muster unserer Lebenswelt omnipräsent und zeigt sich immer wieder in unterschiedlichem Gewand. In der schon mehrfach zitierten Fabel über den Fuchs und den Raben schwatzt der Fuchs dem Raben durch Lob den Käse ab. Ein wertloses Substitut in Form von Anerkennung (Lob) hält die Betrogenen bei der Stange, bis sie sich entweder enttäuscht abwenden oder (sehr viel später) vielleicht doch noch belohnt werden. Wie der sprichwörtliche Esel, welcher der Karotte hinterherläuft, hält man so die Entwicklung am Laufen. Der Mensch ist das einzige Lebewesen, das sich durch den Glauben an etwas manipulieren lässt. Kein Tier lässt das mit sich machen.

Ebenso beliebt ist die Selbstvertröstung, die wir in Form des Cityboys kennengelernt haben: Man zwingt sich für eine gewisse Zeit in ein Leben, das sich eigentlich von Anfang an falsch anfühlt, nur um sich damit später das »richtige« Leben zu erkaufen. Zu viele landen so in der Honigfalle, lassen sich korrumpieren, ablenken oder vergessen dabei schlicht ihre ursprüngliche Bestimmung.

Der Vertröstungsmechanismus ist uralt und kulturell tief in uns verankert – und vielleicht deshalb so schwer zu erkennen und zu überwinden. »Lehrjahre sind keine Herrenjahre«, »Früh übt sich ...«, »Gut Ding will Weile haben« sind bekannte Alltagsweisheiten, die ja auch zum Teil ihre Daseinsberechtigung haben. In der kirchlichen Ideologie wurde stets auf das paradiesische Jenseits verwiesen, in der kapitalistischen Ideologie immerhin schon aufs Diesseits, aber trotzdem aufs »spätere Diesseits« (»erst die Arbeit, dann das Vergnügen«) und Udo Jürgens fand, dass das Leben erst mit 66 Jahren so richtig anfange; ein schwacher Trost für alle, die ihr Leben tendenziell als Akt des Aufschiebens der eigenen Bedürfnisse gestaltet haben.

Die Vertröstung ist auch deshalb so wirkmächtig, weil es eben kein »Nein« gibt, gegen das man sofort rebellieren könnte. Es ist eben nur ein »Später«, ein Vertagen auf unbestimmte Zeit, eine Option auf die Zukunft, die man bekommt und eventuell einlösen kann. Wer hier aufbegehrt, riskiert sofort etwas, nämlich den Verlust der Option. Wer warten kann, gewinnt (vielleicht) ihre Einlösung. Und da jeder negative Folgen im Hier und Jetzt lieber vermeidet, als sie zu realisieren, bleibt das Aufbegehren oft aus. Dieses Phänomen ist in der Verhaltenspsychologie als »Hyperbolic Discounting« bekannt. Reale Verluste verschieben wir auf später, Buchgewinne lassen wir uns sofort auszahlen. So kann sich das bestehende System der Vertröstung gut halten. Wir sind sozusagen auf natürliche Weise programmiert, uns, auf gut Deutsch, verarschen, abwimmeln und vertrösten zu lassen.

Auch das Leben der Generationen Y und Z folgt der Dramaturgie des Hindernisparcours, an deren Ende die Belohnung steht. Wer brav und fleißig ist, kann sich hocharbeiten, sozusagen aus der Knechtschaft in die Freiheit. Die Auswahl, über welchen Karriereweg das Hocharbeiten gelingen soll, ist hierbei die Wahlfreiheit, die einem zugestanden wird. So vergeht das Leben in der Abfolge aus Arbeit und Wochenende (»hurra, hinein ins Weekendfeeling«) unterbrochen durch kleine Inseln der Feier- und Brückentage. Jedes Jahr freut man sich auf den (natürlich wohlverdienten) Urlaub, ein Wort, das sich dem Sinn nach vom Wort »Erlaubnis« ableitet. Wer das große Los gezogen hat, darf vielleicht mal auf ein Sabbatical hoffen, oder auf die Frührente. Im Grunde folgt der Vertröstungsablauf dem gleichen Muster, mit dem man im alten Rom den Gladiatoren versprochen hat, dass sie sich mit guten Leistungen ihre Freiheit erkaufen könnten.

Bei uns läuft das in etwa so:

1. Mach erst mal Abitur, dann kannst du machen, was du willst.
2. Studiere erst mal, dann bist du frei und kannst machen, was du willst.
3. Jetzt arbeite erst mal, verdiene ordentlich Geld, zahle deine BAföG-Schulden oder den Studienkredit zurück, danach kannst du machen, was du willst.
4. Ups, reicht gerade nur für ein Praktikum. Aber hey: a) ist es immerhin mit 450 Euro bezahlt, da muss man heutzutage fast schon dankbar sein, b) wird es bestimmt um weitere sechs Monate verlängert, wenn du gut bist. Check!
5. Eine Zeitarbeitsstelle hat sich aufgetan. Greif zu, ist immer noch besser als das Praktikum. Klar bekommen andere mehr, aber du irgendwann bestimmt auch.
6. Gott sei Dank, endlich ein normaler Job. Befristet zwar, aber besser als nichts.
7. Wenn du dich bewährst, bekommst du vielleicht eine unbefristete Anstellung (OMG, Danke!).
8. Jetzt nur nichts falsch machen, Kredit abbezahlen, für die Rente vorsorgen, die Schäfchen ins Trockene bringen. Wer jetzt kündigt, ist schlicht dumm!
9. Halte dich ran, die Rente ist schon in Sichtweite, die große Freiheit naht!
10. »Haben Sie das von dem Müller gehört?« – »Mmmh, was denn?« – »So ein netter Kollege und jetzt diese schlimme Diagnose.« – »Ja, tragisch, vor allem so kurz vor der Rente.«

(Früher käme hier jetzt noch Nummer 11: Verleihung des Abzeichens am Bande für 30-jährige Betriebszugehörigkeit. Erübrigt sich heute durch Jobwechsel, Flexibilität und Arbeitsplatzunsicherheit.)

Nicht jeder glaubt den Betrug der Vertröstung auf später oder folgt dem damit verbundenen Anreizsystem. Vielleicht sind die Generation Y und noch mehr die Generation Z die ersten Generationen seit Langem, die anfangen Fragen zu stellen und das Wertesystem langsam umzukehren. Es ist wie in der ›Anekdote zur Senkung der Arbeitsmoral‹ von Heinrich Böll, wo ein Tourist einem Fischer begegnet, der am Strand in der Sonne liegt. Ob er denn nicht hinausfahren wolle, um Fische zu fangen, fragt der Tourist neugierig. Das habe er schon, entgegnet der Fischer, er habe sogar für die nächsten Tage genug gefangen. »Aber«, so der Tourist, dann könne er doch trotzdem herausfahren, noch mehr fangen, davon dann Boote kaufen, die wiederum herausfahren und noch mehr fangen. »Und dann?«, fragt der Fischer. Dann, so der Tourist, könne er ein Kühlhaus bauen, ein Restaurant eröffnen und bräuchte gar nicht mehr zu arbeiten, sondern könnte in der Sonne liegen. »Aber das kann ich doch jetzt auch schon«, sagt der Fischer.

Die Vertröstung ergänzt unsere Lebenswelt aus Blase, Fracht-Kult und prokrustischem Bett durch die zeitliche Komponente. Während die Blase und der Hype eine Spannung nach oben kreieren, der man folgen soll, ist der Loop ein Spannungskonstrukt auf der Zeitachse. Statt um »Vertikalspannung« (Sloterdijk) geht es beim Loop um eine »Horizontalspannung«. Die Vertröstung ist quasi inhärent in die Blasenbildung miteingebaut.

Die Generation XYZ ist in der immer gleichen Erzählung gefangen, zwischen Krise und Hype, zwischen Boom & Bust, Pump & Dump. Und immer hat man die Ansprüche niedrig zu halten, denn selbst im Hype dürfe man ja das Wachstum nicht »abwürgen«, zum Beispiel durch höhere Lohnforderungen. Folgt dann die Krise, ist es sowieso zu spät. Ganze Generationen ließen sich so immer wieder auf- und abpumpen, auseinanderziehen und zusammendrücken, als wären sie ein Akkordeon. Und wir tanzen auch noch zu dieser Musik beziehungsweise nach dieser Pfeife.

Wie durchbricht man dieses Spannungsverhältnis? Vielleicht so, wie in Kafkas Parabel ›Vor dem Gesetz‹ aus dem Buch ›Der Prozess‹. Dort ist es der Türhüter, der dem Eintretenden sagt, dass es möglich ist, durchzugehen, aber zu einem anderen Zeitpunkt: »Jetzt noch nicht.« Dabei stünde der Weg frei, man könnte einfach durchgehen. Das ist der ganze Witz an der Angelegenheit. Die Lehre daraus: Das »noch nicht«, das uns überall begegnet ist nur eine psychologische Barriere, keine faktische. Alles, was wir wollen, ist jetzt schon möglich. Man muss nur einfach durch die Tür gehen.

Warum also machen wir es nicht einfach?

Zwischenbilanz: Generationenlabel als Verzwergungsprogramm

Versetzen wir uns mal kurz in die Situation einer französischen Ente. Des Vogels, nicht des Autos, versteht sich. Stellen wir uns vor, es ist ein Tag vor Weihnachten und man würde diese Ente jetzt nach ihrem momentanen Befinden fragen. Sie würde wohl in euphorisches Schnattern ausbrechen. Denn jeden Tag seit drei Monaten (länger als sie sich erinnern kann) kam der Bauer und fütterte sie. So ging es Tag für Tag, Woche für Woche. Warum sollte, was gestern galt, plötzlich morgen anders sein? Wäre das Gefühl der Ente ein Graph, müsste er steil nach oben gerichtet sein. Jeden Tag wurde Vertrauen gestärkt, Freundschaft gefestigt. Und doch wird am Weihnachtstag alles zusammenbrechen, die Freundschaft und das Urvertrauen. Der Graph wird scharf einknicken und binnen Sekunden auf Null knallen. Denn in diesem Moment verliert die Ente ihren Kopf, wird gerupft, ausgenommen und in den Ofen gesteckt.

Die jungen Menschen von heute sind diese Ente. Sie werden gehegt und gepflegt, gestopft, gepäppelt, mit Lob überzuckert, mit Honig bestrichen und in Anerkennung gewickelt. Wie die Ente gehen die Generationen XYZ davon aus, dass ihre Lebenswelt so konzipiert ist, dass sie es immer gut haben. Wir verfügen über ein rührendes Grundvertrauen in die Freundlichkeit und das Wohlwollen von Eltern, Lehrern, Arbeitgebern, Technokraten und Politikern. Doch mit diesem Denken sind schon viele auf die Nase gefallen.

Der Grundkonflikt aller Generationen ist gleich. Jede kämpft und gewinnt für sich alleine. Wir glauben, dass das, was sich die Älteren erkämpft haben (höhere Löhne, bessere Renten, bessere Arbeitsbedingungen), nun auch automatisch für uns gilt. Zum Teil ist das auch so. Doch häufig, z. B. bei den Löhnen, ist es das sicher nicht. Für was man nicht eintritt, das geht verloren. Die junge Generation erkämpft sich nicht nur nichts, sie schafft es nicht mal, den Status quo zu bewahren, was ihre eigenen Rechte angeht, sei es bei Privatheit, Meinungsfreiheit oder Arbeitsstandards. Fällt ihnen das überhaupt auf?

Manchmal, wenn ich an der Pariser Sorbonne keine Lust auf meinen Kurs in deutschem Zivilrecht hatte, lud ich meine Studenten ins Café ein, um mit ihnen etwas zu diskutieren. Einmal saßen wir zu fünfzehnt auf der Place de la Sorbonne, ließen uns ein sündhaft teures Bierchen für 8 Euro in der Abendsonne schmecken, blickten auf die stattliche Kapelle der alten Sorbonne und ich fragte sie: Wie würdet ihr denn eure Generation charakterisieren? Was macht die sogenannte »Generation Y« eurer Meinung nach aus?

Die etwa 25-jährigen Akademiker, allesamt Jurastudenten aus Köln, die meisten von ihnen überdurchschnittlich in ihren Studienleistungen, sehr motiviert und zielstrebig, brachten viele interessante Beiträge. Oft deckten sich diese auf erschreckende Weise mit meinen Beobachtungen: Fake-Generation, Künstlichkeit, getrimmt auf Karriere. Nicht nach links und nach rechts gucken dürfen. Keine zusätzlichen Erfahrungen machen. Gewaltige Arbeitslast mit dem ständigen Gefühl, unaufholbar zurückzufallen, wenn man nicht mitlief im Hamsterrad.

Ich war erstaunt, dass diesen jungen Menschen alles, was um sie herum passierte, völlig einleuchtete, sie jedoch keinen anderen Weg sahen, als mitzumachen. Es war im Grunde das gleiche Lebensgefühl, das ich in meiner Studienzeit hatte. Ich fragte:

»Warum ist das so?« Warum haben sich frühere Generationen das Recht herausgenommen, das System zu kritisieren, zu verändern und wir tun das nicht mehr? Die Antwort einer Studentin darauf habe ich seitdem nicht mehr vergessen, sie traf mich wie der Blitz, denn sie las sich wie ein Graffito auf dem Seitenrand des prokrustischen Bettes: »Wir sind einfach schlauer als unsere Eltern.«

Was ist damit gemeint? Dass wir überheblich auf die Älteren herabblicken? Nicht wirklich. Der Satz ergibt Sinn, wenn man sich vergegenwärtigt, dass wir als Generation natürlich nicht in luftleere Räume hineingeboren wurden. Wir werden markiert von Erzählungen, Glaubenssystemen früherer Generationen, insbesondere der 68er und Babyboomer. Die innere psychologische Landkarte ist durch Erziehung und Übertragung von Glaubenssätzen vorgezeichnet. Sie hat Fixpunkte, Höhen und Tiefen. Und eben auch einen Rand. In unserem Fall den Rand der anderen. Denn wir haben die Landkarte nicht weitergezeichnet. Dabei könnten wir es, das Papier ist groß genug und Stifte sind auch da.

Die geistige Landkarte der Vorgängergeneration kann man auf ein Thema reduzieren: Eingrenzung der Entfaltung beziehungsweise Verhinderung des Erwachsenwerdens. Das Leben ist die Fortsetzung des Geburtskanals in der Außenwelt. Über Erziehung, Schule, Uni, Arbeit werden stets neue Blasen geschaffen. Es gibt kein Erwachsenwerden mehr oder eine echte Abnabelung. Das Coming-of-Age ist abgeschafft.

Vor allem die Babyboomer haben nicht begriffen, dass Elternschaft ein zeitgebundenes Projekt ist, das paradoxerweise darauf beruht, den Kindern bestmögliche Entwicklungschancen zu garantieren, um sie dann in eine neue Welt zu entlassen, ohne je Dank dafür erwarten zu können. Die Nabelschnur wird nicht mehr durchtrennt, man bleibt kumpelhaft verklammert.

Sobald es in der eigenen Beziehung mal nicht läuft, flüchtet man zurück in den Schoß der Ursprungsfamilie, zu Weihnachten sowieso. Die Hochzeit zahlen die Eltern. Babyboomer-Eltern sind entweder »beste Freunde« oder halten zumindest im Hintergrund das Sicherheitsnetz gespannt. Dadurch entsteht eine ewige Elternschaft, eine ewige Herrschaft, eine ewige Abhängigkeit, eine ewige Schuld. Um diese Verbindlichkeiten zu verschleiern, wurden Narrative in die Welt gesetzt, ich nenne sie: die »Babyboomer-Märchen«:

»Du kannst machen, was du willst.«
»Du hast alle Optionen.«
»Du bist hochbegabt.«
»Dir gehört die Zukunft.«

Und besonders beliebt und doch falsch:

»Ihr hattet es noch nie so gut!«

Das ist die Fortsetzung der Generationenerzählung in Form eines Märchenmotivs. Eine Verpflichtung auf Zufriedenheit. Ihr könnt euch wahrlich nicht beschweren. Seid nicht undankbar. Der Ökonom Stephen Koukoulas hat es im ›Guardian‹ auf den Punkt gebracht: *»Millenials sollen sich nicht aufregen, sie haben mehr Diplome und die günstigsten Bauzinsen!«* Vielen Dank, das kennen wir schon, das sind Papierwährungen und Optionen, die wir gar nicht einlösen können, denn uns fehlt ja das Eigenkapital. Trotzdem fügen wir uns und halten still.

Vielleicht sollten sich die Jungen und die Alten verbünden, wie es kürzlich der französische Philosoph Alain Badiou (über 80 Jahre alt) vorgeschlagen hat und zwar gegen die Erwachsenen, die jetzt letztlich in den Positionen sitzen, die sie sich vor

30 Jahren eingeheimst haben, die längst keine Ideen mehr haben, aber bei denen die Pension noch zu weit entfernt ist, um den Posten zu räumen. Der letzte große Denker der französischen Linken schlägt konkret vor, dass sich die Rebellischsten der unter 30-Jährigen und die Zähesten der über 60-Jährigen gegen das Establishment der 40- und 50-Jährigen verbünden sollen, um die Idee des wahren Lebens umzusetzen. Jede Generation sucht sich ihre Lehrmeister. Vielleicht finden die Jüngsten von heute gerade bei den älteren im Urteil geschärften Haudegen ihre Mentoren und den Rat, den man ihnen ansonsten vorenthält? Sie waren die Letzten, die noch nach neuen Wegen gesucht haben. Sie haben das System schon mal gehacked. Jetzt sind wir an der Reihe.

Es wird Zeit, unsere Heldenreise anzutreten.

III Breaking the Bubble: Schaffe dir deine eigene Welt

Die Welt, sie wird dich schlecht begaben,
glaube mir's.
Sofern du willst ein Leben haben,
raube dir's.
Lou Andreas-Salomé

Auf zu neuen Ufern!

Wenn in Indien die Mahouts ihre Elefanten trainieren, binden sie die Jungtiere mit dicken Seilen an großen Bäumen fest. Die Tiere sollen sich so nicht losreißen und weglaufen können. Später verwenden die Elefantenführer für ein ausgewachsenes Tier von mehreren Tonnen Gewicht nur noch eine dünne Wäscheleine, ohne dass es flüchtet. Es reißt sich auch dann nicht los, wenn es Hunger oder Durst hat, obwohl die Schnur kein wirkliches Hindernis darstellt.

Für die Generation der Jungen stellt sich wie für die Elefanten die gleiche Frage: Kann jemand, der zu Begrenzung, Scheuklappen, Miniaturdenken und Konformismus erzogen wurde, später überhaupt noch ausbrechen? Die erwachsenen Elefanten in unserem Beispiel versuchen nicht einmal, sich zu befreien, weil sie nie etwas anderes erlebt haben. Die Option liegt für sie schlicht außerhalb der vorstellbaren Reichweite, sozusagen »outside the box«. Sie leben in einem kognitiven Gefängnis, dessen Gitterstäbe sie weder sehen noch fühlen können. Nutzt es also überhaupt etwas, sich über die Missstände, wie sie im ersten Teil beschrieben wurden, Gedanken zu machen, oder ist das alles letztlich nur nutzloses Wissen, weil die Veränderung ohnehin außerhalb unseres Horizonts liegt? Dann könnte das Buch hier und jetzt auch aufhören.

Tut es aber nicht. Und wir werden gleich sehen, warum.

In den letzten beiden Teilen haben wir gesehen, dass die Realität um uns herum einer Art Versuchsaufbau mit wiederkehrenden Mustern gleicht: Die Außenwelt ist festgelegt, die junge Generation befindet sich in einer Blase aus falscher Freundlichkeit und Konformismus mit inszeniertem Leistungswettbewerb, dem man sich unterwirft und in welchem man trotzdem von den Gatekeepern der Macht, der Ressourcen und Informationen immer nur auf später vertröstet wird.

Dieses hermetisch-dichte Gebilde ist atmosphärisch mit einem zeitgeistspezifischen, gleichförmigen Denken aufgeladen, es gleicht einer alchemistischen Phiole, in welcher wir nur die Elemente darstellen, die Objekte und nicht die Akteure. In einer Abfolge von Hypes und Krisen folgen wir wie bei einem Akkordeon den Bewegungen, dem Wechsel der Moden und des herrschenden Tons. Der Einzelne bekommt dabei nur das zu sehen, was er sehen soll, die Kulisse des großen Schauspiels: alle haben die gleiche Erziehung, die gleiche Bildung, die gleichen Informationen, die gleichen Produkte und die gleichen smarten Spielzeuge.

Wie Nutztiere grasen die Massen auf den Datenwiesen der Welt und lassen sich dabei bereitwillig von großen Technologie-Konzernen melken. Die Arbeitswelt wird als alternativlos präsentiert. Obwohl jeder Mensch frei geboren ist, liegt er in Ketten, wie es bei Rousseau heißt. Das Leben wurde zwar geschenkt, muss aber trotzdem verdient werden. Schnell lernt man, dass jeder Mensch etwa 40 Jahre im Hamsterrad der Lohnarbeit laufen muss, bevor er in die Freiheit entlassen wird. Lohnarbeit ist die geschickteste Form der Sklaverei und Ausbeutung. Anders leben zu wollen, scheint sinnlos zu sein.

Willkommen in der Matrix, könnte man sagen. Diese Geschichte ist letztlich immer die gleiche, man kann unterschiedliche Bilder dafür finden, egal ob Blase, Matrix, Zwiebel, Matroschka, Schneekugel oder Schachteln – es geht immer darum, den Einzelnen in einen vorbereiteten Mikrokosmos zu zwängen und zu sagen: »Du bist toll, du hast alle Freiheiten. Aber die Wände deiner Welt bestimme ich.«

Diese Erzählung ist uralt und sie funktioniert nach wie vor prächtig. Nichts anderes präsentierte bereits Platon in seinem Höhlengleichnis. Darin sind Menschen am Boden gefesselt und sehen die Realität nur als Schatten an der Wand, nicht die wahren Abläufe. Sie können sich nicht umdrehen und die Wahrheit erkennen, die der Projektion zugrunde liegt. Die Realität wird auf einen Ausschnitt verkürzt, bis alle irgendwann das Gleiche sehen, und sich denken: so ist es und nicht anders. Diese Verengung ist ein gewaltsamer Akt, es gibt kaum ein Herrschaftssystem, wo dies nicht der Fall ist. In der Demokratie wird das Bild der Wahrheit noch am »humansten« vermittelt. Statt zu Gewalt greift man zu medialer Manipulation, Softpowertechniken oder »nudged« den Bürger eben zu »vernünftigen« Entscheidungen.

Wie der Elefant im Beispiel merken wir die gefühlten Ketten des Alltags erst dann, wenn wir unseren Radius erweitern, die Grenzen nicht mehr akzeptieren, also »ungehorsam« werden. Bis dahin bewegen wir uns in einem bekannten Raum, der eine Illusion ist, der wir uns jedoch freiwillig unterwerfen. Der fiktive Radius der Außenwelt aus Bubble, Cargo Kult, Box und

Loop wird jedoch erst mächtig, wenn wir ihn als Norm verinnerlicht haben. Das mächtigste Element dieses Versuchsaufbaus, der Knackpunkt sozusagen, ist demnach nicht die Außenwelt. Diese kann noch so schlimm sein und wird doch nur in seltensten Fällen eine Revolution auslösen. Der Knackpunkt ist das Bewusstsein. »Die mächtigste Tyrannei«, so Allan Bloom, »ist diejenige, die es schafft, das Bewusstsein für Alternativen auszuschalten«.

Das eigentliche Gefängnis, sowohl für den Elefanten als auch für die Millenials, befindet sich im Kopf.

Warum ist es so schwer, diesen fiktiven Radius unserer Generationenmatrix überhaupt zu erkennen? Immerhin brauchte ich ein paar Kapitel, um ihn zu beschreiben. Nun, weil es Teil des Versuchsaufbaus selbst ist, diese Zusammenhänge unsichtbar zu machen. Die Manipulation beginnt eben nicht in der Außenwelt. Sie beginnt hinter der Stirn eines jeden Einzelnen, bei der Wahrnehmung selbst.

Wir müssen erkennen, dass wir permanent eine Brille aufhaben, die uns wie bei Platons Höhlengleichnis eine bestimmte Sicht der Dinge vermitteln will. Ansonsten gäbe es die ganze Welt der Medien, der Werbung und der PR nicht. Facebook und Google, zwei der heute erfolgreichsten Firmen, sind nicht zufällig die am stärksten werbegetriebenen Unternehmen. Denn sie wissen, wie wir handeln. Google & Co. ziehen uns am Nasenring durch die Manege. Wir sehen nur die Geschäfte bei Google Maps, die an Google zahlen. Facebook spielt mit unserem natürlichen Drang nach Vernetzung, Resonanz und Kommunikation. Jeder möchte gesehen werden und mit anderen in Verbindung stehen. Für dieses Bedürfnis bezahlen wir mit unseren Daten und machen uns transparent.

Diese Schwachstellen des menschlichen Geistes sind seit etwa

40 Jahren in der Psychologie als »Behavioral Economics« oder Verhaltensökonomie gut erforscht. Im Jahre 2006 bekam Daniel Kahneman dafür den Nobelpreis für Ökonomie – als Psychologe. Diese Forschungen interessieren seit jeher Regierende, Nachrichtendienste oder große Unternehmen und sollten daher auch uns interessieren.

In den Jahren 2007 und 2008 unterrichtete Kahneman eine Masterclass, an welcher unter anderem Jeff Bezos von Amazon, Larry Page und Sergey Brin von Google, Elon Musk von Tesla sowie hohe Kader von Microsoft, Facebook, Twitter und Wikipedia teilnahmen. Besonders angetan waren die Herrschaften von der Technik des »Priming«. Dabei geht es darum, die Entscheidungsbasis des Menschen vorzuprägen, indem ihm immer wieder die gleiche Information zugespielt wird, zum Beispiel unbemerkt in Form von Flash-Smileys oder Nachrichten, die im Millisekundentempo auf dem Bildschirm aufblitzen, um die Stimmung und das Verhalten des Nutzers zu beeinflussen. Sowohl die USA als auch Großbritannien engagierten Thaler, um sich erklären zu lassen, wie man die Bürger zu der (aus Staatssicht) richtigen Entscheidung »schubst«.

Dieses Beispiel verdeutlicht einmal mehr, warum es so schwierig für die Generationen Y und Z ist, sich aus ihrer Situation zu befreien. Wie soll man etwas bekämpfen, was man gar nicht bemerken soll?

Machen wir also das, was Staat, Geheimdienste, Werbefirmen, große Techkonzerne, Zahlungsanbieter, Banken und Versicherungen längst schon tun: Schauen wir (auch mal) in unser Entscheidungszentrum. In diesem Buch war immer wieder von Wahrnehmungsverzerrungen und Denkfehlern die Rede (Heuristics & Biases), es gibt dafür je nach Zählart zwischen 100 und 200 Methoden. Die wichtigsten sind:

Priming: Die Auslösung von Assoziationen durch bestimmte, auch unbewusst aufgenommene Botschaften (»Flash-Smiley«).

Framing: Die gleiche Botschaft weckt allein durch Veränderung des Wortlauts unterschiedliche Assoziationen. Man spricht lieber von »bewaffneten Einsätzen« als von »Krieg«. Widerstandsgruppen sind je nach politischer Einordnung »Freiheitskämpfer« oder »Terroristen«. Opfer in den eigenen Reihen sind feige »ermordet« worden, Opfer beim Gegner sind »bei Gefechten umgekommen«. Framing ist die Basis jeder Form von PR oder Kommunikationsberatung.

HALO-Effekt (gr. für »Schein«): Der erste Eindruck, der Schein, strahlt auf die Kompetenzen aus. Menschen mit symmetrischen Gesichtern werden für intelligenter gehalten, groß gewachsenen Personen wird leichter Führungsqualität bescheinigt.

Group Bias: Herdenverhalten durch die Herstellung eines falschen Konsenses und dadurch ausgelöste Blindheit für Alternativen und Unterdrückung von Widerspruch.

Automation Bias: Das Delegieren des Denkens auf Automaten, eine Art technische Autoritätshörigkeit (z. B. bei Navigationsgeräten, automatisiertem Fahren, algorithmisch gesteuerter Entscheidungsfindung, künstlicher Intelligenz).

Argumentum ad nauseam: Die Wiederholung der immer gleichen Aussage macht sie glaubwürdig, auch wenn ihre Falschheit bekannt ist.

Risikoaversion/Status-quo-Neigung: Veränderung wird als riskant empfunden, der Status quo setzt sich durch.

SEME: Abgekürzt für Search Engine Manipulation Effect. Die Einspielung »falscher« Suchergebnisse verändert die politische Haltung nachweisbar um bis zu 20 Prozent, eine der wirkmächtigsten Verhaltensmanipulationen überhaupt.

WYSIATI: Abgekürzt für »What you see is all there is«. Man weiß nur das, was man sieht. Das ist eine der laut Daniel Kahneman wirksamsten kognitiven Verzerrungen, die auch im Kern unserer Generationenmatrix steht. Man sieht nur, was man sehen soll und nicht das versteckte, wie im Fall des Eisbergs, dessen größter Teil unter der Wasseroberfläche liegt. Durch diese Technik soll die wahrgenommene Realität für die tatsächliche Realität gehalten werden. Deshalb war es wichtig, zunächst sowohl die weniger sichtbaren Teile unserer Lebenswelt zu beschreiben als auch die zugrunde liegenden Muster, die diese Fehlwahrnehmung erst bewirken.

Hinzu kommt der natürliche »Wortaberglaube«, der Glaube an den Inhalt von Worten wie Frieden, Freiheit, Glück, Liebe und Patriotismus. Am Fall Edward Snowden sehen wir, wie eng die Grenze zwischen Verräter und Held sein kann. Umgekehrt kann man natürlich auch leicht Sachverhalte als »populistisch«, »umstritten« oder als »verschwörungstheoretisch«, etikettieren, um sie zum geistigen Sperrgebiet zu erklären, so der Kognitionspsychologe Rainer Mausfeld. Schließlich gehört zur leichteren Lenkbarkeit von Menschen auch die Entwurzelung aus der Geschichte, der Identitätsverlust durch Konsumismus und die Ersetzung durch Falschidentitäten mit neuen »Normen«, wenn zum Beispiel eine Stefanie Giesinger von GNTM Selfies zu »Kunst« erklärt.

All diese Techniken sind bekannt, erforscht und werden tagtäglich eingesetzt. Als Edward Snowden die Massenüberwachung der Geheimdienste offenlegte, veröffentlichte er auch eine Präsentation des britischen Geheimdienstes GCHQ, der diese Techniken mit Erkenntnissen aus anderen Wissenschaften wie der Anthropologie, Geschichte, Philosophie und Biologie verknüpft, um in Sachen Überwachung und Manipulation noch wirkungsvoller zu sein. Dank seines Mutes kann unsere Generation nicht mehr so tun, als gäbe es Massenüberwachung und den Einsatz von Manipulationstechniken nicht. Für uns stellt sich die Matrix-Frage nach der blauen oder roten Pille nicht mehr. Wer Augen und Ohren hat, kann die tägliche Manipulation fast nicht übersehen: Sie kriecht unaufhaltsam in die Komfortzone unseres Kinderzimmers hinein.

Diese Situation mag erschreckend klingen, und sie ist es auch tatsächlich. Doch ist sie nicht ausweglos. Der Mensch will zwar unangenehmen Gefühlszuständen aus dem Weg gehen, aber zugleich instinktiv in der Wahrheit leben und nicht in einer Schneekugel. Unwissenheit ist letztlich keine Wohltat, wie es Thomas Gray in seinem Gedicht gesagt hat (»Ignorance is bliss«). Sie ist eine Beruhigungspille mit begrenzter Wirkungsdauer.

Kein Mensch möchte manipuliert werden. Es gibt einen natürlich Freiheits- und Aufklärungsdrang im Menschen, so Mausfeld. Nur so ist zu erklären, dass wir überhaupt Freude an Bildung und Kenntniserlangung haben, aufmerksam die Nachrichten verfolgen oder von einem im Wald lebenden Stamm zu einer alphabetisierten Gesellschaft wurden. Und das, obwohl die Mächtigen die Bildung der Massen immer wieder unterbunden haben, nach dem Motto von König und Kirche: »Halt du sie dumm, ich halte sie arm.« Im Mittelalter konnten nur die Mönche lesen. Heute kann nicht nur jeder schreiben, sondern per Eigenverlag, Blog und soziale Medien sogar direkt veröffentlichen.

Was also ist zu tun?

1. Wir haben erkannt, dass unsere Welt einem Versuchsaufbau gleicht (Generationenmatrix, Blasen, Cargo etc).
2. Wir haben gesehen, dass wir diesen Versuchsaufbau nicht erkennen sollen (Manipulation, kognitive Verzerrungen).
3. Jetzt kommt der Weg aus der Illusion, das Zerstechen der Blase, die wir für die Realität halten sollten.

Wir leben schon wieder in einer Art Höhle, so wie bei Platon. Wir glauben auf der Höhe der Zeit zu sein, smart sowieso und gut ausgebildet, und erkennen jetzt, dass auch dies eine Illusion ist, die die wahren Umstände unserer Existenz verschleiert. Aus diesem Grund sind Fragen zum Fiat-Geldsystem, zur Medienkonzentration, zur Souveränität Deutschlands, zur Macht von Lobbygruppen und NGOs, Bilderbergern etc. tabu. Wir behandeln sie weder in der Schule noch in öffentlichen Medien, sondern allenfalls in Satiresendungen wie ›Die Anstalt‹. Wir gruseln uns, lachen etwas und dann ist es Zeit, ins Bett zu gehen.

Im Folgenden geht es um den Weg aus der zweiten Höhle. Nicht in Form einer Navigation wie bei Google Maps oder als Masterplan. Sondern in Form einer Analyse von Mustern, die sich immer wieder wiederholen einerseits und durch die Vermittlung von Techniken zur Selbstermächtigung andererseits. Die Zeit drängt: Die Digitalisierung der Bildung ist ein Wissensvernichtungsprogramm erster Güte, eine Re-Analphabetisierung: Wissen ist durch Google ersetzt, »Schein-Kompetenzen« ersetzen bald echte Fähigkeiten.

Und es geht bei alldem jetzt schon nur noch darum, das Kind wieder aus dem Brunnen zu ziehen. Der technische Überwachungsstaat ist längst eingerichtet, die negativen Folgen sind bisher nur für Einzelne, oft Systemkritiker spürbar. Und das nicht nur in der Türkei, in Ungarn oder Polen, sondern auch in Deutschland, wo Bücher aus Buchhandlungen verschwinden, von Bestsellerlisten gestrichen werden, Medienberichte nach dem eigenen Weltbild montiert werden und soziale Medien im Zeichen der »Hassbekämpfung« zensiert werden (Netzwerkdurchsetzungsgesetz).

Auch hierfür gibt es geschichtliche Vorläufer. Der Wechsel zwischen Aufklärung und Gegenaufklärung, zwischen freiem Denken und Restauration der alten Machtverhältnisse ist uralt. Es ist wichtig zu erkennen, an welchem Platz in diesem Zyklus wir uns gerade befinden. Gerade geht es bei uns wieder um einst selbstverständliche Werte, wie Privatheit, den Schutz vor Eingriff des Staates in Kommunikation, den Stellenwert der Meinungsfreiheit und Diskussionskultur. All das wird gerade zurückgefahren. In der Demokratie gewinnt das autokratische Element wieder an Zulauf, egal ob in Polen, Ungarn, der Türkei, den USA, Frankreich oder Deutschland. Sowohl Trump als auch Macron regieren lieber mit Verordnungen durch, als mühsam Gesetze auf den Weg zu bringen. Die demokratischen Kontrollmechanismen erweisen sich zunehmend als zahnlos.

Der Bankier und prognosebegabte »Rabe von Zürich«, Felix Somary, erkannte darin einst ein Sozialgesetz: *»Ein Tyrann erregt Widerstand. Mehrere erregen Nachahmung.«* Die Rückabwicklung von demokratischen Strukturen, von Offenheit und Durchlässigkeit ist dabei selbst ein Krisenphänomen. Das aktuell herrschende System schaltet in den Selbstverteidigungsmodus, es glaubt den sorgsam installierten Versuchsaufbau in Gefahr.

Und es hat allen Grund dazu. Der Geist der neuen Zeit und des neuen Denkens ist längst aus der Flasche und kann nicht wieder hineingestopft werden. Parallele Institutionen lösen die tradierten Institutionen ab, egal ob in Form von Alternativmedien, Alternativwährungen, alternativem Wissen, alternativen Energieträgern oder alternativen Heilmethoden. Das Denken »outside the box« hat nie aufgehört zu existieren und greift derzeit wieder wie ein Lauffeuer um sich.

Wir stehen als Generation vor einem Scheideweg: Setzen wir jetzt auf die destruktiven Kräfte oder bauen wir an den konstruktiven mit? Richten wir uns in der alten Struktur ein oder bauen wir eine neue auf?

Never doubt that a small group of thoughtful, committed citizens can change the world; indeed, it's the only thing that ever has.
Margaret Mead

Jeder hält seinen eigenen Denkhorizont für die Grenzen der Welt.
Schopenhauer

Wie kommt das Neue in die Welt und durch wen?

In Nietzsches ›Also sprach Zarathustra‹ liefern sich ein Diamant und ein Stück Küchen-Kohle folgendes Wortgefecht:

Warum so hart! – sprach zum Diamanten einst die Küchen-Kohle; sind wir denn nicht Nah-Verwandte?

Warum so weich? Oh meine Brüder, also frage ich euch: seid ihr denn nicht – meine Brüder?

Warum so weich, so weichend und nachgebend? Warum ist so viel Leugnung, Verleugnung in eurem Herzen? So wenig Schicksal in eurem Blicke?

Und wollt ihr nicht Schicksale sein und Unerbittliche: wie könntet ihr mit mir – siegen?

Und wenn eure Härte nicht blitzen und scheiden und zerschneiden will: wie könntet ihr einst mit mir – schaffen?

Die Schaffenden nämlich sind hart. Und Seligkeit muss es euch dünken, eure Hand auf Jahrtausende zu drücken wie auf Wachs, –

– Seligkeit, auf dem Willen von Jahrtausenden zu schreiben wie auf Erz, – härter als Erz, edler als Erz. Ganz hart ist allein das Edelste.

Diese neue Tafel, oh meine Brüder, stelle ich über euch: werdet hart! –

Zugegeben: Nietzsche trifft hier nicht ganz den plüschig-freundlichen Tonfall, den die Generation Y gewohnt ist. Aber vielleicht braucht es derartige Lehrmeister aus der alten Zeit, um uns auf ein zentrales Phänomen jeder Generationenbeschreibung aufmerksam zu machen:

Generationen sind von außen im Grunde immer gleich. Immer ist es eine Kohorte junger Menschen mit ähnlichen Träumen, ähnlichen Problemen, Zweifeln und Hoffnungen. Immer steht sie im Bannstrahl des gleichen Mindsets und muss mit ähnlichen Lebensumständen klarkommen. Je nach sozialem Status gelingt das vielleicht besser oder schlechter. Aber auch ein reicher »Generation Y-er« kann unglücklich sein und mit der Epoche, in der er oder sie lebt, hadern.

Und trotzdem unterscheidet sich der »Aggregatzustand« zwischen den Kohorten teils erheblich. Manche Generationen sind Kohorten des Übergangs, sie verschwinden im Orkus der Geschichte. Wiederum andere wirken aus der Rückschau fast wie ein geschlossener Block der Jugend, wie eine Bande. Wie im Fall von Kohle und Diamant sind wir alle letztlich immer aus dem gleichen Element: Kohlenstoff. Und doch schafft es ein Diamant, jedes andere Material der Welt zu zerschneiden, während man mit einem Stück Kohle nur den Ofen etwas warm hält. Der Diamant setzt sich gegenüber der Welt durch. Die Kohle hingegen hat dienende Funktion. Es ist unschwer zu erraten, zu welcher Kategorie man die Generation Y derzeit zählen darf.

Und trotzdem ist es falsch zu glauben, mit der Jugend gehe es im Laufe der Jahrhunderte stetig bergab, sie werde immer apathischer, fauler und inhaltsleerer. So hart man mit der Generation Y auch ins Gericht gehen kann: Ein Blick auf die Geschichte macht optimistisch, dass das letzte Urteil hier noch nicht gesprochen ist. Oft genug kamen große Wendungen unangekündigt, wie aus dem Nichts.

Wenn man sich die Geschichte allein der letzten 250 Jahre ansieht, entdeckt man eine Konstante. Die meisten positiven Veränderungen, egal ob politisch, technologisch, gesellschaftlich oder künstlerisch wurden fast ausschließlich von jungen Menschen in die Welt gesetzt. Also von Gruppen, die es schafften, ihre Kräfte zu bündeln, und sich der Welt, wie sie war, mit der schneidigen Härte eines Diamanten entgegenzustellen.

Den Sturm auf die Bastille führte eine entschlossene Gruppe rund um Camille Desmoulins durch und löste damit die Französische Revolution aus. Die Romantiker Ende des 18. Jahrhunderts waren eine Art Gymnasiasten-WG, die nicht nur von der Erfüllung sehnsüchtiger Gefühle träumten, wie sie Goethe mit seinem Werther in die Köpfe gesetzt hatte, sondern die, wie im Fall der Schlegel-Brüder, mit ihrer Zeitschrift nichts weniger als »Diktatoren der Kritik in Deutschland« werden wollten. Es waren unter anderem Heine und Börne, die sich als »Junges Deutschland« dem Geist der Restauration widersetzten und für die Realisierung der Werte der Aufklärung eintraten, die sie später im Vormärz flankiert von Dichtern wie Herwegh, Freilingrath und anderen in eine revolutionäre politische Bewegung zuzuspitzen versuchten, die als gescheiterte Revolution von 1848/49 in den Geschichtsbüchern steht. Sie wussten, dass dem Einzelnen eine gewaltige Macht zukommen kann, wenn es nur gelingt, sich dezentral zu organisieren. Herwegh dichtete passend für diesen Mechanismus folgende bekannte Zeilen, die bis heute nachvibrieren:

Mann der Arbeit, aufgewacht! Und erkenne deine Macht!
Alle Räder stehen still.
Wenn dein starker Arm es will.

Auch die Gruppenfindung verläuft nach ähnlichen Mustern: Man findet sich an den Stätten des geistigen Austauschs, häufig an Universitäten, in studentischen Klubs, Salons, in Kaffeehäusern oder früher auch in Geheimlogen, wo Gedanken sich frei entfalten und schließlich zu Aktionen verdichten konnten.

Junge Menschen scharten sich vor allem um Ideen und Ideale, die es für sie wert waren, in Handlungen manifestiert zu werden, im Guten wie im Schlechten. Sie fanden sich in Fin de Siècle-Bünden wieder, als Wandervögel oder Anhänger von Reformbewegungen, lauschten im George-Kreis den Gedichten des Meisters, ließen sich von falschen Führern in die HJ hineinverführen, leisteten aber auch als Weiße Rose studentischen Widerstand gegen eben dieses Regime, weil sie sich anderen Idealen verpflichtet fühlten. Als Hippies oder 68er wollten sie einen umfassenden Bewusstseinswandel in die Welt tragen, pilgerten zu Festivals, besetzten erst Häuser und später Positionen, brachen patriarchale Strukturen auf, gründeten die weltweite Friedensbewegung, schafften gleiche Rechte für Minderheiten und stärkten die Rechte von Arbeitnehmern gegenüber Arbeitgebern. Heute begegnet man ihnen bei Anti-TTIP-Demonstrationen, der Occupy-Wallstreet-Bewegung oder in der Parallelwelt der Kryptoanarchisten und globalen Hackerszene.

Veränderungen gehen so häufig von jungen Menschen aus, weil in ihnen der Drang zur Veränderung angelegt ist. Dieser kann sich destruktiv entladen und in verzweifelter Zerstörungswut Bankgebäude oder Autos treffen, er kann sich aber auch konstruktiv entladen durch den Aufbau völlig neuer Strukturen, durch Organisation eines Crowdfundings oder die direkte, aufrüttelnde Aktion der Kunst, wie sie das »Zentrum für politische Schönheit« in Deutschland zuletzt zeigte, wenn sie drohte, Flüchtlinge an Tiger zu verfüttern, Flugblätter in Diktaturen verbreitete oder Björn Höcke ein Holocaustdenkmal in den Vorgarten stellte.

Blaupausen für junge Bewegungen, die sich gegen erstarrte Systeme und überkommene Strukturen organisierten und an einer neuen Welt bauten, hat es in der Geschichte seit den mythologischen Überlieferungen der Antike gegeben. Diese archetypischen Konflikte lesen sich oft wie der Text zu Beginn der ›Star Wars‹-Filme. Denn sie gleichen ihm im Muster. Man kann sie fast beliebig herauspicken. Nehmen wir zum Beispiel das Wien der Jahrhundertwende und stellen wir uns dazu den Soundtrack aus ›Krieg der Sterne‹ und die Anfangssequenz vor.

Die Revolution von 1848/49 ist gescheitert, die Kräfte der Restauration und ein kühler Rationalismus haben die Gesellschaft im Griff. Und doch bildete sich ausgehend von jungen Menschen eine Rebellion des instinktiven Gefühlslebens und der Befreiung.

Wagner und Nietzsche waren nach Schiller die neuen Helden dieser Rebellen, Freud entwickelte seine Theorien von der Tiefe der Seele, man protestierte gegen Ungerechtigkeit, strebte nach einer neuen Ordnung, feierte dionysische Feste und die Dichter des »Jung Wien« versuchten seismografisch das Bewusstsein der Zeit zu erfassen, wenn sie, wie Hoffmannsthal, schrieben: »Wir sollen von einer Welt Abschied nehmen, ehe sie zusammenbricht.«

Kunst, Kultur, Politik, Wirtschaftsleben, Seelenstruktur, Sittengebilde: alles war verflochten, alles stand auf dem Prüfstand. Es begann eine Periode des Aufbruchs in eine neue Zeit, wie es sie immer wieder gegeben hat, eine Zeit der Sezession, der Abspaltung und Abnabelung von der alten Ordnung durch die Suche nach einer neuen Erzählung als Lebensgrundlage.

Der große Clash von zwei Ordnungen – der alten und der neuen – ereignete sich, wie so oft, in der Kunst, als die Vertreter verschiedener Strömungen darüber stritten, ob denn die Deckengemälde, die Gustav Klimt für die Universität plante, »schön« seien oder nicht. Klimt verlor den Kampf und gewann die Schlacht. Die neue Bewegung war nicht mehr aufzuhalten. Ein »heiliger Frühling« (*ver sacrum*) war angebrochen. Darunter wird seit der Antike die Situation verstanden, dass in Zeiten der Krise die Jungen sich von der Gruppe oder dem Stamm entfernen müssen, um anderswo alleine ihr Glück zu versuchen und ein eigenes neues Leben aufzubauen. Der »heilige Frühling« ist das kulturelle Ritual der Abnabelung schlechthin. ›Ver Sacrum‹ hieß die Zeitschrift der Secessionsbewegung. Dieser Schriftzug prangt bis heute auf dem Secessionsgebäude in Wien.

Der letzte »heilige Frühling« fand in den Jahren ab 1968 statt. Es war das letzte Mal, dass eine Jugendbewegung derart viel Durchschlagskraft auf Politik, Wirtschaft und das ganze gesellschaftliche Sittengebilde hatte. Neue Bewusstseinszustände, neue Kunstrichtungen, ein neues Wertesystem und ein neues Denken im Zeichen des Wassermanns wurden zu einem kulturprägenden Phänomen, dessen Ausläufer bis heute sichtbar sind.

Begreifen wir unsere Zeit heute aus den Mustern von früher und erkennen wir unser Potenzial: aus den Hippies sind heute Techies geworden. Die Befreiung vom Ballast des alten Denkens durch eine Kooperation dezentraler Akteure in neuen, nicht staatlichen Strukturen hat das Potenzial, den nächsten heiligen Frühling einzuleiten. Man sieht die ersten Anzeichen bereits aufblitzen in Form von Crowdfunding, Cryptoparties, dem bedingungslosen Grundeinkommen, Blockchain, Bitcoin, Liquid Democracy und alternativen Medien, in Blogs und auf YouTube. Kein gesellschaftlicher Bereich ist davor sicher, da es eine Bewegung ist, die sich durch eine Richtungsänderung des Denkens auszeichnet und auf Einzelinitiative, Kooperation und Dezentralisierung setzt.

Damit könnte auch eine ganz neue Zeit der Massenbewegungen anbrechen: Nicht mehr als lobotomisierte Herde im Sinne Gustave Le Bons (19. Jahrhundert) oder »einsame Masse« im Sinne des Soziologen David Riesman (20. Jahrhundert), sondern als kommunizierende und kollaborierende »Crowd«, als Crypto-Leviathan des 21. Jahrhunderts. Für diese Zeit gibt es keinen Retter, keinen »Deus ex Machina«, keinen Neo aus ›Matrix‹. Das Neue kommt nur durch alle. Nicht Neo ist »the one«, sondern alle zusammen sind es. Gegen eine Idee, deren Zeit gekommen ist, können nicht einmal Armeen etwas ausrichten, wusste Victor Hugo. Mit den technischen Möglichkeiten von heute kann jeder Mensch sichtbar werden und sich zum Akteur erklären, statt ein passives Herdentier zu bleiben. Es gibt erstmals in der Geschichte der Menschheit eine global vernetzte Bewegung von unten, die sich den Weg ins Licht der Öffentlichkeit bahnt. Und wie so oft sind die technologischen Möglichkeiten dem Mindset der breiten Masse weit voraus.

Der nächste Abnabelungsprozess (neudeutsch: Disruption) steht unmittelbar bevor. Und damit auch ein Ende des Opfers, das die Jungen traditionell für die Stützung des alten Systems zu erbringen haben, egal ob es der Zins im Geldsystem ist, die Zeit für inflationär ausgegebene Diplome, das Buckeln in hierarchischen Strukturen von Arbeitswelt und Politik oder die Bezahlung mit persönlichen Daten an große Techkonzerne. Das Spiel ist vorbei. Das Schuldbuch ist vernichtet, heißt es in Schillers ›Ode an die Freude‹. Ebenso erkannten die 68er, dass sie den alten Autoritäten nichts mehr schuldeten, weder Respekt noch einen Karrierelebenslauf. Beate Klarsfeld ohrfeigte Bundeskanzler Kiesinger und Joschka Fischer ließ sich in Turnschuhen vereidigen. Schuld kommt von Schulden, wusste Nietzsche; er sah in dem Denken in Schuldkomplexen ein Mittel zur Unterjochung und Zivilisierung des Einzelnen und eine Unterdrückung des natürlichen »Willens zur Macht«, also des Rechts auf eine eigene Existenz.

Klimt beendete das Schulddenken symbolisch: Das erste Plakat der Secession zeigt die Szene von Theseus, der den Minotaurus erlegte, ein Ungeheuer, dem jährlich sieben Jünglinge und Mädchen geopfert werden mussten. Das ist der Ariadnefaden der jungen Generation zu Selbstbestimmung und Autonomie: Erst muss man die Förmchen zerschlagen, in welche andere einen legen wollen, also die prokrustische Anbiederung ablegen. Die Vernichtung der Schuld im Symbol des Minotaurus schließlich bedeutet den Weg aus der Abhängigkeit in die Freiheit.

Geschichte wiederholt sich nicht, aber sie reimt sich.
Mark Twain

Je weiter man zurückblickt, desto weiter sieht man nach vorne.
Winston Churchill

Die Zeit der Entscheidung

Generationen sind oft schwer zu definieren. Das hat einen Grund. Sie gleichen auf den ersten Blick einer chaotischen Komposition, einem Schwarm ohne Muster, einem Mikroklima oder einem Proteus, der ständig sein Äußeres zu ändern scheint, statt einer linearen Mechanik zu folgen. Doch so zufällig, wie sie wirken, sind sie nicht. Die Natur kennt ähnliche Phänomene: Vögel und Fische bilden Schwärme mit eigener Dynamik, ohne zentral gesteuert zu sein, und bewegen sich scheinbar willkürlich und doch geordnet. Die Klimaveränderung beruht ebenfalls auf einer Vielzahl von Einzelelementen, ebenso wie die Ausbreitung von Pollen oder Viren.

Die sogenannte »Komplexitätsforschung« geht davon aus, dass jedes System, das nicht linear ist, also nicht starr dem Schema Aktion-Reaktion folgt, einen matroschkaartigen Aufbau hat, sich also in immer kleinere Sphären oder Elemente zerlegen lässt, wie der Körper in Organe, Zellen und Atome. Auf die Generationenfrage angewandt heißt das, dass jedes Mitglied einer Generation Teil einer Sphäre sein und die gesamte

Generation doch anders sein kann als der Einzelne. Insofern geht der Vorwurf fehl, eine Generationenbeschreibung sei stets unmöglich, denn sie könne ja nicht für jeden verbindlich sein. Das kann sie nicht nur nicht. Das muss sie nicht einmal. Generationen sind keine monolithischen Gruppierungen, in welchen alle Mitglieder untereinander uniform und deckungsgleich mit der Gesamtgruppe sind.

Generationen sind wohl eher wie ein Eintopf. Die einzelnen Mitglieder sind die Zutaten. Sie sind als Einzelne etwas anderes als der Eintopf insgesamt. Manche Zutaten kommen auch in anderen Eintöpfen vor. Und doch ist ein Linseneintopf mit Würstchen etwas ganz anderes als eine Minestrone. Die Grundzutaten sind jedoch gleich: Wasser, eine Art Brühe oder Fonds für den Grundgeschmack, Karotten, Sellerie und schließlich die einzelnen Zutaten. Dass die Generation Y so widersprüchlich und undefinierbar daherkommt, hat ihren Ursprung in dem Mischverhältnis, aus dem sie entstanden ist: aus 68ern und Babyboomern. Aus Linseneintopf und Minestrone muss zwangsläufig etwas Undefinierbares entstehen.

Die Diskussion um den Charakter der Generation Y gleicht deshalb der Geschichte von dem Blinden, der versucht, einen Elefanten zu beschreiben, indem er ihn an unterschiedlichen Stellen berührt, mal am Rüssel, mal am Schwanz, mal an den Ohren und letztlich aus den einzelnen Elementen immer nur Rückschlüsse erhält, die ihn im Bezug auf den Gesamtelefanten nicht weiterbringen.

Im Jahre 1962 wandte sich der Dichter und Maler Jean Cocteau in einer Ansprache an die Menschen des Jahres 2000, also an die Millennials. Cocteau sagte voraus, wir würden uns sprichwörtlich zwischen den Stühlen befinden. Wir sehen heute, dass sich die Generation Y noch nicht entschieden hat, ob sie das von den früheren Generationen errichtete System aufrechterhalten oder ein neues System anstreben soll – und genau darunter leidet sie. Der Großteil richtet sich wohl im Bestehenden, dem »sicheren« System ein, nach dem Motto: Hat doch bisher auch funktioniert, egal ob in Ausbildung, Beruf oder kulturellem Recycling.

Doch ein »Weiter so« ist nicht mehr möglich. Es gleicht dem Versuch, eine Schablone auf einem Untergrund anzubringen, der sich ständig verändert. Man kann in einen reißenden Strom keinen Markierungsstab einsetzen. »Ich hoffe, ihr seid noch keine Roboter geworden«, meinte Jean Cocteau weiter hellsichtig. Für ihn setzte die Zwischenzeit der Krise durch die moderne Technologie ein. Und tatsächlich: Technologie kommt uns seit Jahren immer näher, erst als PC, dann als Laptop. Sie wanderte als Smartphone in die Hosentasche oder als Smartwatch bzw. Fitnessarmband ans Handgelenk. Schon spricht man von selbstfahrenden Autos und dem »Internet der Dinge«. Die Ersten fangen an, sich Chips implantieren zu lassen.

Parallel läuft diese Landnahme mental ab, wie man beispielsweise an den Datinggewohnheiten ablesen kann: Niemand will mehr dem Zufall oder einer kosmischen Fügung vertrauen. Inzwischen sind es Algorithmen, Kalkül und Matchingpunkte, die für uns die Vorauswahl treffen. Früher taten das Eltern oder die Sippe, dann tat man es eine Zeit lang selbst und heute tut es die Autorität des Computers. Die neuen Autoritäten ersetzen die alten, doch wo bleibt die Autonomie? Die Zeit Jean Cocteaus war eine dieser kurzen Blütezeiten, wo der Einzelne sich selbst als Autorität sehen wollte und konnte, als Künstlerexistenz in Paris-Montparnasse, verbunden mit anderen, die ähnlich dachten. Kreation, so Cocteau, ist die höchste Form des Widerspruchs. Sie war eine Form, »Nein« zu sagen und damit »Ja« zu sich selbst.

Auch Antonio Gramsci definierte die Zeit der Krise als Zeit des Übergangs zwischen altem und neuem System, wenn das alte System noch nicht gestorben, das neue jedoch noch nicht geboren ist und allerlei morbide Erscheinungen an die Oberfläche kommen. In dieser Zeit werden häufig neue Monster geboren, Mischwesen, die weder Fisch noch Fleisch sind. Die Generation Y verkörpert ihre Zeit idealtypisch als Zentaur. Sie war bisher nur eine Generation des Übergangs, der Krise, der Lückenfüllung zwischen Altsystem und Neusystem. Unsere Krise ist die Krise des weder vor noch zurück. Zwischen Leben und Tod oszillierend, als halbtote, scheinaktive Smartphone-Zombie-Generation müssen wir uns für eine neue Lebensform entscheiden. Denn nichts anderes als das heißt das Wort »Krise« ursprünglich: Entscheidung. Vielleicht hilft uns die Generation Z mit frischen Ideen auf die Sprünge?

Komplexe Entwicklungen auf der Zeitebene, wie die Abfolge der Generationen und die Veränderung des Generationencharakters scheinen auf den ersten Blick willkürlich und zufällig zu sein, nach dem Motto: Mal sind die Leute eben so und mal so.

Und doch finden sich immer wieder die gleichen Muster. Das Rad der Geschichte ist dabei eine uralte Metapher für das Entstehen, Werden und Vergehen in der Natur, das sich auch im Aufstieg und Niedergang von Zivilisationen oder Imperien, in Entwicklungen der Technik oder der Abfolge von Generationen wiederfinden lässt. In nahezu jedem Kulturkreis wird auf dieses Muster Bezug genommen, es war bei Juden, Hindus, Maya, Buddhisten und Schamanen ebenso bekannt, wie bei den Griechen, die an den Tempel der Athena den Schriftzug setzten: *»Alle menschlichen Dinge sind ein Kreis.«* Man richtete den Rhythmus des Lebens nach Gezeiten, Jahreszeitenfolge, Mondphasen oder der Konstellation der Sterne.

Die Metapher des Kreislaufs ist ein universeller, einender Punkt bei der Betrachtung der gesamten Menschheitsgeschichte. Ein altes Symbol dafür ist der Ouroboros, die Schlange, die sich selbst in den Schwanz beißt. Nietzsche sprach von der »ewigen Wiederkunft«. Man kann sich diesem Phänomen aus ganz unterschiedlicher Richtung nähern. Es ist wie bei einem Haus, das man durch verschiedene Türen betritt, und bei dem man letztlich doch immer in der Mitte landet. Es ist egal, ob über der Tür das Schild Spiritualität, Mathematik, Wirtschaft, Geld, Soziologie, Politik oder Generation steht: Die Muster, welche die Dinge regieren, sind immer gleich.

Der antike Historiker Polybios entwickelte nach diesem Muster den Verfassungskreislauf, auf den sich später auch Cicero bezog. Der tunesische Historiker Ibn Chaldun beschrieb im Frühmittelalter das Werden und Vergehen von Imperien; Vilfredo Pareto im 20. Jahrhundert den Elitenkreislauf in der Politik. Albert O. Hirschman beobachtete die Abfolge von Euphorie und Enttäuschung im Bereich des bürgerschaftlichen Engagements; der Historiker Arthur Schlesinger das Oszillieren zwischen Eigennutz und Gemeinwohl von Gesellschaften. Der Bankier Felix Somary untersuchte die Auf- und Abwertung des Geldes und ein amerikanischer Buchhalter entwickelte die nach ihm benannte Elliott-Wellen-Theorie, mit welcher heute algorithmengestützte Tradingcomputer selbstständig in Sekundenbruchteilen Kaufentscheidungen treffen.

Wohin wird uns die geradezu exponenziell verlaufende Wachstumskurve in der Technologie bringen, egal ob in der Speicherkapazität von Chips, der Rechenleistung von Computern oder bei der Entwicklung von künstlicher Intelligenz? Wo ist das Ende dieser Entwicklung? Wo schließt sich der Kreis? Niemand weiß es. Bei Goethe in der »Hexenküche« seines Faust klingt es so: *»Das ist die Welt; sie steigt und fällt und rollt beständig; Sie klingt* *wie Glas – wie bald bricht das! Ist hohl inwendig. Hier glänzt sie sehr, und hier noch mehr: ›Ich bin lebendig.‹ Mein lieber Sohn, halt dich davon! Du musst sterben! Sie ist von Ton. Es gibt Scherben.«*

Auch zur Abfolge von Generationen gibt es zahlreiche Theorien für wiederkehrende Muster und Entwicklungen. Die detaillierteste stammt wohl von den Autoren Strauss und Howe aus ihrem Buch ›The Fourth Turning‹. Nach dieser Theorie, die historische Betrachtung mit psychologischer Archetypenlehre verbindet, entwickeln sich Generationen nicht zufällig, sondern immer wieder durch vier wiederkehrende Etappen (»Turnings«) über Jahrzehnte hinweg. Wenn ein Zyklus beendet ist, geht es wieder von vorne los:

1. Das »Hoch«

Große prägende Figuren bauen starke Institutionen auf, der Einzelne gerät in den Hintergrund. Die Gesellschaft sammelt sich optimistisch um einen ideellen Deal für die Zukunft, will an einem gemeinsamen Strang ziehen (Gründergeneration, G. I.-Generation oder Greatest Generation). Diese Zeit begann nach dem Zweiten Weltkrieg und endete in etwa mit der Ermordung Kennedys.

2. »Das Erwachen«

Auf dem Hoch des »alten Fortschritts« werden Institutionen infrage gestellt und der Schwerpunkt verlagert sich vom Außen ins Innen. Achtsamkeit, Spiritualität und Bewusstseinserweiterung außerhalb der alten Systemgrenzen setzen ein (Luthers Reformation, die Puritaner, Fin de Siècle-Esoterik, die Hippiebewegung). Das letzte »Awakening« begann in den 60er-Jahren, formierte sich 1968 politisch, fand ihren Höhepunkt rund um das Jahr 1973, als Pink Floyd ihr Album ›The Dark Side of the Moon‹ veröffentlichten und endete in den frühen 80er-Jahren.

3. Umbruch

Das Gegenstück zum Hoch beginnt: der Individualismus grassiert, Institutionen werden zurückgedrängt. Die Spaßgesellschaft feiert sich in die höchsten Höhen, im Zentrum steht jetzt nur noch das Selbst. Aus der Erweiterung des Bewusstseins im Dienste der Menschheit wird Ego-Coaching und Karrieredenken. Die Umkehr der Werte erreicht ihren Höhepunkt. »Gier ist gut«, erklärte Gordon Gecko im Film ›Wall Street‹. Oftmals sind dies die Zeiten des Börsenbooms vor dem Crash (die Gründerzeit ab 1870, die Goldenen Zwanziger bis 1929, die Yuppie-Ära 1980 –1990).

4. Krise

Die Institutionen haben die Lage nicht mehr im Griff. Das System schaltet in den Endzeitmodus, versucht bemüht die Ordnung aufrechtzuerhalten. Das Meinungsklima verschärft sich, Zensurbestrebungen machen sich breit, ebenso der Ruf nach dem »starken Mann«. Eine Richtungsentscheidung bahnt sich an. Figuren wie Stephen Bannon, lange Zeit der Kopf hinter Trump, fühlen sich berufen, das Fourth Turning in ihre Richtung zu drehen, mit dem genannten Ziel der Disruption des Establishments.

Die Abfolge von Turnings korrespondiert bei Strauss und Howe zudem mit psychologischen Archetypen im Sinne C. G. Jungs, also quasi einer Art Generationencharakter. Die Autoren bedienen sich hier der archetypischen Bilder »Prophet«, »Nomade«, »Held« oder »Künstler«, die je nach Phase auf eine Generation gemünzt werden, um ihre Lage und ihre Aufgabe zu beschreiben.

Die **Prophetengeneration** besteht, im Anschluss an eine Krise, aus zunehmend verwöhnten Kindern, altert als Trittbrettfahrer der Erwachensperiode, bevor sie als weise Senioren den Beginn der nächsten Krise miterleben.

Eine **Nomadengeneration** wächst weitgehend unbeaufsichtigt während einer Zeit des Erwachens auf, hat keinen Bock auf die Post-Erwachenswelt, führt die Gesellschaft dann in der Mitte des Lebens pragmatisch durch Krisen und endet als vom Leben abgehärtete Postkrisengeneration.

Eine **Heldengeneration** wächst zunehmend behütet in der Post-Erwachensperiode auf, ihre Mitglieder zeichnen sich in der Krise als heroische Teamarbeiter aus, pflegen die eigene Hybris nach Überwindung der Krise und finden sich als Senioren dann der Attacke durch eine neue Erwachensperiode ausgesetzt.

Eine **Künstlergeneration** wächst als überbehütete Kinder während einer Krise auf, wächst zu empfindlichen Erwachsenen der Postkrise heran, kann sich im Mittelteil des Lebens in der Erwachensperiode schwer entscheiden und erlebt den Herbst des Lebens als empathische Senioren.

Nach dieser Lesart befinden wir uns in den Zeiten des Fourth Turning (»Krise«) und die Generation Y ist als Heldengeneration aufgerufen, diesen Abschnitt zu gestalten.

Wenn man Derartiges liest, denkt man unweigerlich: Kann das wahr sein? Wer kann schon in die Zukunft schauen? So war es zumindest bei mir. Wenn die Wissenschaft alles so voraussagen könnte, wären Ökonomen doch Börsenmillionäre, Germanistikprofessoren Bestsellerautoren und Soziologen Hellseher.

Andererseits: Jean Cocteau meinte, ihm seien Mythen lieber als die Geschichte. Oftmals waren es eben gerade weitblickende Erzähler, die uns die Zukunft aus der Vergangenheit heraus erklärt haben. Goethe und Dostojewski sahen uns in der künstlichen Welt eines Glaspalastes aufwachsen, der Kraft der Natur entzogen, dafür aber auch schwächlich. Aldous Huxley warnte vor den Gefahren einer Wissenschaftsdiktatur, in welcher es nur noch eine Wahrheit gibt und alle Alternativen sinnlos erscheinen müssen.

Wir leben in einer unfertigen Moderne und die Generationen Y und Z müssen mit diesem Umstand fertig werden. Auf den ersten Blick scheint alles durchrationalisiert und perfekt abgestimmt zu sein. Jedem Thema ist der doppelte Boden entzogen und auch das letzte Mysterium scheint ausgeleuchtet zu sein. Doch abgesehen davon, dass das nicht stimmt, liegt darin wiederum eine neue Form des Aberglaubens, nämlich an Rationalisierung und Kalkulierbarkeit. Verliebt sich wirklich alle 11 Minuten ein Single auf Parship dank eines »wissenschaftlichen Matchingsystems«? Warum leisten wir uns Wirtschafts- und Konjunkturprognostiker, obwohl sie nachweislich nicht besser liegen als ein Schimpanse, der mit Dartpfeilen auf eine Wand mit Zukunftsszenarien wirft? Auch die »Gesetze« der Wirtschaft und des Geldsystems sind längst zu einer säkularen Glaubensfrage geworden. Das beginnt schon damit, dass wir glauben sollen, dass Zeit Geld ist, wir dies wie selbstverständlich unseren Kindern beibringen und auf Nachfrage weder erklären könnten, was Geld noch was Zeit genau ist.

Doch zurück zu Howe und Strauss. Nach ihrer Zeitrechnung sollten wir etwa ab 2005, ausgelöst durch eine Wirtschaftskrise in die Ära der vierten Wendung eintreten, eine Zeit des zunehmenden Populismus und Autoritarismus von politischer Seite, mit Nuklearkonflikten, Klimakatastrophen, Terrorismus und zunehmendem Misstrauen in Institutionen der Politik, der Medien oder Wirtschaft. Eine Zeit der Handelskriege, Verschuldungskrisen, stärkerer Zensur und einer Oligarchie der Technologiekonzerne auf der einen und einer libertären Internetanarchie auf der anderen Seite.

Kommt uns das nicht bekannt vor? Es ist schwierig, bei dieser Aufzählung nicht an die Finanzkrise 2008 zu denken, nicht an Trump, Brexit, Erdoğan & Co., nicht an Pegida, AfD und Lügenpresse, nicht an die Naturkatastrophen in Texas, Florida oder Puerto Rico, nicht an die wiederholte Anhebung der Schuldengrenze in den USA, nicht an den Terror des IS, nicht an das Netzdurchsetzungsgesetz in Deutschland, nicht an die Übermacht von Facebook, Google, Amazon & Co. auf der einen und Bitcoin, Blockchain und Hackern auf der anderen Seite. Man könnte auch sagen: Das war die Dekade von 2007 bis 2017, wie sie Günter Jauch in einem Rückblick nicht besser präsentieren könnte.

Howe und Strauss schrieben dies vor genau 20 Jahren, im Jahre 1997.

We have to continually be jumping off cliffs
and developing our wings on the way down.
Kurt Vonnegut

»Aber wir sind doch so narzisstisch!«

Wir jungen Leute von heute, die Generationen Y und Z sollen also aufgerufen sein, die nächste Helden-Generation zu sein? Das Ruder zu übernehmen? Kann das nicht bitte jemand anderes für uns machen? Zugegeben: Als Helden haben wir uns bisher nicht gebärdet. Ist diese Rolle nicht etwas zu groß für uns? Sie passt auch gar nicht zu dem Selbstbild, das wir von uns haben und das uns auch medial immer wieder gespiegelt wird. Sind wir nicht die narzisstischste Generation, die es je gab? Sind wir nicht lobotomisierte Smartphoneschafe?

Spielen wir mal kurz »Wer wird Millionär«, das kennen wir ja seit über 15 Jahren gut genug. Es folgt die Einleitungsfrage:

Sortiere folgende Aussagen über unterschiedliche Generationen chronologisch nach Entstehungsjahr:

A) »Dieser Konkretismus der gegenwärtigen Jugend hat sicher seine zwei Seiten: Man kann in ihm einen krassen Egoismus und Vulgärmaterialismus erkennen.«

B) »Die Ich-Generation und der Narzissmus sind nur Beschreibungen, nicht die Gründe.«

C) »Die meisten Zielsetzungen unseres Jahrgangs (...) waren mehr konventioneller Art: viel Geld zu verdienen, in einen hohen Regierungsposten einzurücken, Arzt, Rechtsanwalt oder Chef von irgendwas zu werden.«

D) »Heutige Narzissten leiden an einem Mangel an Authentizität und an innerer Leere.«

E) »Er sah niemanden um sich herum. Er dachte nur an sich selbst.«

F) »Die Jugend liebt heute den Luxus.«

Schwierig, oder? Wenn ein Bild dieser Generationen gemalt werden müsste, so richtig mit Farbe und Leinwand, hätte es durchgehend den gleichen Grundton: narzisstisch. Alle Zitate beschäftigen sich mit dem gleichen Thema, stammen aber aus unterschiedlichen Zeiten. Wo genau ist »das Neue« jeder Generation? Narziss entstammt immerhin der griechischen Mythologie.

Alle Zitate stammen von bedeutenden Persönlichkeiten, die über die jeweils junge Generation geschrieben oder von ihr erzählt haben: Philosophen, Schriftsteller, Akademiker. Oftmals waren die Bücher Bestseller und bestimmen bis heute die Debatten. Jede Generation ist zuverlässig oberflächlich, ich-orientiert, materialistisch und verschwendungssüchtig und zwar seit Sokrates (**F**). Maupassants ›Bel-Ami‹ sah stets nur sich selbst (**E**), David Riesmans ›Wohltemperierte Generation‹ von 1956 (**C**), hält ihre Temperatur scheinbar seit gut 2500 Jahren konstant, übrigens in den USA wie Deutschland gleichermaßen (siehe Schelsky, ›Die skeptische Generation‹, Antwort **A**). Nicht anders ist es bei den Babyboomern (auch »Me-Generation« ab 1964), die, so Lasch in den 70ern sogar die »Me-Dekade« (**D**) schafften (das mit der Dekade bekommt in Deutschland wiederum nur Luther hin). Die 80er waren auch nicht gerade als Dekade des Altruismus bekannt (»Greed is good«), wie schließlich Allan Bloom (**B**) findet. Wozu seit Jahren die ganzen Generationendebatten, es ist doch so einfach: Der Narzissmus ist der Sauerstoff fast jeder Generationenbeschreibung. Er ist immer da. Und zwar überall.

Die Generation X (ca. ab 1970) kaschierte ihre Orientierungslosigkeit im Innen mit Markensicherheit im Außen (siehe als Extrembeispiel den »American Psycho«). Als »Ego-Gesellschaft« charakterisierte Illies schon seine »Generation Golf«. »Generation Ego« nennt sich jetzt ein Buch über Werte der Jugend im 21. Jahrhundert, »Performer, Styler, Egoisten« (2013) ein weiteres. Die »Generation Ich« entdeckte u. a. der ›Spiegel‹ (im Jahr 2000 und als »Generation Ich« entdeckte er sie 2014 noch mal ganz neu), »It´s all about Me« titelte man in den USA (›Time Magazine‹, 2007), die Millenials heißen für manche auch parallel »Generation Me« oder, wem es bisher noch nicht ichbezogen genug war, auch »Me-Me-Me-Generation« (wiederum ›Time Magazine‹, 2013). In der natürlichen Steigerungslogik müsste bald die »Me hoch 10-Generation« anstehen. Geht noch mehr »Me«? Täusche ich mich, oder liegt hier nicht der modrige Hauch der Monotonie in der Luft?

Es ist aber auch einfach zu verführerisch, so auch jetzt wieder bei der »Generation Selfie«. Soll denn der Selbstdarstellungsdrang Beweis genug sein? Doch wofür bräuchte man dann noch neue Generationenlabel? Junge Menschen sind in allen Beschreibungen so zuverlässig in sich vernarrt und auf sich konzentriert, dass daraus längst ein Allgemeinplatz geworden ist, der gar nichts mehr aussagt. Genauso gut könnte man sich hinstellen und sagen: Jüngere haben in der Regel ein geringeres Lebensalter als Ältere.

Viele Generationenbeschreibungen beruhen dabei auf dem immer gleichen, recht banalen Trick. Und der geht in etwa so:

»...auf die Zuneigung und Bewunderung anderer angewiesen, neigst du aber dennoch zu Selbstkritik. Deine Persönlichkeit weist einige Schwächen auf, die du aber im Allgemeinen ausgleichen kannst. Beträchtliche Fähigkeiten lässt du brachliegen, statt sie zu deinem Vorteil zu nutzen. Äußerlich diszipliniert und selbstbeherrscht, neigst du dazu, dich innerlich ängstlich und unsicher zu fühlen.« (Der Text stammt von dem US-amerikanischen Psychologen Bertram R. Forer.)

Statistisch gesehen fandest du dich jetzt treffend charakterisiert. Dahinter steckt der »Barnum-Effekt«, der in psychologischen Experimenten nachgewiesen werden konnte.

Der Großteil der Menschen, denen dieser allgemein gehaltene Text vorgelegt wurde, fand sich gut getroffen. Und vor allem: Sie fühlten sich persönlich angesprochen. Viele Generationentexte funktionieren nach dem gleichen Prinzip. Die meisten Generationenbeschreibungen sind deshalb nicht mehr als zeitdiagnostische Horoskope, wo immer mal wieder etwas stimmt. Sie ignorieren den oben beschriebenen Charakter komplexer Systeme. Barnum war übrigens ein Zirkusdirektor, dessen Programm auf dem Grundsatz »a little bit of everything for everyone« beruhte.

Der angeblich »epochale Narzissmus« der Millennials ist also ein denkbar schlechtes Argument im Hinblick auf nötige Veränderungen.

Der angebliche Narzissmus der jetzigen Generationen XYZ ist trotzdem eine interessante Ausgangsbasis für unsere Überlegung. Denn immer wenn es in den letzten Jahren hieß, die

Generation Y sei narzisstisch, erfolgte zugleich ein Sturm des Aufruhrs. Man will nicht narzisstisch sein, nicht egoistisch. Und gesteuert schon gar nicht. Im Gegenteil: man ist Rebell, man ist kein Kollektiv und passt nicht unter ein Generationenlabel. Jeder ist maximal individuell und anders, kritisch sowieso und nonkonformistisch obendrein.

Nun ja, wenn das so ist, dann wird es schleunigst Zeit, das unter Beweis zu stellen. Andererseits: Gehört nicht eine anfängliche Verweigerung zu jeder guten Heldenreise dazu?

Die Zeit der Generalproben, der Pose und des »So-tun-als-ob« ist vorbei. Es genügt nicht mehr, sich als Fake-Generation zu gebärden und gleichzeitig für voll genommen werden zu wollen. Nur im Netz präsent zu sein, und dann auch noch häufig nur in Form digitaler Selbstdarstellung. Es reicht auch nicht mehr, sich nur in Worten und Befindlichkeitsgesten auszudrücken, verlässlich jede Thematik und auch jede These durch den gleichen Fleischwolf zu drehen, um dekonstruierend, dialektisch versiert, bis zur Unkenntlichkeit differenzierend oder auch schlicht nur denunzierend jede hochfliegende Idee zu Boden zu drücken. Die Generationen Y und Z müssen sich entscheiden, und das bedeutet: Sie werden sich erstmals wirklich positionieren müssen, also das tun, was ihnen eigentlich widerstrebt: Sich einmal im Leben auf etwas festzulegen.

Wir waren lange genug eine Projektionsfläche für die Wünsche der Werbeindustrie. Wir waren lange genug epochal unepochal. Lange genug Konsumenten statt Produzenten, lange genug am Tropf der Autoritäten und Stichwortgeber und lange genug gehorsame Schafe, die im Grunde genau das taten, was von ihnen verlangt wurde: Diplome anhäufen, regelmäßig das neueste Smartphone kaufen, freundlich, gefällig und angepasst sein und hoffen, dafür gemocht zu werden. Wir waren lange genug so, wie Nietzsche den Menschen der Zukunft in seinem

Zarathustra beschrieben hat: »Alle sehr gleich, sehr klein, sehr rund, sehr verträglich, sehr langweilig. Ein kleines, schwaches, dämmerndes Wohlgefühl über alle verbreitet, ein verbessertes und auf die Spitze getriebenes Chinesentum.«

Wir waren lange genug nur Beobachter der Entwicklung um uns herum. Es wird Zeit, dass wir Gestalter dieser Entwicklung werden. Der wahre Moment des Erwachsenwerdens kommt dann, wenn einem die Ausreden ausgehen. Wenn man merkt, dass es auf einen selbst ankommt, dass es niemanden gibt, der die Aufgabe an unserer Stelle erledigt. Viele merken diesen Moment in einer verantwortungsvollen Position im Beruf. Oder als Eltern: weil da plötzlich ein Kind ist, ein neuer Mensch, der volle Aufmerksamkeit verlangt.

Noch niemals ist eine Kohorte dadurch zu einer Generation geworden, dass sie sich nur im Zeitgeist gespiegelt hat. Uns wird das auch nicht gelingen. Die Geschichte ist keine Straßenbahn, auf die man mal eben aufspringen kann. Jede Generation hat etwas Grundstürzendes erlebt, egal ob das Automobil, die Elektrizität, Hunger, schlimme Kriege, Vulkanausbrüche, Inflation, leere Autobahnen am Sonntag, Tschernobyl oder eben, wie wir jetzt: das Smartphone, Fukushima, einen durchgeknallten US-Präsidenten und Flüchtlinge, die tragischerweise gerade dort im Meer ertrinken, wo wir dieses Jahr eigentlich Urlaub machen wollten.

Man wird nicht zu einer Generation, nur weil man die gleiche Entwicklung miterlebt hat. Man wird es, wenn man eine Entwicklung gestaltet, lenkt, verändert, sie schlicht »prägt«, also mit einem eigenen Stempel versieht. Die Jugendgeneration am Anfang des 20. Jahrhunderts war ja auch nicht die »Generation Automobil«, ebenso wenig wie die Generation der 1880er die »Generation Dampf« oder die Generation um 500 v. Chr die »Generation Pythagoras« war. Warum also sollen wir uns auf die »Generation Smartphone« oder die »Digital Natives« reduzieren lassen? Das sind nur leere Platzhalter für unsere noch nicht gefundene Mission. »Generationen« entstehen nicht mal soeben aus dem Nichts, sie verändern sich auch nicht im Zehnjahres- oder Fünfjahresrhythmus. Sie werden gemacht. Den Begriff »Generation Y« erfand die Werbeagentur »Advertising Age« im Jahre 1993. Für Noam Chomsky ist das gesamte Gerede von der narzisstischen »Me-Generation« nichts als ein PR-Trick, um uns davon abzuhalten, die Welt zu verändern.

Wir haben die Chance, zu einer Generation zu werden, wenn wir es schaffen, uns auf gemeinsame Elemente der neuen Welt, die wir bauen wollen, zu einigen. Wollen wir einen Zentralstaat oder dezentrale Kräfte? Wollen wir stärkere Beteiligung aller oder weniger Beteiligung? Wollen wir ein Denken in den alten Maßstäben des blinden Wachstums und des Ressourcenraubbaus oder setzen wir dem eine Kehrtwende des neuen Denkens entgegen? Für all diese ideellen Voraussetzungen müssen wir unsere Kräfte vereinen. Es wird nicht mehr genügen, in individueller Isoliertheit weiter vor sich hin nur am eigenen Lebensentwurf zu bauen, in der Hoffnung, dass aus der Summe der Einzelinteressen so etwas wie ein neues Gemeinwesen entsteht, das diesen Namen verdient. Immerhin, wir haben alle Möglichkeiten der Veränderung: Bildung, Netzwerke, digitale Kommunikationsmittel und oft genug immerhin auch noch Träume und Visionen.

All das wirkt trotzdem noch so weit entfernt und scheint so gar nicht vorstellbar zu sein? Die Geschichte zeigt: Ein Impuls entsteht oft in der Hoffnungslosigkeit, in dem Moment, wo es so gar nicht danach aussieht, eben nach der »Tsunami-Theorie«. Von Weitem ist der Tsunami nicht von anderen Wellen zu unterscheiden. Erst wenn er sich vor einem auftürmt, wird klar, dass das keine normale Welle ist. Auch die Nacht ist kurz vor der Dämmerung am Dunkelsten. Die Verborgenheit einer Entwicklung bis zum Moment der Wahrheit, der sogenannten »Emergenz«, ist charakteristisch für komplexe Systeme wie Generationen.

Eine Studentenstudie Anfang der 60er-Jahre des Frankfurter Instituts für Sozialforschung hatte ergeben, dass die Studenten überwiegend nationalistisch, karriereorientiert und egoistisch seien. Fünf Jahre später wurde der Student Benno Ohnesorg bei einer Demonstration gegen den Schah von Persien von einem Polizisten getötet.

Und die letzte große Politisierung der deutschen Jugend begann.

Das Leben beginnt mit einem Nein.
Franz Kafka

Von den sechs Personen, die PayPal gründeten,
haben vier in ihrer Schulzeit
eine Bombe gebastelt.
Peter Thiel

Anleitung zum Ungehorsam

»Das darfst du nicht«, sagte der Vater. Demütig blickte der Kleine zu ihm auf und ließ es sein. »Dafür bist du noch zu klein«, erklärte die Mutter. Respektvoll zog er sich zurück. »Auch das ist nicht gut«, erzog ihn der Vater. »Und jenes nicht recht«, maßregelte die Mutter. »Wenn große Leute sprechen, sagen die Kinder nichts«, ermahnte man ihn. Also schwieg er bescheiden. »Stell dich nicht so dumm!«, rügte der Lehrer. Und der Junge ließ das Fragen. »Er ist so linkisch und gar nicht gesprächig«, langweilten sich die Mädchen. Das munterte ihn auch nicht auf. »Sitz nicht im Haus herum!«, rügte der Vater. »Was suchst du auf der Straße?«, rügte die Mutter. »Er scheint verklemmt«, meinte der Arzt. »Verschlossen«, sagte der Lehrherr. »Verträumt. Was soll aus ihm werden? Kann ihn nicht brauchen«, urteilte der Chef. »Vergrämt mir die Kundschaft. Spricht kaum. Kein eigener Kopf. Fragt aber auch nichts. Seltsamer Kauz!« »Organisch gesund!«, sagte der Arzt. »Und war so ein hübsches Kind«, flüstern die Nachbarn. »Alles kümmerte sich um ihn, die Familie, die Schule, nichts fehlte ihm. Aber er wird mit dem Leben nicht fertig. Die armen Eltern!«

Was ist das größte Problem der Generation Y? Wer oder was hindert unsere Entwicklung? Sind es die beschriebenen Umstände, die uns einengen und kleinhalten? Nein. Sind Machtverhältnisse das Hauptproblem, die Asymmetrie der Ressourcen zwischen Jung und Alt? Nein. Sind es die vergreisten, verkalkten Strukturen um uns herum? Nein.

Das größte Problem der Generation Y ist ihr Gehorsam. Strukturen sind nur totes Gewebe. Sie werden durch einen geistigen Kitt zusammengehalten oder eben nicht. Es ist ein rein psychologisches Problem, das uns abhält, zu dem zu werden, was wir sein wollen. Der Kitt für die jetzigen Umstände ist der Gehorsam, und damit eben auch: die Angst. Somit sind wir wieder am Anfang unseres Buches, am Punkt der Erziehung. So, wie wir in diese Welt gekommen sind und gestaltet wurden (durch Erziehung), so kommen wir jetzt auch wieder raus, wenn wir wollen (durch Ungehorsam und Selbstgestaltung). Die Frage des Gehorsams ist die Drehtür zwischen der bisherigen Welt und der noch möglichen.

Der Psychoanalytiker Arno Gruen (›Wider den Gehorsam‹) schreibt, dass der Gehorsam bei Kindern zur Selbstauslöschung der Identität führen kann. Jedes Kind hat die natürliche Neigung dazu, die Erwartungen der Eltern zu erfüllen, um nicht alleingelassen zu werden. Doch so wird auch die autonome Wahrnehmungs- und Reaktionsfähigkeit geradezu ausgelöscht. Kinder werden brav und angepasst. Sie lassen die Erwachsenen in sich wachsen, statt sich selbst. So entsteht ein »falsches Selbst« (D. W. Winnicott, Alice Miller), wie wir es in der kleinen Kurzgeschichte soeben sehen konnten.

Erich Fromm hat dieses Phänomen in einen breiteren philosophisch-historischen Kontext gestellt. Für Fromm steckt im Widerstreit zwischen Gehorsam und Ungehorsam letztlich der Kampf zweier Lebenskräfte, die wir auch bei uns selbst beobachten können. Die eine Kraft drängt uns nach außen, ins Abenteuer, ins Leben, ins Licht. Wir wollen die Welt erobern, etwas konstruieren, schaffen, also letztlich selbst ein aktives Element sein. Die andere Kraft hält uns zurück, lässt uns der Sehnsucht nach Abhängigkeit, Passivität, Versorgung und Schutz nachgeben, nach dem zurück in den Mutterbauch, wo man nicht mal selbst atmen musste. Hier wollen wir nicht erobern, wir wollen uns den Umständen ergeben, im Dunkeln bleiben, in der Versagung des eigenen Ichs. Wir wollen kein selbstständiges Element sein, wir wollen Teil von etwas sein.

Diese zwei Triebkräfte begegnen uns auf verschiedenen Ebenen: auf der Persönlichkeitsebene im autoritären, gehorsamen oder antiautoritären, ungehorsamen Charakter; in der Kunst, die sich von Kopie und Modellbau durch Kreativität und Schöpfergeist absetzt; sie begegnen uns politisch und ideologisch im Gegensatz zwischen Nationalismus, Abschottung und Einkapselung auf der einen und Kosmopolitismus und universellem Humanismus auf der anderen Seite. Und auf Generationenebene stehen eben ödipale Schwellenangst, Wurmfortsatzdenken und Strukturverhaftung gegen Selbstständigkeit, Autonomie und Disruptionsdrang.

Der Ungehorsam steht jedoch noch für weitaus mehr. Es ist letztlich der Beginn von allem. Kulturell begleitet uns das Muster dieser zwei Kräfte seit Ewigkeiten: Im Akt des Ungehorsams Adams und Evas in der Bibel, als die Menschen das schützende Paradies um der Erkenntnis willen verlassen mussten, um ein eigenes Leben zu haben; in der griechischen Mythologie, als Prometheus es vorzieht, den Menschen das Feuer zu bringen, auch wenn das bedeutet, den Rest seines Lebens der Strafe der Götter ausgeliefert zu sein. Nicht zuletzt ist auch die gesamte Religions-, Gesellschafts-, Wissenschafts- und Fortschrittsgeschichte mit den Leichen zahlreicher Märtyrer gesäumt, die sich nicht einer Autorität beugen wollten, welche sich auf nichts als Tradition oder Gewalt stützte. Schließlich kennt jeder die vielen Situationen im Leben, die fast wie Schaltstellen oder Weggabelungen fungieren, an welchen man sich zwischen den Erwartungen anderer und der eigenen Entwicklung entscheiden soll, mit der ganzen Last des sicherheitsvermittelnden, aber entfremdenden Gehorsams auf der einen und der Unsicherheit, der Isolation, aber auch der Freiheit auf der anderen Seite.

Heißt das nun, dass man immer rebellisch und prinzipiell ungehorsam sein soll? Nein. Es geht Fromm darum, zu unterscheiden: zwischen Autoritäten, die nur auf Tradition und Macht gründen, und Autoritäten, die ihre Entscheidungen auf Kompetenz und Rationalität gründen. Wer aus Angst der Masse folgt, unterwirft sich; wer überlegt und aus freiem Willen einer rationalen Autorität folgt, zeigt Haltung. In der Generationendebatte geht es um die blinde, furchtsame Folgsamkeit gegenüber Autoritäten. Das können Eltern, Lehrer, Chefs oder Politiker sein, aber auch die eigene Peer-Group, die öffentliche Meinung, die Mode oder ein medialer Common Sense. Heute scheint für viele die größte Strafe im Verlust von Followern in sozialen Netzwerken zu liegen. Wer »entfriended« wird, hat scheinbar etwas falsch gemacht. Heute lässt sich quasi in Echtzeit verfolgen, in welcher Gunst der Einzelne in der Gesellschaft steht.

In unserer aktuellen Generationenkonstellation offenbart sich im Punkt des Gehorsams ein Konflikt von nahezu mythologischem Ausmaß: der Verzicht auf die Gestaltung des eigenen Lebens aus Angst, die Erwartung anderer zu enttäuschen.

Die Welt um uns herum sagt uns: Sei wie das Bestehende. Orientiere dich an den Vorgängern, werde genauso wie sie. Es ist diese Form des Gehorsam, die dem Kind in der Geschichte am Anfang dieses Kapitels im Grunde alles raubt: Identität, Persönlichkeit, freien Willen. Das Kind macht auf einer Ebene alles richtig, erfüllt alle Erwartungen und bezahlt dafür auf einer anderen Ebene mit dem eigenen Ich, während die Eltern sich fragen, was sie denn falsch gemacht haben. Sie haben es ja nur gut gemeint. Das Schlimmste dabei ist, dass es letztlich wir selbst sind, die uns im Geburtskanal festhalten.

Das Produkt dieses Verhaltens ist dann jemand wie Leonard Zelig, der Charakter aus Woody Allens Film, der sich wie ein Chamäleon wandelt, je nachdem in welcher Gesellschaft er sich gerade befindet. Er kopiert seine Mitmenschen und ihre Erwartungen, fügt sich vollständig in seine Umwelt ein und weiß am Ende nicht mehr, wer er ist. Neben einem Chinesen wandelt er sich zum Chinesen, neben Schwarzen wechselt er die Hautfarbe, und mit zwei Dicken in einem Raum hat er gleich Übergewicht. Er ist die Verballhornung des »other directed man«, den der Soziologe David Riesman (›Die einsame Masse‹) beschrieb, eine wandelnde Projektionsfläche für andere, ein hohler Resonanzkörper und letztlich das Sinnbild für Anpassungsdrang.

Das Ergebnis von vorauseilendem Gehorsam und Selbstverleugnungstrieb sehen wir in Form der Generation Y gerade vor uns: eine selbstzufriedene und gegenüber der Welt anspruchsvolle Kohorte Schafe in der Spätadoleszenz, die sich nur in der Soße ihrer Befindlichkeiten und in First World Problems wohlzufühlen scheint. Oberflächlich versorgt und konsumistisch orientiert, dabei doch gelangweilt und blasiert, politisch ohnmächtig und insgesamt klein im Denken, sucht sie mit fortschreitendem Lebensalter immer nur nach neuen Ersatzkuschelzonen und Anerkennungstankstellen. Egal ob in Ausbildung, Job, Partnerschaft oder ihrer Facebook-Bubble bleibt sie so letztlich im Loop von Bestätigung und Rückkoppelung durch andere stecken, die sich wiederum ständig überlegen, mit welchen Goodies sie einen noch locken könnten.

Der Gegensatz von Gehorsam ist jedoch nicht unbedingt Ungehorsam, sondern vielmehr Kreativität. Diese ist die notwendige »Anmaßung«, für sich selbst und sein Leben die Schöpferrolle zu übernehmen, die den Autoritäten Gott und Eltern vorbehalten war. Wer hat eigentlich behauptet, erwachsen werde man einfach so mit dem Erreichen eines Datums im Kalender? Man muss sich dafür schon aktiv aus der alten Hülle herausschälen, wie der Schmetterling aus der Puppe. Ungehorsam ist Gehorsam gegenüber sich selbst, schreibt Fromm. Der Kreative schafft etwas Neues, er baut an einer neuen Welt, weil ihm die alte nicht gut genug erscheint. Der Künstler ist ja gerade kein Kunstkritiker. Er schafft neue Werke und weist anderen Künstlern, wenn er gut ist, ihren Platz zu.

Nach dem gleichen Mechanismus geht der Unternehmer vor und auch der Erfinder. Henry Ford hat keine Pferde vergiftet, um für Automobile zu werben. Mobilfunkbetreiber haben keine Telefonhäuschen zerstört, um Handys an den Mann zu bringen. Die Hollywood-Studio-Bosse haben keine Theater angezündet, um Leinwandkino populär zu machen. Die Neuerung zog dem alten System irgendwann den Stecker. Aus reiner Überlegenheit. Dieses Muster muss sich auch jede junge Generation vergegenwärtigen, wenn sie sich aus Verengung, Miniaturdenken und Stillstand befreien will. Sie hat das Potenzial, etwas komplett Neues zu errichten. Sie ist nicht einsam, nicht vereinzelt oder isoliert, wenn sie nur ihre Kräfte vereint und sich auch als Kollektiv begreift. Davor scheint sie derzeit jedoch noch mehr Angst zu haben, als vor dem niedrigen Ladestand ihres Smartphone-Akkus.

Die Welt um uns herum wurde nicht von alten Menschen geschaffen. Sie wurde oft von ähnlich jungen Menschen geschaffen, wie wir es heute sind und ist immer dann die Gleiche geblieben, wo die nächste Generation junger Menschen nichts

Neues hinzugefügt hat. Der Maskenball der Pseudokreativität, den wir in Form bunter Second-Hand-Klamotten und dicker Nerdbrillen aufführen, zeigt, dass wir letztlich noch immer im Leerlauf fahren. Kaum etwas, was uns umgibt, ist ohne das Zutun junger Menschen denkbar, oft sind das Nerds, Sonderlinge oder verspottete Gruppen.

Steve Jobs, Mark Zuckerberg oder Rudolf Augstein waren allesamt Gründer in jungen Jahren: Jobs gründete Apple als Teenager in der heimischen Garage, Augstein mit 23 Jahren den ›Spiegel‹ und Zuckerberg lehnte mit 22 Jahren das Angebot ab, Facebook für 1 Milliarde Dollar zu verkaufen.

Allein in dem simplen Vorgang, eine Internetseite auf dem Smartphone zu öffnen, steckt die Wissensdichte junger Gehirne von mindestens 300 Jahren: Ohne die Vorarbeiten von Alan Turing gäbe es keine Rechenmaschine. Er erfand sie mit Anfang 20. Ada Lovelace schuf im 19. Jahrhundert die erste Programmiersprache. Mit unter 30. Claude Shannon entdeckte, wie man Signale in Nullen und Einsen übersetzte, ohne sie zu verlieren. Mit 21. Ohne die Vorarbeiten von Bill Gates gäbe es wohl auch keine Smartphones. Er gründete Microsoft mit 19. Ohne Entdeckungen von jungen Genies in Chemie, Physik, Mathematik wie William Lawrence Bragg (Nobelpreis mit 25), Frederick Soddy, Marie Curie, Irène und Jean-Frédéric Joliot-Curie oder Humphrey Davy gäbe es wohl keine leuchtenden Displays, geschweige denn eine stabile Stromversorgung.

Wenn es mit dem Seitenaufbau mal wieder länger dauern sollte, und es einem wie eine Ewigkeit vorkommt, kann man die Erklärung dafür in einer berühmten Theorie Albert Einsteins finden. Er entwickelte sie mit 26. Wer jetzt ganz altmodisch den Kundendienst seines Internetanbieters anrufen will, kann dies tun, weil Graham Bell einst dem Telefon zur Marktreife verhalf. Mit 29. Wer mit der Antwort des Kundendienstes nicht zufrieden ist oder wegen der Warteschleife ausflippt, kann schließlich zu einem Revolver greifen und auf das Gerät schießen. Eine Erfindung übrigens, die sich Samuel Colt patentieren ließ. Mit 22. Wer sich über den Telefonbetreiber auf Twitter auslassen will, kann dies auch dank der Vorarbeiten von John Stuart Mill tun, der sich Gedanken über die Grenzen der Meinungs- und Pressefreiheit gemacht hat. Sein erstes Werk dazu schrieb er mit 17.

Wer sich bei so viel Stress abends in der Oper oder im Konzerthaus entspannen will, wird dabei bis heute nicht um Komponisten wie Chopin, Mozart oder Schubert herumkommen. Die genannten wurden alle nicht älter als 40. Wem bei ihren Stücken vor Rührung die Tränen kommen, kann sie mit einem Seidentuch von Yves Saint Laurent trocknen. Ehemals Art Director bei Dior. Mit 21.

Egal wo man letztlich sucht, der Einfluss der Jungen und ihr Tatendrang hat die Geschichte markiert: Alexander der Große errichtete bis zum Alter von 33 Jahren ein Großreich; Napoleon krönte sich mit 35 zum Kaiser; Thomas Jefferson schrieb das Gründungsdokument Amerikas, die Unabhängigkeitserklärung, mit gerade mal 32 Jahren. Jesus, Buddha und viele andere geistige Führer gründeten ihre Glaubenssysteme ebenfalls jung. Bis heute finden viele den jungen Marx besser als den alten. Er schrieb das kommunistische Manifest mit gerade mal 30.

Wer sich schließlich aus der freundlichen Umklammerung der Facebook- und Smartphone-Nutzung ganz zurückziehen will, kann dafür bei Étienne de la Boétie eine Blaupause finden. Er wunderte sich über die Tyrannenverehrung seiner Zeitgenossen und schrieb ein Traktat über die »freiwillige Knechtschaft« und wie man sich daraus befreit. Mit 18! Auf die Datenschutzproblematik des sozialen Netzwerks hat nicht etwa ein ergrauter EU-Kommissar hingewiesen, sondern der österreichische

Jura-Student Max Schrems. Mit 24! Über die Überwachungspraxis der Geheimdienste hat uns erstmals Edward Snowden informiert und seine Karriere für die Wahrheit geopfert. Mit 29! Vielleicht gibt es ja schon bald ein neues, wahrlich dezentrales soziales Netzwerk, das ohne das Datensammeln auskommt und auf der Blockchaintechnologie, Smart Contracts und Ethereum läuft? Letzteres erfand Vitalik Buterin. Mit 19! Wir haben jedenfalls noch viel zu lernen. Wie gut, dass das globale Recht auf Bildung für Kinder gerade Malala Yousafza voranbringt, eine junge Frau, die für ihr Engagement den Friedensnobelpreis bekam. Mit 17!

Ich höre nun auf, ich denke der Punkt ist klar geworden. Sind junge Menschen also in allem irgendwie besser, toller und höher legitimiert, nur weil ich hier junge Ausnahmetalente aufzähle? Ganz und gar nicht. Aber die Beispiele rechtfertigen eben auch nicht das, was wir in den vergangenen Jahr(zehnten) immer wieder zu hören bekamen: Stellt euch mal alle schön hinten an. Eure Zeit wird noch kommen. Noch seid ihr zu klein. Es ist also dringend an der Zeit für mehr Selbstbewusstsein, für mehr Mut, Visionen und Eigenständigkeit im Denken.

IV Beyond the Bubble: Deine Transformation

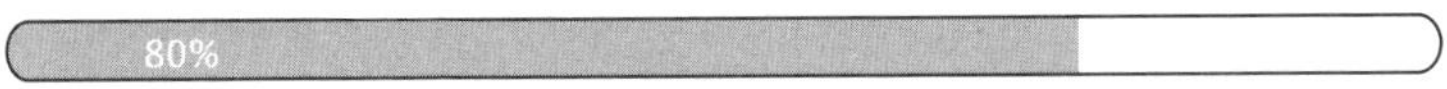

Der Vogel kämpft sich aus dem Ei. Das Ei ist die Welt.
Wer geboren werden will, muss eine Welt zerstören.
Hermann Hesse, ›Demian‹

Was keiner wagt, das wag zu denken – Wie willst du gelebt haben?

Antoine de Saint-Exupéry sagte einmal: »Wenn du ein Schiff bauen willst, dann trommle nicht Männer zusammen, um Holz zu beschaffen, Aufgaben zu vergeben und die Arbeit einzuteilen, sondern lehre sie die Sehnsucht nach dem weiten, endlosen Meer.« Nicht der Intellekt, die reifliche Überlegung und Abwägung sorgen letztlich für Veränderung, sondern Träume, Ideen und Visionen. Wie also verändern nun wir, die Generationen Y und Z, die Welt?

Wir müssen wieder lernen zu träumen, zu denken, uns auszubilden, uns zu organisieren und zu handeln. Und zwar ziemlich genau in dieser Reihenfolge.

Fangen wir also an, uns wieder die einfachen Fragen zu stellen:

Wozu bin ich auf dieser Welt?
Worauf kommt es mir im Leben wirklich an?
In welchem geistigen Umfeld will ich meine Kinder aufwachsen sehen?

Versuchen wir dazu ein Gedankenspiel. Versetzen wir uns in das »Futur II«. Stellen wir uns mal vor, dass wir in 20 Jahren alle Veränderungen umgesetzt haben werden, die wir heute als notwendig ansehen, aber noch vor uns herschieben. Erinnern wir uns mal »nach vorn« und blicken aus der Zukunft zurück darauf, was wir geschafft haben werden:

Wir haben es geschafft, das Denken in den Kategorien des Wachstums, der Expansion, der Ausbeutung ärmerer Länder, des Raubbaus an Natur und Ressourcen aufzugeben. Wir haben angefangen, uns mit weniger zu begnügen, und gemerkt, dass weniger tatsächlich mehr bedeutet. Wir sind wieder mit gutem Gewissen Mensch auf dieser Erde. Statt ein Konsumkarussell in Gang zu halten, das uns nicht glücklich gemacht hat, gehen wir verantwortungsvoll mit Mensch, Tier, Natur um. Wir haben Produkte quasi unsterblich gemacht, indem wir sie häufiger reparieren, statt sie zu ersetzen. Wir haben erkannt, dass es mehr Sinn macht, Menschen in unserer Umgebung zu unterstützen, statt nur Roboterkolonien mit neuem Geld zu füttern.

Wir haben die Autonomie über die wichtigste Ressource, unsere Zeit, wiedererlangt. Uns ist zu verdanken, dass das Mantra »Ich habe keine Zeit« heute nicht mehr existiert. Zeit ist die Grundlage von allem, von funktionierenden sozialen Bindungen bis hin zur Möglichkeit, sich aktiv am Aufbau des neuen Gemeinwesens zu beteiligen. Wir sehen, dass das Leben im Modus der Entschleunigung möglich ist, weil uns ein Mehr von allem, egal ob Eindrücke, Produkte oder leere Informationen, gar nicht befriedigen konnte. Wir sind jetzt alle Zeitmillionäre und haben damit vom Wichtigsten genug.

Wir schütteln heute den Kopf darüber, dass es mal eine Zeit gab, in welcher trotz Automatisierung und Digitalisierung eine »Arbeitsmoral« herrschte, die den Menschen fast vollständig in seinem Bann hielt, sein Leben vorausplante und abhängig hielt. Wir sehen heute, dass ein Leben voll von Kultur, Kunst und Musik, Inspiration, Spiritualität, echter Bildung, reichen sozialen Begegnungen, guter Kooperation und Rücksicht möglich ist. Wir sehen zufrieden, dass all das, was mal die Nebensachen waren, heute Hauptsachen geworden sind. Was damals groß war, ist jetzt klein. Was damals klein und an die Ränder gedrängt war, steht jetzt im Mittelpunkt.

Wir haben es geschafft, den Umgang der Menschen untereinander zu verändern. Diejenigen, die im Dunkeln standen, stehen jetzt wieder im Licht. Wir sehen, dass unsere neue Art zu denken und zu leben das Menschliche in jedem wieder zum Vorschein gebracht hat, das uns letztlich alle verbindet. Wir sehen, dass es keinen Unterschied macht, ob jemand mal schwarz oder weiß, Mann oder Frau, alt oder jung, Bettler oder Fürst war. Die schwarze Sonne des Faschismus ist in unserem Land nicht erneut aufgegangen und wird es auch nicht mehr, solange wir leben. Dafür haben wir gesorgt und werden es weiterhin tun.

Wir haben einen echten und fühlbaren Fortschritt geschaffen. In unserer Welt sind Nachhaltigkeit, soziale Beziehungen, kooperative Wirtschaften, Gleichheit, nützliche Digitalisierung oder die Abschaffung der Grenzen zwischen den Menschen ganz selbstverständlich. Wir sehen, dass wir als Menschen heute nicht mehr über unsere Verhältnisse, sondern auf der Höhe der existierenden Möglichkeiten leben. Wir sehen, dass die falschen Bedürfnisse von früher nicht unsere eigenen waren und die alte Ideologie der endlosen Selbstoptimierung alles andere als optimal war.

Wir sehen heute, dass wir jahrelang in einer Illusionswelt gelebt haben. Wir sehen, dass es gut war, entleerten Institutionen nicht mehr zu vertrauen, verkrustete Strukturen aufzubrechen, Worthülsen nicht mehr zu glauben und den Modergeruch verbrauchter Ideen nicht mehr einzuatmen. Wir sehen, dass die vielen morschen Stümpfe der alten Welt sich noch lange gehalten hätten, wenn wir nicht etwas Neues und Besseres an ihre Stelle gestellt hätten. Wir sehen, dass wir heute körperlich und geistig gesünder sind, weil wir den medizinischen Fortschritt für uns nutzen, statt einer angeblich unausweichlichen Wachstumsideologie zu dienen, die uns krank machte.

Wir sehen, dass es sich gelohnt hat, in dem Moment, als das Vertrauen in die Politik auf neue Tiefpunkte zusteuerte, aufzustehen und »Ja« zum Neuen, Unbekannten zu sagen. Wir sehen, dass es möglich war, junge Menschen mit Mut und Urteilskraft zu versammeln und wieder für die Politik zu begeistern, obwohl alle damals glaubten, das sei nicht möglich. Wir erkennen, dass wir in dem Moment, in welchem wir uns sagten, dass wir »nichts wissen«, anfingen, wieder nachzudenken. Wir sehen, dass es gut war, eine neue Republik auszurufen, die auf den Säulen der Weisheit, Stärke und Schönheit fußt statt auf Verblendung, Ohnmacht und Hässlichkeit. Wir sehen, dass es möglich war, eine zweite Aufklärung ohne Gewalt- und Terrorherrschaft umzusetzen. Wir sehen, dass es gut war, sich der hellen Seite zuzuwenden, statt den Verführungen der dunklen Seite zu folgen, und dass diese letztlich immer stärker ist. Wir sehen, dass der Mensch sich entgegen aller Unkenrufe doch zum Besseren veredeln konnte. Wir leben heute tatsächlich auf einer höheren Bewusstseins- und Erkenntnisstufe als unsere Vorfahren.

Und, wie fühlen sich diese Vorstellungen an? Unerreichbar oder doch plötzlch ganz real? Das ist die Kraft des transformativen Storytellings, die inzwischen auch wissenschaftlich untersucht ist. Wir Menschen reagieren auf positive Visionen mit einem mehr an »Möglichkeitssinn«. Es ist nachgewiesen, dass eine Richtungsänderung wahrscheinlicher ist, wenn man immer wieder in diese Richtung denkt.

In vielerlei Hinsicht ist unsere Welt heute besser als früher, in einigen Bereichen aber auch schlechter. Und nur wir werden sie besser machen. Das ist die Aufgabe jeder Generation und zwar immer wieder aufs Neue.

In Mozarts Singspiel ›Die Zauberflöte‹ verkörpert Papageno den Typus des in seinem Denkradius beschränkten Menschen, den es zu jeder Zeit gegeben hat und auch heute noch gibt. Papageno kennt nur seine kleine Welt, seinen Vogelhandel und würde stets die Flasche Rotwein jeder Art von höherer Erkenntnis vorziehen, wenn er die Wahl hätte. »Gibt es denn außer diesem Land noch andere Länder und Menschen?«, fragt er ungläubig. Auch die Generation Y muss sich diese Frage wieder stellen und sich mit der Welt außerhalb ihrer Bubble auseinandersetzen, mit innovativen Konzepten, Visionen und Träumen.

Unsere große Aufgabe aber ist, bevor wir zu Helden der Veränderung werden können, dass wir erst noch aus der Narkose unserer kleinen Lebenswelt aufwachen müssen. Die Zeit drängt. Doch der Weg ist schon oft beschritten worden. In allen Erwachensperioden der jüngeren Geschichte finden wir immer wieder die gleichen Muster: Veränderung in Ort, Raum, Zeit, im Denken, im Bewusstsein sorgt letztlich für Veränderung im

Außen. Die Frühaufklärer waren Kosmopoliten, bereisten Länder, entdeckten Kontinente und gründeten neue Staaten. Darwin umsegelte die Welt, Jack London durchquerte Amerika als blinder Passagier auf Güterzügen, Hemingway lebte unter anderem in Paris, Spanien, auf Kuba und in den USA, Henry Miller führte ebenfalls ein Vagabundenleben. Ende des 19. suchte man Transzendenz in Esoterik und Mystizismus. Die Hippies der späten 60er fuhren ganz bewusst nach Indien oder Asien, konsumierten LSD und versuchten den Staat von innen heraus neu zu ordnen. In allen Zeiten wurden diese Geburtsprozesse des Bewusstseins von Künstlern und Autoren begleitet egal ob William Blake, Aldous Huxley, Allen Ginsberg, Jack Kerouac, Jean Cocteau, Jim Morrison oder Pink Floyd, um nur einige zu nennen.

Wichtig ist auch zu sehen, dass die Geschichte der Zukunft nicht festgeschrieben ist. Geschichte ist zu einem gewissen Teil manövrierbar, wenn auch eher wie ein schwerer Tanker. Wir haben eine gewisse Kontrolle über das, was passiert. Alles ist möglich und auch das Gegenteil davon. In den 50er-Jahren sah uns Aldous Huxley schnurstracks auf eine totalitaristische Wissenschaftsdiktatur zusteuern, die ›Schöne neue Welt‹. Als er merkte, dass der Wind sich mit den Hippies drehte, schrieb er ›Island‹, eine positive Utopie für das friedvolle Zusammenleben der Menschen. Gerade erleben wir den Backlash einer zunehmend sterilen, technisierten und vordergründig durchrationalisierten Welt, der man sich angeblich nicht entziehen kann. Das sollte uns stutzig machen.

Höchste Zeit also für unseren eigenen »Life-Hack«.

Bei dir selbst anfangen: Mein Life-Hack

In der asiatischen Lebenskunstphilosophie wird die Frage aufgeworfen, wie man den Staat und das Gemeinwesen denn am wirksamsten verändert. Die Antwort: Bevor man sich an den Staat und das Gemeinwesen macht, sollte man zuerst sein Verhältnis zu den Mitmenschen ordnen. Und davor die Verhältnisse innerhalb der Familie. Und davor erst noch die eigene Beziehung. Davor wiederum das eigene Verhalten, Handeln und Sprechen. Und davor die eigene Gedankenwelt und das Bewusstsein.

Wie erweitere ich meinen Horizont? Wie lerne ich zu träumen? Was kann ich konkret tun, um den Traum zu realisieren? Welche Fähigkeiten sollte ich mir dafür aneignen? Wie setze ich diese mit anderen um?

All das sind Dinge, die wir nie gelernt haben. Wir haben eine standardisierte Ausbildung und einen standardisierten Blick auf die Welt erlernt. Wir stehen also vor der Herausforderung, in einem eindimensionalen Bubble-Kosmos zu einem mehrdimensionalen Menschen zu werden. Das kann gelingen, wenn wir anfangen, die Eindimensionalität infrage zu stellen, uns in tiefere Schichten vorwagen und nach weiteren Ebenen, Deutungen oder Perspektiven suchen. Wenig ist so, wie es auf den ersten Blick scheint.

Mehr Mehrdimensionalität wagen

Fangen wir klein an, mit den vielen kleinen Alltagswahrheiten, Gewohnheiten und Abläufen, die uns umgeben und die wir nie wirklich infrage gestellt haben. Fangen wir an, vielleicht nicht mehr das zum Hauptlebenszweck zu erklären, was einem gesagt wird oder was gesellschaftlich angeblich am Höchsten honoriert wird: Geld, materielle Werte, Status, Macht und Likes anzuhäufen macht uns nicht glücklicher, es ist der Götzendienst unserer Zeit, ein moderner Aberglaube. Das Glücksgefühl ist bei etwa 57 000 Euro Jahresverdienst gedeckelt. Mehr ist für ein erfülltes Leben in unseren Breitengraden nicht notwendig. Seit den 60er-Jahren hat die Konzentration auf immer mehr Wirtschaftswachstum und Produktivität das allgemeine Glücksempfinden nicht mehr gesteigert. Trotzdem gilt es in der Politik weiterhin als »höchster Wert«. Ist das nicht eindimensional? Wir müssen weg von einem nur materiellen Reichtum hin zu Zeitreichtum. Für die Reise in andere Dimensionen ist Zeit der Kraftstoff.

Transformation

Die ethische Veredelung, spirituelle Vertiefung und Arbeit an uns selbst wird ebenfalls nicht an der Schule unterrichtet, sie ist mehr oder weniger Privatsache. Egal ob Charakter- und Persönlichkeitsbildung, die richtige Kommunikation, der gute Umgang mit anderen Menschen, das Führen einer Beziehung, das Erziehen von Kindern. All das müssen wir uns selbst erarbeiten. Fragen wir uns selbst mal: Wie viel Zeit investieren wir in Waschbrettbäuche und Cellulitis-Bekämpfung und wie viel in die geistige Entwicklung oder Lebenskunstfertigkeit?

Dabei geht es nicht nur um Coaching oder Selbstoptimierung für Herausforderungen der Außenwelt, sondern um einen schlichten persönlichen Mehrwert ohne direkte finanzielle Vorteile. Wir müssen auch spirituell wieder aufrüsten, uns mehr für das Übersinnliche, das Magische und Unerklärliche interessieren. Eben da ansetzen, wo es unscharf, aber dadurch auch spannend wird. Wir leben in einer Zeit des verengten Rationalismus. Den angeblichen Gegensatz zwischen Vernunft und Spiritualität können wir heute überwinden, ohne in die Fallen beider Extreme zu tappen. Wir brauchen eine zweite Aufklärung.

In allen Zeiten des Erwachens gehörte Bewusstseinserweiterung ganz natürlich zum Menschsein dazu: im 18. Jahrhundert sammelte man sich in hermetischen Zirkeln, Freimaurerlogen oder richtete sich (wie Goethe oder Newton) ein alchemistisches Labor ein; im 19. Jahrhundert fand man leicht Gleichgesinnte für Themen wie Magie, Astrologie, Okkultismus, Mesmerismus; danach kamen Reformbewegungen, die Anthroposophie oder das New Thought Movement; in den 70er-Jahren widmete man sich unter anderem fernöstlicher Philosophie, LSD, psychedelischer Musik und in den 80ern ging man zu Urschrei-Sitzungen, zur Gestalttherapie oder verschrieb sich dem New Age. Inspiration für Utopien heute gibt es in zahlreichen Dokus und Webangeboten (siehe Quellen).

Auch unsere Generation muss sich die tieferen Ebenen des Seins wieder erschließen, ihre eigene spirituelle Ader finden, egal ob durch Yoga, Meditation, autogenes Training oder vergleichbare Angebote. Die Oberflächen des Lebens sind öde und abgegrast.

Die Sinne schärfen

Wir glauben zu sehen, zu hören, zu riechen, zu schmecken und zu fühlen. Tun wir das überhaupt? Und wenn ja: auf welcher Ebene tun wir das? Eher auf der Basisebene oder in feineren Nuancen? Wer einen Ball mit einem Schläger übers Netz bringt, hat den ersten Schritt gemacht, um Tennis spielen zu lernen, aber er ist weit entfernt davon, es zu können. Warum sollte es auf dem Gebiet der Sinne anders sein? Wir müssen uns einer *Education sentimentale* widmen: Wir können lernen Musik, Essen, Trinken, Theater, Literatur oder Sexualität weitaus mehr zu genießen, wenn wir an der Feinheit und der Veredelung unserer Sinne arbeiten, statt nur auf die scheppernde Überreizung zu setzen, die letztlich nur den Hunger nach mehr nach sich zieht.

Jedes Buch, das wir lesen, verbessert unsere Denkfähigkeit und erweitert unseren Horizont. Und ist ein Nest für neue Ideen. Das ist die Basis jeder Fortbildung. »The man who doesn't read has no advantage over the man who cannot read«, fand Mark Twain.

Mit dem bewussten Hören von Musik arbeiten wir an Nuancen unseres Hörvermögens, ebenso wie an unserem Geschmackssinn bei bewusstem Kochen und Essen. Jürgen Dollase, der Gastrokritiker der FAZ unterstellt unserer Gesellschaft einen kulinarischen Analphabetismus. Ganz unrecht hat er nicht: Wenn es uns reichte, nur billig satt werden zu wollen, würden wir uns von Tieren nicht unterscheiden. Das Gleiche gilt natürlich auch für die Sexualität: Ist es nicht bezeichnend, dass unsere westliche Kultur keine echte Liebeskunst herausgebildet hat, wie das Kamasutra oder das Tantra in den fernöstlichen Ländern? Stattdessen töten wir Erotik und Fantasie durch eine immer groteskere Pornografisierung.

Technisch hochrüsten

Wir sind leider die sichtbarste Generation im Netz und daher auch die anfälligste für vollkommene Transparenz. Dabei haben wir ein Recht auf Unerkanntheit, auf Geheimnisse und Privatsphäre. Im Ernstfall kann es nötig sein, dass wir uns eine digitale Zweitexistenz zulegen. Wir müssen damit klarkommen, unsere Geräte abhörsicher zu machen, unsere Kommunikation zu verschlüsseln, uns unerkannt durchs Netz zu bewegen. All das kann man auf Cryptopartys lernen, wo einem freundliche Hacker und Experten kostenlos das 1x1 beibringen.

Praktische Tools

Die Kommunikation mit anderen Menschen, unsere Diskussionskultur ist die Basis für jede soziale Ordnung. Gelernt haben wir sie nie. Wir begnügen uns häufig mit Etiketten und Denunziation, statt vertiefte Auseinandersetzung zu suchen. Das gute Gespräch wird zu einem seltenen Ereignis. Die Debattenkultur ist eine Sonderbewirtschaftungszone für Meinungsmonokultur geworden. Die »freie Debatte« von heute ist wie die Freilandhaltung in der Hühnerzucht: frei nur im Rahmen des Geheges.

Hinzu kommen noch notwendige Basics, wie die Organisation von Treffen, Gesprächsführung in Gruppen, das richtige Zuhören. Für die Umsetzung gibt es Hilfsmittel, wie Mindmaps, Mnemotechniken, Techniken guter Rhetorik. Bücher von Vera Birkenbihl, Tony Buzan, Christiane Stenger und vielen mehr liefern nützliche Hinweise.

Und immer wieder heißt es bei all diesen Dingen: Wiedervorlage, Wiedervorlage, Wiedervorlage, weil wir uns eigentlich gar nicht aus unserer vertrauten kleinen Welt herauswagen wollen.

Um den Horizont zu öffnen, ist es nicht nur nötig, dass ich auch mal Dinge versuche, die mich eigentlich nicht interessieren, sondern, dass ich Autoren, Komponisten oder Denkrichtungen eine zweite Chance gebe. Wie schnell ist man doch oft dabei, ein finales Urteil über irgendetwas zu fällen. Ich habe es bei mir selbst immer wieder erlebt: Mit 13 fing ich an, Klavier zu lernen. Mit 14 hörte ich wieder auf. Und mit 23 wieder an. Klassische Musik fand ich früher langweilig, jetzt höre ich sie fast jeden Tag. Mit Bruckner oder Wagner aber kann ich bis heute nichts anfangen, genau wie mit Vorabend-Krimis. Ich habe in meinem Leben genau einen ›Tatort‹ angesehen – passenderweise den mit den meisten Leichen, insofern war mein Bedarf gleich auf Vorrat gedeckt. Und alles, was mich an Wagner nervt, dieses überposaunte düstere Geschwurbel kommt bei Bruckner noch mal, nur schlechter, finde ich. Und trotzdem werde ich sie alle wieder auf Wiedervorlage setzen.

Das Theater widerte mich mit 15 an, ich entdeckte dessen Wucht erst mit etwa 30 so richtig, in einer Aufführung des ›Arturo Ui‹ im Berliner Ensemble. Seitdem bin ich Theaterfan. Zwischen 15 und 20 las ich so gut wie kein Buch, seitdem sind es manchmal sogar mehrere pro Woche. Thomas Bernhard fand ich mit Anfang 20 unendlich langweilig und monoton. Erst ab 30 entdeckte ich die Tonalität seiner Texte, er ist bis heute wohl der Autor, von dem ich am meisten gelesen habe – Hergés ›Tim und Struppi‹ mal nicht mitgezählt. Ebenso war es mit dem Schreiben. Mit dem Wellenreiten. Warum sollte ich als Nächstes also nicht mal Programmieren lernen? Oder Zaubern? Warum nicht auch noch ein Instrument lernen, Schlagzeug oder Gitarre? Das Schöne: Interessen wachsen durch Interessen. Plötzlich tun sich Querverbindungen auf und so manches macht Sinn, was davor verborgen war. Durch Fülle entsteht Fülle.

Erst durch die Beschäftigung mit Neuem legen wir das Alte ab. Ich persönlich war bis etwa 30 eher ein reiner Rationalist, als

Jurist naturgemäß dazu noch eher staatsgläubig, als Journalist eher den klassischen Leitmedien zugewandt, ein Cannabis-Gegner und Esoterikverachter. Mit diesem Buch wurde vieles anders: Erstmals habe ich während des Schreibens auch schon mal von einem süßlichen Kraut genascht, das wahrscheinlich schon zur Zeit meiner Eltern geraucht wurde. So manche Rechnung zahle ich inzwischen mit Kryptowährungen, für mein nächstes Buch werde ich in solchen sogar bezahlt. Ich fing an, Hermann Hesse zu lesen, die gnostischen Tiefen Eric Saties auf dem Klavier zu erkunden, probierte Yoga und längere Fastenkuren aus und begann, mich in Grenzwissenschaften und die Alchemie zu vertiefen.

Und ich bekenne hier offen und frei: Ja, auch ich höre hin und wieder die »bösen Feindsender«, gucke also Russia Today, Interviews von Ken Jebsen auf YouTube oder höre mir Vorträge von Daniele Ganser an. Eine geistige Weiterentwicklung ist nur möglich, wenn man eingefahrene Überzeugungen mit gegenteiligen Ansichten konfrontiert – ohne natürlich alles blind zu glauben. Horizonterweiterung ist eine unendliche Suche, kein fertiges Produkt. Anstatt mich bei ARD und ZDF zu informieren, schaue ich lieber bei Wikileaks, Republik, Intercept, Mediapart, Telepolis (heise.de), hackernoon.com und zerohedge.com vorbei. Einfach nur, um einen anderen Blick zu bekommen. Und um dann weiterzuforschen und alte Überzeugungen immer wieder infrage zu stellen. Erst durch das ständige Infragestellen des eigenen Weltbilds entsteht ein neuer Reichtum an Eindrücken und Erkenntnissen. Der breite Pfad des bereits Dagewesenen ist zwar »sicherer«, vermehrt aber letztlich nur Zynismus und Blasiertheit.

Das Zauberwort hat drei Buchstaben: TUN

Das Denken zu verändern oder auch nur neu zu justieren, ist mehr als nur Träumerei. Es ist ein wichtiger erster Schritt zur sichtbaren Veränderung. Durch Gedanken programmieren wir unser Handeln. Wir verringern die Kluft zwischen Nichtstun und Tun. Wenn die Träume klarer werden, die Gedanken geordnet sind, die Techniken erlernt sind, ist der Sprung über die Kluft zum Handeln leicht.

Bis dahin ist es oft eine fast schon magische Macht, die uns zurückhält, wie der dünne Faden, der den Elefanten zurückhielt. Der Romantiker Ludwig Tieck wunderte sich, dass die hungernden Proletarier, die er in London sah, nicht einfach die dünne Glasscheibe zertrümmerten, die sie von den Nahrungsmitteln trennte. Der Historiker Yuval Noah Harari (›Homo Deus‹) beschrieb die Situation, als Friedrich der Große seine Soldaten in den Krieg schickte und er zu seinen Begleitern mit Blick auf die unweit entfernt stationierten heimischen Truppen sagte: *»Sie sind Tausende und bewaffnet. Wir stehen hier unbewaffnet. Sie könnten uns einfach umbringen, ziehen aber für uns in den Krieg und riskieren ihr Leben.«*

Warum handeln Menschen manchmal dann eben doch? Die DDR-Bürger drehten am 9. November nicht an den Schlagbäumen der Grenze Bornholmer Straße um und gingen wieder nach Hause, als man ihnen die Ausreise verweigerte. Sie blieben und drängten, pfiffen und diskutierten, bis der Schlagbaum eben hochging und damit zuerst die Mauer und später der Staat fiel. Die Solidarność-Werftarbeiter in Polen beharrten auf ihrer Arbeitsniederlegung und dem Streikrecht und zwangen die Regierung erst dazu, mit ihnen zu verhandeln, bevor sie diese schließlich in den ersten freien Wahlen ersetzten. Der brutale rumänische Dikator Nicolae Ceauşescu stand 24 Jahre unangefochten an der Spitze des Staates. Am 21. Dezember 1989 wurde er während einer öffentlichen Rede in Bukarest plötzlich einfach ausgepfiffen. Völlig verdutzt versuchte er die Menge zu beruhigen. Doch diese ließ sich nicht mehr beruhigen, sondern fing an, Revolutionslieder zu singen und den Palast zu stürmen. Warum taten die Menschen, was sie taten? Der Sozialpsychologe Harald Welzer meint: Weil sie sahen, dass sie etwas tun konnten. Gelegenheit macht Helden. Schaffen wir uns also Gelegenheiten.

Wie also passiert Veränderung: durch die Tat. »Was tun?« ist nicht umsonst die Hauptfrage aller Veränderer und Revolutionäre und es gibt auf sie keine einheitliche Antwort. Vielmehr gibt es verschiedene Stufen. Beate Klarsfeld ohrfeigte Kurt Georg Kiesinger, weil sie keinen Nazi als Kanzler sehen wollte. Jacques Lacan, der legendäre Psychoanalytiker, soll mal einen Psychiater in einer Klinik geohrfeigt und eine Patientin aus dessen Obhut befreit haben. Die italienische Kunstgruppe der Futuristen (alle unter 30) wollte sich nicht mehr der Unbeweglichkeit und Schwere der alten Literatur hingeben, sondern ihr »den Angriff, den Salto mortale, die Ohrfeige und den Faustschlag« entgegensetzen, wie sie in ihrem Manifest schrieb.

Doch die Tat beginnt schon früher und ist dabei nicht selten sogar effektiver als die Faust: Sie kann sich im Schweigen äußern, wo Antworten erzwungen werden sollen, im Sprechen, wo Schweigen gefordert wird, ja sogar im Befolgen von Anordnungen, wenn diese zugleich lächerlich gemacht werden. Der

Kommunarde Fritz Teufel erhob sich in seinem Prozess, als der Richter ihn dazu aufforderte, allerdings mit den Worten: »Wenn´s der Wahrheitsfindung dient.« Die Regel war damit als lächerlich entblößt. Viele Richter verzichteten danach auf diese Formalie.

Rosa Parks setzte sich als Schwarze im Bus auf einen Platz für Weiße und weigerte sich, wieder aufzustehen. Das war der Anfang vom Ende der Rassentrennung in den USA.

Bei Studentenprotesten in Berkeley in den 80ern wurde einer der Demonstranten von der Polizei abgeführt und in ein Polizeiauto verfrachtet. Auf das spontane Kommando eines Unbekannten (»Sit down!«) setzten die Protestierer sich einfach hin, umzingelten so das Auto und warteten so lange, bis die Polizei schließlich klein beigab.

Der mutige Student auf dem Platz des himmlischen Friedens stellte sich vor einen Panzer und weigerte sich, zurückzuweichen.

In der Schlussszene des Films ›Club der toten Dichter‹ steigen die Schüler auf die Bänke und weigern sich, sich wieder hinzusetzen.

Aufstehen unter Protest, Hinsetzen und Nichtaufstehen, Stehenbleiben – am richtigen Ort zur richtigen Zeit kann eine kleine Geste enorme Wirkung entfalten.

Auch die als »Maschinenstürmer« bekannten Saboteure im Arbeitskampf wussten, wie sie einen ganzen Betrieb lahmlegen konnten, wenn sie nur ein Detail einer Maschine veränderten. Der Arbeiter wusste, wie die Maschine funktioniert. Der Arbeitgeber oft nicht. Wenn Arbeiter organisiert sind, sitzen sie deshalb immer am längeren Hebel. Aber eben nur dann. Die größte zivile Machtdemonstration ist bis heute der Streik, ein Grundrecht. In Frankreich genügt es, wenn Bauern die wichtigsten

Autobahnen mit Kuhmist blockieren, um klarzumachen, wie fragil die öffentliche Ordnung ist. Die an Bahngleisen festgeketteten Demonstranten bei den Castortransporten setzen ebenfalls auf diese Methode. Sie ist bekannt seit der Antike und findet sich seitdem bei allen Bewegungen, die auf zivilen Ungehorsam setzen.

Einige dieser Techniken hat Srdja Popovic (›Blueprint for Revolution‹) aufgeschrieben, der inzwischen Widerstandsgruppen auf der ganzen Welt berät. Er war einer der Gründer von Otpor!, der Bewegung, die Slobodan Miloševićs Regime in die Knie zwang.

Das gelang durch Aktionen, die das Regime lächerlich machten und gleichzeitig der Bevölkerung zeigten, dass es eine organisierte Widerstandsgruppe gibt. Popovic und seine Gruppe nutzten die befreiende Kraft des Humors, um die Angst der Menschen zu brechen. Sie malten auf ein Fass das Gesicht Miloševićs mit der Überschrift: »Hau drauf und gewinne einen Dinar«. Die ersten Passanten in der Fußgängerzone blieben stehen, lachten, die nächsten trauten sich und hauten drauf. Der Polizei blieb nur übrig, das seltsame Faß zu verhaften, was die Aktivisten wiederum fotografierten und verbreiteten. In einer anderen Aktion warfen sie Tausende kleiner Gummibälle auf den Platz, die wild herumhüpften und Polizisten dazu zwangen, auf lächerliche Weise den kleinen Bällen hinterherzulaufen. Beide Male geht es darum, den Humor der Masse zu treffen, das richtige Timing zu nutzen und die Staatsgewalt vor das Dilemma zu stellen, einzugreifen und sich lächerlich zu machen oder eben nichts zu tun. Es zeigt: Mit der kindlich-spielerischen Aufmüpfigkeit, mit Streichen letztlich, können spaßbefreite Autoritätsregime scheinbar am wenigsten umgehen. Revolutionen kann man nicht planen, man muss sie mit den Mitteln und

Menschen machen, die gerade da sind. Eine weitere Aktion in diesem Geiste stammte aus Irland. Um darauf hinzuweisen, dass Amazon kaum Steuern zahlt, rief eine Gruppe dazu auf, massenhaft Bestellungen bei Amazon zu tätigen und sie dann an den Konzern zurückzuschicken, mit dem Aufkleber versehen: »Pay taxes«.

Neben dem Engagement der wenigen im öffentlichen Raum gibt es dank der modernen Vernetzungsmöglichkeiten noch das Engagement der unsichtbaren vielen. Das Republik-Crowdfunding zeigt den Wechsel der Denkrichtung: Der Bürger ist nicht mehr nur Medienkonsument, sondern auch Produzent, er wird Verleger. Die Bürger versprachen eine Finanzierung von 3 Millionen Franken. Ohne etwas in der Hand zu halten, außer einem Versprechen. Veränderung entsteht, wenn Bürger in Vorleistung gehen, sie ziehen den Zustand der Veränderung, den sie sich wünschen, zeitlich vor. Man muss den Boden der Gegenwart verlassen, ohne zu wissen, wie der Boden der Zukunft aussehen wird, den Sprung ins Ungewisse wagen.

Wäre es nicht schön, wenn wir ein »Bedingungsloses Grundeinkommen« hätten? Das dachte sich auch Michael Bohmeyer aus Berlin. Auf die Politik wollte er nicht warten und lieber gleich zeigen, dass diese Idee funktionieren kann. Mit seinem Verein verlost er regelmäßig Grundeinkommen: 1000 Euro jeden Monat für ein Jahr ohne Bedingung. Punkt. Crowdgefunded durch eine wachsende Onlinecommunity. Inzwischen sind es über 120 Menschen, die in den Genuss dieser Form von Freiheit und Autonomie gekommen sind. Jeder kann sich bei www.mein-grundeinkommen.de für ein Grundeinkommen bewerben.

Wäre es nicht schön, wenn unsere Demokratie lebhafter und diskursiver wäre? Wenn Bürger mal wieder konstruktiv über Demokratie sprechen würden, statt sich nur in regelmäßigen

Abständen am Stammtisch auszukotzen? Das dachte sich auch Ilan Siebert aus Berlin. Er griff die Idee des belgischen Autors und Aktivisten David van Reybrouck auf: der geloste Bürgerrat. Er möchte, dass 100 ausgeloste Bürger sich regelmäßig an den Wochenenden treffen und über konkrete Lösungsvorschläge sprechen und das Ergebnis als Empfehlung an die Politik geben. Die Idee dahinter: Demokratie geht jeden an, also sollte sich auch niemand entziehen können mit dem Argument, er habe davon keine Ahnung. Der Bürgerrat setzt auf die Intelligenz der Vielen und die konstruktive Kraft von Gruppen.

Die Zukunft ist dezentral. Durch Vernetzung und Digitalisierung entsteht eine neue Form von Bürgergesellschaft, die es schaffen kann, mit einer Stimme zu sprechen und doch aus vielen Einzelakteuren besteht. Thomas Hobbes konnte sich diese Figur nicht vorstellen, schon technisch ging es nicht. Zudem ging er davon aus, es bräuchte angesichts der chaotischen, wilden, destruktiven Masse der Vielen immer einen Herrscher, den Leviathan, der diese Masse kontrolliert und im Zaum hält. Ein anderer Schuh wird daraus, wenn man dem Menschen nicht nur eine destruktive Gesinnung, sondern eine konstruktive unterstellt. Die vielen dezentralen Initiativen, egal ob Crowdfunding, Bitcoin, der Bürgerrat, die direkte Aktion, die Idee der Genossenschaften und Gewerkschaften zeigen, dass man auf die konstruktive Kraft der Vielen vertrauen kann und muss – besonders wenn zentrale Akteure gerade das Vertrauen verspielen. Vielleicht braucht es für ihr Entstehen auch erst den Zusammenbruch der zentralen Akteure. Bitcoin zum Beispiel entstand unmittelbar nach der Finanzkrise von 2008. Die gewaltige Kraft der Vielen zu entdecken, wird der Moment der Wahrheit sein, auf den meine Generation seit Langem wartet. Einfach weil sie merkt: Plötzlich zähle auch ich.

Es gibt so etwas wie eine Pyramide des Engagements, gegliedert nach Energieaufwand vom höchsten Engagement der Tat zum niedrigsten Engagement der Verweigerung von Gefolgschaft.

Ich
starte Neues

ich stärke neue Ideen, ein neues
Ökosystem, die Welt von morgen. Ich animiere
andere dazu, es ebenso zu tun, ich organisiere den Austausch,
stärke alternative Strukturen, auch wenn ich nur im Biomarkt
einkaufe

Zuallererst jedoch entziehe ich dem Schlechten die
Gefolgschaft, weiche auf Alternativen aus,
nutze andere Browser, Stromfirmen, Medien, Anbieter.

Jede Veränderung beginnt mit der Aufkündigung der Gefolgschaft gegenüber einer falschen Autorität. Das ist das Mindeste, was jeder leisten muss und oft auch kann, der sich nicht als Schaf verstehen will. Dazu schon Étienne de La Boétie:

»Der Unterdrücker hat weiter nichts als die Macht, die Ihr ihm zugesteht, um Euch zu unterdrücken. Woher hat er genügend Augen, Euch auszukundschaften, wenn Ihr sie ihm nicht selbst liefert? Woher soll er die vielen Arme haben, Euch zu schlagen, wenn er sie sich nicht von Euch ausborgt? Wo bekommt er die Füße her, Eure Städte niederzutrampeln, wenn es nicht Eure eigenen sind? Wie kann er Gewalt über Euch haben, wenn nicht durch Euch selbst? Wie könnte er es wagen, Euch zu überfallen, wenn nicht mit Eurer eigenen Mitwirkung?«

Dies gilt besonders in einer Zeit wie unserer, in der autoritäre Kräfte wieder Zulauf bekommen. »Nicht Diktaturen schaffen

Diktatoren, sondern Herden«, wusste der französische Schriftsteller Georges Bernanos.

Ein gutes Beispiel für die Pyramide des Engagements ist die biologische Landwirtschaft. Gegründet wurde sie von anthroposophisch orientierten Reformern, die man anfangs als Körnerfresser verlachte, sie schlossen Produktionsgemeinschaften, bildeten Konsumgenossenschaften und sind heute im Alltag vieler Menschen angekommen, die diese Idee dadurch unterstützen (auf der niedrigsten Schwelle), indem sie im Biomarkt einkaufen statt beim Discounter oder auf höherer Ebene selbst Direktlieferungen durch Bauern für ihre Nachbarschaft organisieren (Gemüsekiste in deutschen Großstädten, ähnliche Konzepte in Frankreich). Jede Veränderung braucht jedoch auch den direkten Kontakt von Menschen untereinander, im Gespräch, im Austausch, live und in Farbe, nicht nur digital.

Um Gleichgesinnte zu finden, ist es heute leichter denn je, Menschen anzusprechen. Niemand muss mehr Zettel auf Laternenmasten kleben: Im Netz kann man ganz leicht ein »Meetup« in der eigenen Stadt erstellen, man kann einen Salon im Wohnzimmer gründen, vielleicht eine kleine Homepage selbst erstellen, eine Slack- oder Facebook-Gruppe gründen und vieles mehr. Nicht anders haben Widerstandsbewegungen funktioniert, neue Kunstrichtungen, neue Glaubensrichtungen, neue Moden. Und genau aus diesem Keim entsteht auch eine neue Generation. Es braucht nur Orte, Menschen, Zeit und Ideen. Und vielleicht etwas Wein.

Egal ob du glaubst, du kannst es, oder ob du glaubst, du kannst es nicht.
Du hast immer recht.
Henry Ford

Two roads diverged in a wood, and I –
I took the one less traveled by,
And that has made all the difference.
Robert Frost

Reset: Beginne jetzt deine Heldenreise

Was haben unter anderem ›Herr der Ringe‹, ›Krieg der Sterne‹, ›Batman Begins‹, ›Matrix‹ und ›Harry Potter‹ gemeinsam? Es sind moderne Märchen, die einem archetypischen Aufbau folgen, den es seit der Antike gibt: die Heldenreise.

Wir reagieren auf diese Art von Erzählung besonders stark, vermutlich weil wir uns dabei unterschwellig denken: Das könnten doch auch wir sein! Die Helden sind nicht geborene Helden, sie sind wie wir. Sie sträuben sich am Anfang, sie fragen »Warum denn ich?« oder »Kann ich das?«, bis sie merken, dass es ihre Aufgabe ist. Sie machen die Erfahrung der Isolation, des Ausgestoßenseins, sie müssen Hindernisse und Prüfungen überstehen, sie müssen zwischen Gut und Böse unterscheiden lernen. Doch sie haben Gefährten und weise Mentoren an ihrer Seite (Yoda, Gandalf, Albus Dumbledore, Morpheus, Alfred etc.), sie bilden sich fort (Luke Skywalker lernt die Yedi-Kunst,

Harry Potter lernt zaubern, Neo kämpfen, Batman sich unsichtbar zu machen) und führen schließlich ihre Mission aus. Es sind die Schritte, die du auch in diesem Buch findest.

Die Heldenreise ist das Grundmuster jeder Generationenerzählung. Auch unserer. Sie beginnt, wenn wir – erst als Einzelne, dann als Viele – den Ruf vernehmen, der nur an uns gerichtet ist, weil es sonst niemanden gibt, der gemeint sein könnte. Sie beginnt mit der Erkenntis: Hoppla, das muss ich ja selber machen. Man muss ohnehin alles selber machen. Nicht allein. Aber selber. Einen solchen »Ruf« zum Denken und zur Tat hat in unserer Zeit besonders schön Lothar Zenetti in seinem Gedicht (›Was keiner wagt‹) auf den Punkt gebracht, das u. a. von Hannes Wader, Konstantin Wecker und Reinhard Mey interpretiert wurde.

Die wahre Heldenreise hat eine Mission, die den Einzelnen übersteigt. Sie ist altruistischer Natur, sie will eine Veränderung, von der alle profitieren sollen. Die Mission ist immer gesellschaftlicher, nie nur persönlicher Natur. Nur mit dieser Zielsetzung wird aus der Mission das höchste Werk, das wir auf Erden vollbringen können, wenn wir irgendwann zurückschauen und sagen können: dieses und jenes Gute haben wir vollbracht. Dieses und jenes Schlechte haben wir verhindert. Wir haben nicht umsonst gelebt. Was wir für uns selbst tun, stirbt mit uns. Was wir für andere tun, lebt ewig fort.

Für mich war dieses Buch ebenfalls der Beginn eine Reise ins Ungewisse. Und wie so oft kehrt man von einer Reise nicht als der gleiche Mensch zurück, als der man aufgebrochen ist. Ich wäre mehr als glücklich, wenn dieses Buch in jedem Leser etwas anstoßen konnte, was sich vielleicht nicht sofort, zumindest aber später bemerkbar macht.

Ich persönlich habe gemerkt, dass ich selbst nicht mehr nur

in der bequemen Position des unbeteiligten Beobachters verharren kann. Auch ich bin ja als Kritiker der Generation Y letztlich genauso ein Teil von ihr. Und dadurch mitverantwortlich. Ich habe gemerkt: Dieser und andere Texte waren für mich nicht nur Aufrufe an Gleichgesinnte. Sondern auch ein Aufruf an mich selbst.

Ich habe gemerkt, dass ich selbst aktiv werden muss. Es genügt nicht, nur von anderen Engagement zu verlangen. Ich habe gemerkt, dass ich Ideen und Bewegungen selbst stärken muss. Wenn ich für die Integration von Flüchtlingen ein Zeichen setzen will, muss ich diese Integration auch leben. Wenn ich gute Texte lesen will, muss ich diese Form von Journalismus fördern. Wenn ich gewagte Kunstaktionen sehen will, muss ich die Menschen hinter diesen Projekten unterstützen. Ebenso wenn es um Datenschutz oder die Erprobung neuer Formen von Demokratie geht. Und wo ich kann, muss ich selbst mitmachen, Gesicht zeigen und etwas riskieren.

Also fing ich an, selbst aktiv zu werden und alles, was ich bisher getan habe, auf den Prüfstand zu stellen: die Überzeugungen, Rituale, den Lebenswandel, die politische Einstellung, die Frage nach dem guten Leben, nach Prioritäten, wahren Werten und über den Umgang mit Menschen, der Natur, Zeit und Geld. Ich wurde plötzlich wieder neugierig, statt mich als den mit allen Wassern gewaschenen, promovierten Akademiker zu sehen, den nichts auf der Welt mehr erschüttern kann. Dieses Buch ist das Produkt dieses persönlichen Umdenkprozesses. Ich hätte es vor ein paar Jahren gar nicht schreiben können, geschweige denn wollen. Doch irgendwann musste ich es fast tun.

Schnell bemerkte ich, was alles in Bewegung geraten kann, wenn man einmal anfängt, ganz neue Dinge zu wagen. Es entsteht die besondere Dynamik, die sich erst entfaltet, wenn wir den Dingen eine neue Richtung, einen neuen Schubs geben.

Plötzlich ist das Leben, das vorher eine beschauliche Panoramareise auf Schienen zu ausgewählten Plätzen war, eine wilde Fahrt durchs Dickicht, oftmals holprig und mit Überraschungen, aber immerhin mit mir selbst am Steuer.

Ich habe gemerkt, dass Veränderungen und Handlungen nicht zufällig geschehen, sondern dass es so etwas wie die unbewusst vorbereitete Gelegenheit gibt, die viele Zufall nennen, die aber mehr ist. »Kairos« nannten die Griechen diesen Moment, den man zur rechten Zeit erspüren und ergreifen muss und der alles ändern kann. Der Kairos ist der Zündfunke, der die innere Haltung, diese Gemengelage an Gedanken, Visionen, Zweifeln letztlich auf einen Punkt verdichtet und uns über die letzte Kluft, den letzten Gap hievt, wenn wir uns plötzlich sagen: »Warum nicht ich? Jetzt oder nie! Scheiß auf alles, ich mache das jetzt, weil ich Lust darauf habe!«

Diese Erfahrung, wünsche ich auch dir, liebe Leserin, lieber Leser. Das Leben beginnt, wenn du dieses Buch zuklappst.

Deine persönliche Anleitung, wie du es machen sollst, liest du auf der nächsten Seite.

404 – Sorry, diese Seite existiert nicht

Und das ist auch gut so. Du musst es selbst herausfinden. Die Ausführungen hier sind nur Muster, höchstens kleine Wegweiser, nie aber ein Produkt, das man sich aussuchen kann. Du musst an dir und deinem Werk selbst bauen. Alles, was du an Material brauchst, trägst du bereits selbst in dir.

Jetzt hast du die Wahl. Wie diese Welt aussehen soll, hängt nur von deiner Perspektive ab.

Die erste Alternative für dein Leben, also das, was du dir einreden lassen kannst, sieht so aus:

Ich bin Teil einer verlorenen Generation
Und ich weigere mich zu glauben:
»Ich kann die Welt verändern!«
Mir ist klar, dass dies ein Schock ist, doch
»Glück kommt aus dem Innern«
ist eine Lüge, denn
»Geld macht glücklich«
In 30 Jahren werde ich meinen Kindern sagen
sie sind nicht das Wichtigste in meinem Leben
Meine Chefs werden wissen
Ich habe meine Prioritäten gesetzt, denn
Arbeit
ist wichtiger als
Familie
Ich sage dir mal was:
Es gab mal diese Zeit
da blieben Familien zusammen
doch das wird in meiner Zeit anders gewesen sein
dies ist eine Schnell-Schuss Gesellschaft
Experten sagen mir
30 Jahre von hier feierst du dein zehntes Scheidungsjubiläum
Ich kann nicht behaupten

Ich lebe in einem Land eigenen Zuschnitts
In der Zukunft heißt es
Umweltzerstörung ist die Norm
Man wird nicht sagen können,
dass ich und meine Generation uns um diese Welt
gekümmert haben
es wird offensichtlich sein
Meine Generation war apathisch und lethargisch
und es ist dumm anzunehmen
Es gibt so etwas wie Hoffnung

Das war die blaue Pille. Die Welt, wie sie andere für dich sehen. Wenn dir diese Alternative nicht gefällt, dann ändere die Perspektive. Nimm die rote Pille.

Lese jetzt den Text noch einmal, aber von unten nach oben.

Und wach endlich auf.

Schreibe mir gerne deine Erfahrungen: milosz@eternitas.io

Danksagung

Die Arbeit an diesem Buch war gleichzeitig meine kleine Reise »down the rabbithole«. Den Anstoß für diesen Prozess gab mir mein guter Freund und Architekt Jean Chevalier bei regelmäßigen Mittagessen in Malakoff bei Paris. Merci pour les nouveaux horizons!

Meine sonstigen Mentoren fand ich vor allem in Büchern. Besonders bereichert, weitergebracht, angeregt, herausgefordert und im Denken geschärft haben mich: Erich Fromm, den ich gänzlich neu entdeckt habe, Nassim Nicholas Taleb, Peter Sloterdijk, Jordan Peterson, Rainer Mausfeld, Daniel Kahneman, James Rickards, Mike Maloney und Andreas Antonopoulos.

Beim Schreiben hatte ich es bisher immer gerne einsam. Diesmal hielt ich die Werkstatt offen. Aus dem Exposé las ich im Sommer 2016 vor einer Gruppe junger Menschen bei der Initiative »Unsere Zeit« und danke Julian Leitloff, Alexander Wragge, Christian Uhle und vielen mehr für die vielen ersten Anregungen. Ebenso wenig habe ich diesmal gezögert, schamlos Freunde, Kollegen, Bekannte und Studenten in Paris um Feedback für mein Manuskript zu bitten: Vielen Dank an meine erste Leserin und Lebensgefährtin Naomi sowie an Marie Pflüger, Jens Jensen, Philipp Mattheis, Leander Steinkopf, Margarete Rocholl und Dirk van Haag. Ein besonderer Dank geht an Natascha Kersting für die Tiefenanalyse und Dr. Michael Strautmann für die legendäre Audio-Rezension des Buches. Ich hoffe, ich habe niemanden vergessen, es waren wirklich viele.

Meinem Agenten Thomas Schmidt von Landwehr & Cie.

danke ich dafür, dass er mich (nach Überwindung der anfänglichen Skepsis bezüglich eines »Generationenbuchs«) dann doch bei dem »richtigen« Verlag hat unterbringen können. Programmleiterin Andrea Wörle und meiner Lektorin Eva Prokop danke ich für die Engelsgeduld mit mir und die Unterstützung für ein Buch, das mir beim Schreiben zum Herzensprojekt wurde.

Quellen

Triggerwarnung & Prolog

Das Goethe-Zitat am Anfang wird Goethe vielfach zugeschrieben. Einen Nachweis hierfür konnte ich nicht finden.

Die Geschichte von der Raupe habe ich hier entnommen und abgewandelt: Willi Hoffsümmer (Hrsg.), Kurzgeschichten 6, S. 130, (Grünewald-Verlag). Der eigentliche Urheber ist unbekannt.

Lerne fliegen mit gebrochenen Flügeln

Zum kumpelhaften Generationenverhalten siehe u. a. http://www.faz.net/aktuell/gesellschaft/menschen/ueber-gute-beziehungen-zwischen-eltern-und-erwachsenen-kindern-14705264.html und http://www.generation-what.de/portrait/data/out-with-the-old-generation

Zum »Neo-Konventionalismus« siehe die Sinus Jugendstudie Calmbach/Borgstedt, et al. (Hrsg.), Wie ticken Jugendliche?, (Springer 2016), S. 475.

Dass 90 Prozent der Jugendlichen ein gutes Verhältnis zu ihren Eltern haben, stammt aus der Shell-Jugendstudie von 2015, S. 4 (Flyer).

Zur Nesthockerei der Jungen: Brigitte Nr. 23/2017, S. 107 ff.

Zum Wandel von repressiven zu manipulativen Autoritäten siehe Erich Fromm, Propheten und Priester, in: Gesamtausgabe Bd. V, S. 299.

Zur Verzärtelung von Kindern erneut Fromm, Zum Gefühl der Ohnmacht (1937a), in: Gesamtausgabe Bd. 1, S. 189 (201).

Das Interview mit dem »Rebellen« Gysi (»Ihr seid viel zu artig«) stammt aus dem Jetzt-Magazin: https://www.jetzt.de/mischen/gregor-gysi-ueber-rebellion-und-arbeit

Zum »Sozialen Agnostizismus«: Günter Anders, Die Antiquiertheit des Menschen, Band II. Über die Zerstörung des Lebens im Zeitalter der dritten industriellen Revolution, (Beck-Verlag), S. 196.

Till Raether spielt Killerspiele mit seinem Sohn und schreibt darüber im SZ-Magazin Nr. 44/2016, https://sz-magazin.sueddeutsche.de/familie/wir-zwei-gegen-den-rest-der-welt-82994

Zum Thema Narzissmus durch Verhätschelung: Martina Leibovici Mühlberger, Wenn die Tyrannenkinder erwachsen werden. Warum wir nicht auf die nächste Generation zählen können (edition a 2016).

Zur späteren Beziehungsunfähigkeit durch Verhätschelung: Erich Fromm, Die Furcht vor der Freiheit, in: Gesamtausgabe Bd. 1, S. 303.

Zum Thema Hormesis: Nassim Nicholas Taleb, Antifragilität. Anleitung für eine Welt, die wir nicht verstehen (btb 2014).

Hilfe, ich bin akadämlich

Der Tweet von Naina ist u. a. hier dokumentiert: http://www.spiegel.de/lebenundlernen/schule/wanka-ueber-naina-schuelerin-tweet-gedichtsanalyse-oder-alltagswissen-a-1012981.html

Das Zitat von Thomas Gray stammt aus folgendem Gedicht: http://www.thomasgray.org/cgi-bin/display.cgi?text=odec

Das Russell-Zitat stammt aus: Free Thought and Official Propaganda (Watts & Co. 1922).

Thomas Mayer zur Frage, »Was ist Geld?« im Interview mit Ken Jebsen: https://www.youtube.com/watch?v=ntMrnkqHAug (Min 35:10).

Zu den Zahlen zum fehlenden Wissen über Geld: Frankfurter Allgemeine Sonntagszeitung, 11. Juni 2017, S. 36.

Zur Anzahl der Lebensversicherungen in Deutschland im Jahr 2017: https://www.gdv.de/resource/blob/11922/ba074528a394862feeebad242bda7097/die-deutsche-lebensversicherung-in-zahlen-2017-data.pdf

Zum Rentenvergleich zwischen Deutschland und Österreich: https://

rente-staerken.verdi.de/rentensysteme-in-europa/++co++09911bdc-7371-11e6-be5a-525400940f89

Zum Geldsystem: Hans Christoph Binswanger, Geld und Magie. Eine ökonomische Deutung von Goethes Faust (Murmann 2010).

Zur Kritik an der Kompetenzorientierung: http://www.faz.net/aktuell/rhein-main/frankfurt/die-erste-inkompetenzkonferenz-in-frankfurt-15100595.html

http://www.faz.net/aktuell/gesellschaft/menschen/abiturnote-1-1-nur-so-fast-super-15128395.html

Zu den vermehrten psychischen Erkrankungen bei Studenten: Anne-Ev Ustorf, Generation Y jung und unbeschwert?, in: Psychologie heute 9/2017, S. 62 ff und http://www.spiegel.de/lebenundlernen/uni/barmer-immer-mehr-studenten-klagen-ueber-psychische-probleme-a-1194865.html

Junge Menschen gelten als eingebildet, wenn sie ihrer Neugier folgen, findet William Deresiewicz, Excellent Sheep, S. 82.

Statistiken zu Studienkrediten in den USA: https://www.theguardian.com/money/2017/sep/06/us-student-debt-loans-navient-sallie-mae

Zu den »Trophy-Noten« siehe erneut Deresiewicz, S. 59 ff.

In den 60er-Jahren brachte es in Deutschland nur jeder 15. zum Abitur: http://www.spiegel.de/spiegel/print/d-46176317.html

Zur wundersamen Vermehrung der Einser-Abis: http://www.faz.net/aktuell/politik/inland/fokussierung-auf-abitur-und-abiturnoten-als-bildungsmassstab-13645881.html und zur Noteninflation insgesamt: http://www.spiegel.de/lebenundlernen/schule/deutschland-bekommen-abiturienten-immer-bessere-schulnoten-a-1196398.html

Zur Abiturquote und Durchfallquote in Frankreich: https://blogs.mediapart.fr/claude-lelievre/blog/050717/des-taux-de-reussite-abracadabrantesques-au-bac

Zum neuzeitlichen Glauben an den »Schatzfund«, siehe Peter Sloterdijk: https://www.cicero.de/wirtschaft/%E2%80%9Eunruhe-im-kristall-palast%E2%80%9C/39336

Nassim Nicholas Taleb zu den »intellektuellen Idioten und »skin in the game«: https://www.nzz.ch/feuilleton/aktuell/nassim-nicholas-taleb-die-wohlwissenden-ld.128349

Henry Millers Briefe an Emil Schnellock sind zusammengefasst in: Frühling in Paris. Briefe an einen Freund (Rowohlt 1991).

Zur Diplominflation bei gleichzeitigem Wohlstandsverlust am Beispiel Frankreichs: Louis Chauvel, La spirale du déclassement. Essai sur la société des illusions (Seuil 2016).

Zu den Dünnbrettbohrern in wissenschaftlichen Arbeiten am Beispiel der Designtheorie, siehe Christian Demand: https://www.merkur-zeitschrift.de/2017/06/01/theoriemuedigkeit-designkolumne/

Zur Doktorandenquote: https://www.destatis.de/DE/Publikationen/Thematisch/BildungForschungKultur/Hochschulen/Promovierende5213104149004.pdf?__blob=publicationFile

Dass nur 13% der Befragten glauben, dass es ihren Kindern mal besser gehen wird, steht in einer Studie der Boston Consulting Group, zitiert nach Harald Welzer, Selbst Denken. Eine Anleitung zum Widerstand (Fischer 2013), S. 18.

Ersticken Schulen die Kreativität? Ted-Talk von Ken Robinson: https://www.ted.com/talks/ken_robinson_says_schools_kill_creativity?language=de sowie: Ken Robinson, ›The Element‹ (Viking 2009).

Siehe Richard David Prechts Kritik am Schulsystem: »Anna, die Schule und der liebe Gott (Goldmann 2013).

Zum gehirngerechten Lernen siehe z. B. Gerald Hüther, Lernen und Gehirn. Der Weg zu einer neuen Pädagogik, (Nikol, 2012), Manfred Spitzer, Digitale Demenz, (Droemer 2012) und Vera F. Birkenbihl, Stroh im Kopf (mvg 1995).

Wir sind die letzten Helden der Arbeit

Zur Geschichte des City Boys alias Geraint Anderson gibt es die Doku

»Ein Investmentbanker packt aus«: https://www.youtube.com/watch?v=Iu-LZ7GSidI

Zur Verlustaversion: Daniel Kahneman, Schnelles Denken, langsames Denken (Siedler 2013), S. 342

Die Generation Y entscheidet sich lieber für mehr Geld als für mehr Freizeit: http://www.faz.net/aktuell/wirtschaft/generation-y-millennials-arbeiten-genauso-viel-wie-aeltere-generation-15451067.html

Trotz des allgemeinen Start-up-Hypes sind die Gründungszahlen in Deutschland auf einem Negativrekord: http://tellerrandspringer.de/negativrekord-bei-gruendungszahlen-wir-verspielen-unsere-zukunft/

Die Internet Holding der Samwer-Brüder »Rocket Internet« (u. a. Zalando) steht mehr für Kopie als für Kreativität: http://www.faz.net/aktuell/finanzen/aktien/zalando-mehr-die-samwers-und-die-kunst-des-kopierens-13139369.html, auch international ist der Ruf ramponiert: https://www.forbes.com/sites/ryanmac/2014/07/30/zalando-europe-zappos-fashion/2/#4dcb60144f55

Die Abrechnung mit dem Start-up-Wesen in den USA stammt von Dan Lyons, Disrupted. My Misadventure in the Start-Up Bubble (Hachette 2016).

Deutschland hat den größten Niedriglohnsektor Europas: http://www.sueddeutsche.de/wirtschaft/bremse-fuer-die-wirtschaft-schattenseiten-des-deutschen-erfolgs-1.1737409-3

Über »Bullshit-Jobs« lässt sich David Graeber u. a. hier aus: https://strikemag.org/bullshit-jobs/

90% der Stellen für wissenschaftliche Mitarbeiter an Universitäten sind befristet (https://www.zeit.de/campus/2013/04/wissenschaftliche-mitarbeiter-befristung), bei sonstigen Hochschulabsolventen ist es jedes dritte Jobangebot (http://www.spiegel.de/karriere/studie-jeder-dritte-hochschulabsolvent-hat-befristeten-arbeitsvertrag-a-879491.html), zum Ganzen auch: Deutsche Universitätszeitschrift (duz) Nr. 4/2011 http://www.duz.de/duz-magazin/2011/04

Zu den fliegenden Truthähnen von Eugene Kleiner: https://en.wikipedia.org/wiki/Eugene_Kleiner

Zu Dale Carnegie: https://www.biography.com/people/dale-carnegie-9238769

Das erste wissenschaftliche Werk zu Propaganda: Edward L. Bernays, »Propaganda« (Liveright, 1928). Zu Funktionsweise und Impact der Blockchain-Technologie: https://www.nzz.ch/meinung/kommentare/new-kids-on-the-blockchain-ld.1319020

Hilflosigkeit will gelernt sein

Die Google-Motti sind eine Parodie auf die Doppelrolle Googles als Suchmaschine und militärischer Zulieferungsbetrieb und wurde in sozialen Medien verbreitet: https://www.zerohedge.com/news/2017-08-09/krieger-asks-google-search-engine-or-deep-state-organ

Zu den Social-Credit-Systemen und der Überwachung und Bewertung guten Verhaltens, siehe z. B. hier: https://www.nachdenkseiten.de/?p=38402

Das Beispiel zur Browser-Benutzung stammt aus: Adam Grant, Nonkonformisten. Warum Originalität die Welt bewegt (Droemer Knaur 2016).

Zur digitalen Akte, Datamining und Big Data: Christl Wolfie und Sarah Spiekermann, Networks of Control. A Report on Corporate Surveillance, Digital Tracking, Big Data and Privacy, (facultas, 2016) oder hier zum Download: https://www.privacylab.at/wp-content/uploads/2016/09/Christl-Networks__K_o.pdf; zur Überwachung auch: Yvonne Hofstetter, Sie wissen alles. Wie intelligente Maschinen in unser Leben eindringen und warum wir für unsere Freiheit kämpfen müssen (Bertelsmann 2014).

Ein Gesamtüberblick zum Thema Corporate Surveillance findet sich hier: http://crackedlabs.org/en/corporate-surveillance

Die Webcam als Spion: https://www.pcwelt.de/ratgeber/Computerkriminalitaet-Digital-Hijacking-Wenn-Webcams-ausspionieren-6049902.html

Zu Wanzen in TV-Geräten: https://www.br.de/br-fernsehen/sendungen/faszination-wissen/smart-tv-smart-home-spione-100.html und https://wikileaks.org/ciav7p1/

Zur Messung des Leseflusses bei E-Readern: http://www.taz.de/!5077508/

Zum Data-Tracking durch Smartphones & Co.: https://netzpolitik.org/2016/den-trackern-auf-der-spur-forscher-geben-einblick-in-die-kommerzielle-ueberwachungsindustrie/

Apple übernimmt israelisches Start-up für Gesichtserkennung: http://www.horizont.net/tech/nachrichten/RealFace-Apple-uebernimmt-israelisches-Start-up-fuer-Gesichtserkennung-146242

Sexuelle Präferenzen durch Facebook-Likes: https://www.didacta-digital.de/forschung/psychometrie-der-glaeserne-nutzer

Die erste Story zu Cambridge Analytica stammt von hier: https://www.dasmagazin.ch/2016/12/03/ich-habe-nur-gezeigt-dass-es-die-bombe-gibt/?reduced=true

Zum Credit-Scoring durch Big Data: https://t3n.de/magazin/bonitaetspruefung-big-data-kredit-like-239336/

Spotify misst und sammelt Daten über die Stimmungslage der User: http://www.thedataalliance.com/blog/wpps-data-alliance-and-spotify-announce-global-data-partnership/

Zu süchtig machenden Apps und deren Bekämpfung: https://www.heise.de/ct/ausgabe/2016-19-Ein-Designer-kaempft-gegen-suechtig-machende-Apps-3306837.html

Zur Suchmaschinenmanipulation/ Search-Engine-Manipulation (SEME): http://www.pnas.org/content/112/33/E4512.long

Zu Yvonne Hofstetter siehe das schon genannte Buch ›Sie wissen alles‹.

Zur Spende des Internetmilliardärs an die CDU: http://www.spiegel.de/politik/deutschland/cdu-chef-von-united-internet-spendet-500-000-euro-an-cdu-a-1149404.html

Für Merkel ist Datensparsamkeit ein Hindernis für Wirtschaftswachstum und damit überholt: http://www.spiegel.de/netzwelt/netzpolitik/geschaeft-mit-daten-cdu-will-sparsamkeit-beenden-a-1151862.html

Für einen Überblick über Studien zur Mediennutzung durch Kinder: https://www.schau-hin.info/service/studien.html.

Zur Behauptung, dass die Digital Natives sich besonders gut mit Technik auskennen, und zu Studien, welche dies Bild widerlegen: Evgeny Morozov, To save everything, click here. The folly of technological solutionism (Perseus 2013) S. 45, 46.

Der Miterfinder des iPhones warnt vor dem eigenen Gerät: http://www.sueddeutsche.de/digital/netzkolumne-warum-einer-der-erfinder-des-iphones-vor-seiner-schoepfung-warnt-1.3579703

Kathrin Passig, Standardsituationen der Technologiekritik (Suhrkamp 2013), S. 9 ff.

Zum Zitat des IBM-Managers Watson: https://de.wikipedia.org/wiki/Thomas_J._Watson

Das Zitat Talebs stammt aus: The Bed of Procrustes. Philosophical and Practical Aphorisms (Random House 2016), S. 23.

Zum Modegetränk »Vin Mariani«: http://www.deutschlandfunkkultur.de/functional-food-vor-100-jahren-der-cocain-wein.993.de.html?dram:article_id=154348 Big Data ist wie Big Tobacco: https://twitter.com/brokep/status/870720037186940929?lang=de

Zum Gehorsam und der Ersetzung der Autoritäten durch neue, siehe Erich Fromm, Der Ungehorsam als psychologisches und ethisches Problem, in: Gesamtausgabe Bd. IX, S. 367 ff.

Zur freiwilligen Knechtschaft siehe Etienne de la Boétie, Discours sur la servitude volontaire; oder Jens Berger, Das Rätsel der freiwilligen Knechtschaft https://www.nachdenkseiten.de/?p=26872

Zur Forderung nach »Digitalen Grundrechten«: https://digitalcharta.eu/

Eine Forderung nach Warnhinweisen auf Facebook habe ich mit Michael Strautmann verfasst: https://www.nzz.ch/meinung/kommentare/recht-auf-eigene-daten-willkommen-in-der-digitalen-diktatur-ld.136540

Die Blickfeldverengung der Medien

Zur Gründung von »Republik«, u. a. https://www.netzwerk-suedbaden.de/republik-ch-constantin-seibt-und-der-andere-journalismus/

Zur Pressekonzentration in Deutschland siehe: http://www.ard-werbung.de/media-perspektiven/fachzeitschrift/2016/artikel/zeitungsmarkt-2016-pressekonzentration-erneut-leicht-angestiegen/?tx_frspublication_pi5%255baction%255d=index&cHash=e959542f65ae0a271ae1cc214757147b

und zum Ganzen: Ulrike Sumfleth, Simulierte Diskurse. Verlagskonzerne und ihr Märchen von der Pressefreiheit: http://downloads.sintfluth.de/files/Simulierte_Diskurse.pdf

Traust du den Medien? »Generation-What«-Umfrage: 24% überhaupt nicht, 40% tendenziell nicht und nur 4% völlig. http://www.generation-what.de/portrait/data/they-re-all-corrupt

Zum Anteil von PR in der Presse: http://www.spiegel.de/spiegel/print/d-48046168.html und https://www.theguardian.com/media/2003/nov/17/mondaymediasection3

Zu Manipulationstechniken im Journalismus: Jens Wernicke, Lügen die Medien? (Westend Verlag) und https://www.heise.de/tp/features/Ja-luegen-die-Medien-denn-nun-oder-nicht-3821723.html

Zur Illusion der Informiertheit und dem narkotischen Effekt von Massenmedien bei Paul Lazarsfeld: https://en.wikipedia.org/wiki/Narcotizing_dysfunction oder Rainer Mausfeld, Warum schweigen die Lämmer?, ab 20:00 Min: https://www.youtube.com/watch?v=QlMsEmpdC0E&t=2683s

Zur manipulierten ZDF-Bestenliste: http://www.faz.net/aktuell/feuilleton/medien/zdf-manipulationsskandal-wer-hat-davon-wann-was-gewusst-13045498.html; Zur Inszenierung einer muslimischen Anti-

Terror-Demo nach einem Terroranschlag durch CNN: http://www.dailymail.co.uk/news/article-45738 82/Fake-news-row-Muslim-protesters-TV-crews.html

Zur Manipulation der Bestseller-Liste im Buchhandel bei dem Buch ›Kontrollverlust‹ von Thorsten Schulte: https://www.nachdenkseiten.de/?p=40961

Zur Klage der ZEIT-Journalisten vor dem Bundesgerichtshof gegen die Macher der »Anstalt« wegen Verbindungen zu transatlantischen Organisationen: http://www.spiegel.de/kultur/gesellschaft/die-anstalt-klage-zeit-journalisten-scheitern-vor-dem-bgh-a-1129417.html

Zum gesponsorten deutschen Journalistenpreis: http://www.djp.de/

Ein Klassiker der Journalismus-Kritik stammt von Upton Sinclair, ›The Brass Check. A study of American Journalism‹. Von ihm stammt auch der Satz: »Es ist schwer, jemanden dazu zu bewegen, etwas zu verstehen, wenn sein Einkommen davon abhängt, es nicht zu verstehen.«

Mehr Apathie wagen

Zum Zitat Adenauers: https://magazin.spiegel.de/SP/2017/15/1504 60250/index.html

Zum Zitat Gaucks: http://www.bundespraesident.de/SharedDocs/Reden/DE/Joachim-Gauck/Interviews/2016/160619-Bericht-aus-Berlin-Interview.html

Zur Unterrepräsentanz junger Menschen in der Politik, siehe Michael Strautmann: http://michael-strautmann.de/meinung/2017/wer-rettet-die-demokratie/ und folgende Studie der Stiftung für die Rechte zukünftiger Generationen: https://generationengerechtigkeit.info/wp-content/uploads/2014/06/PP_Nachwuchsquoten_lang.pdf

Zu Ströbele und der Alterspräsidentenfrage: http://www.deutschlandfunk.de/gruenen-politiker-stroebele-dass-gauland-alterspraesident.868.de.html?dram:article_id=374208; schließlich wurde die Regelung vom ältesten zum »dienstältesten« Abgeordneten geändert, Wolfgang

Schäuble: https://www.bundestag.de/dokumente/textarchiv/2017/kw39-statistik/527274

Generation-What-Studie zu Vertrauen in die Politik: https://www.br.de/nachrichten/generation-what-kein-vertrauen-institutionen-100.html

Zu den »heimlichen Revolutionären«: Klaus Hurrelmann, Erik Albrecht, Die heimlichen Revolutionäre. Wie die Generation Y unsere Welt verändert (Beltz 2016), S. 128, 130.

Zum Durchschnittsalter in den Parteien: http://www.spiegel.de/politik/deutschland/bundestagswahl-2017-die-parteien-in-zahlen-a-1167836.html

Asymmetrische Demobilisierung: http://www.sueddeutsche.de/politik/bundestagswahlkampf-angela-die-asymmetrische-1.3561620 und https://de.wikipedia.org/wiki/Asymmetrische_Demobilisierung

Zum Applaus für Heiko Maas durch seinen Pressesprecher: http://www.faz.net/aktuell/feuilleton/medien/tv-kritik/tv-kritik-anne-will-nur-einer-klatscht-fuer-heiko-maas-14109856.html

Zum Twitteraudit: https://www.twitteraudit.com/HeikoMaas

Fangt doch mal an, »Martin« zu rufen: https://www.youtube.com/watch?v=W0j0gVXbaKg

Zum fehlenden Listenplatz von Johana Uekerman: https://www.n-tv.de/politik/Bayern-SPD-straft-Juso-Chefin-ab-article19300251.html

Zum Volumen der Beratungstätigkeiten für Ministerien: http://www.sueddeutsche.de/politik/outsourcing-von-gesetzen-nicht-ohne-meinen-anwalt-1.164125

Zur Druck der Pharmalobby bei Seehofers Positivliste: https://www.youtube.com/watch?v=DCy1D1HGeeA

Zur Verquickung von Finanzkonzernen mit der Politik: Diana Wehlau, Lobbyismus und Rentenreform (VS Verlag 2009).

VW schreibt Regierungserklärung in Niedersachsen: http://www.spiegel.de/politik/deutschland/stephan-weil-ministerpraesident-legte-vw-kritische-rede-dem-konzern-vor-a-1161539.html

Zu Hartz IV und Bertelsmann, siehe ›Die Anstalt‹: https://www.youtube.com/watch?v=fR4KXILpYUQ

Seehofer bei Erwin Pelzig zur Sinnlosigkeit von Wahlen: https://www.youtube.com/watch?v=19asrm-S4i0

Das Tocqueville-Zitat stammt aus: Alexis de Tocqueville, Democracy in America (Vol. 4, 1840), IV. Chap. 6, online hier: http://oll.libertyfund.org/titles/tocqueville-democracy-in-america-historical-critical-edition-4-vols-lf-ed-2010, siehe auch: Daniela Dahn, Wir sind der Staat! (Rowohlt 2013) und Paolo Flores d´Arcais, Die Demokratie beim Wort nehmen. Der Souverän und der Dissident (Wagenbach 2004).

Alle Vorträge und Interviews von Rainer Mausfeld zu Meinungssteuerung, Fassadendemokratie etc:

- Warum schweigen die Lämmer? https://www.youtube.com/watch?v=QlMsEmpdC0E&t=1257s
- Die Angst der Machteliten vor dem Volk https://www.youtube.com/watch?v=Rk6I9gXwack&t=3132s
- Wie werden Meinung und Demokratie gesteuert? https://www.youtube.com/watch?v=AU8hjfhAAxg&t=3550s

Pleisweiler Gespräch: https://www.youtube.com/watch?v=aK1eUnfcK4Q

Interview mit Ken Jebsen: https://www.youtube.com/watch?v=OwRNpeWj5Cs&t=4185s

Eine Aufstellung der Themen findet sich hier: https://www.nachdenkseiten.de/wp-print.php?p=26804

Noam Chomsky, Eine Anatomie der Macht (Europa Verlag 2004), S. 114 ff. Sehenswert auch die Doku »Manufacturing Consent«: https://www.youtube.com/watch?v=AnrBQEAM3rE und »Requiem für den amerikanischen Traum«: https://www.youtube.com/watch?v=V8hJ_5w-ZB8

Zur Gehorsamsneigung siehe: Erich Fromm, Der Ungehorsam als psychologisches und ethisches Problem, Gesamtausgabe Bd. IX, S. 367 ff.

Yvonne Hofstetter, Das Ende der Demokratie, S. 323 ff.

Zur Demokratiemüdigkeit unter jungen Menschen: http://www.faz.net/aktuell/politik/ausland/europas-jugend-ist-laut-yougov-studie-eu-skeptisch-14999691.html

Zu Robert Michels »ehernem Prinzip der Oligarchie«: https://de.wikipedia.org/wiki/Ehernes_Gesetz_der_Oligarchie

Zur Parteienoligarchie: Karl Jaspers, Wohin treibt die Bundesrepublik?, S. 141ff, (Piper Verlag 1965).

Zur Idee des Bürgers als Fürst: Paolo Flores d´Arcais, Die Demokratie beim Wort nehmen. Der Souverän und der Dissident (Wagenbach 2004).

Zur »Zuschauerdemokratie«: https://de.wikipedia.org/wiki/Walter_Lippmann

Was ist das für K1 life

Zum Chopin-Zitat: http://www.azquotes.com/quote/702906

Zu Stefanie Giesingers Social-Media-Exhibitionismus: SZ v. 11. Juli 2017, S. 8.

Zur Internetnutzung der Jugend: http://www.br-online.de/jugend/izi/deutsch/Grundddaten_Jugend_Medien.pdf

Welche Sendungen Jungen und Mädchen im Fernsehen anschauen, siehe http://www.br-online.de/jugend/izi/deutsch/Grundddaten_Jugend_Medien.pdf, S. 27 ff.

Zum Elektrofestival im polnischen Garbicz habe ich hier einige Bebachtungen aufgeschrieben: https://www.nzz.ch/gesellschaft/generationen/generation-y-urlaub-auf-keta-ld.122558

Die zwei Texte, die ich von Menschen aus der Schreibschule Hildesheim bisher wahrgenommen habe:
https://www.zeit.de/2014/04/deutsche-gegenwartsliteratur-brav-konformistisch
https://www.merkur-zeitschrift.de/2017/07/14/wir-wuerden-dann-jetzt-weitermachen/

Zum »Clear Channel Memorandum«: https://de.wikipedia.org/wiki/2001_Clear_Channel_Memorandum

Zum Trump-Plakat aus dem Rage-against-the-machine-Song: http://www.slate.com/articles/news_and_politics/chatterbox/2001/09/its_the_end_of_the_world_as_clear_channel_knows_it.html

Zur Neotenie siehe Sloterdijk: https://www.tagesspiegel.de/politik/peter-sloterdijk-im-interview-ich-glaube-nicht-an-den-gott-der-hasenscharten-schuf/209014.html und Robert P. Harrison, Ewige Jugend. Eine Kulturgeschichte des Alterns (Hanser Verlag)

Bubbles

Nachweis zum Tucholsky-Zitat: https://de.wikiquote.org/wiki/Kurt_Tucholsky

Zum Leben von Charles Ponzi: Mitchell Zukoff, Ponzis Scheme: The true story of a financial legend (Random House 2006).

Zum »Goldenen Zeitalter der Sicherheit«: Stefan Zweig, Die Welt von gestern. Erinnerungen eines Europäers (Fischer Verlag 1985), S. 14 ff.

Zum »Ponzi-System« der FED und der Verschuldungskrise der USA, siehe z. B. Peter Schiffer, The Real Crash. America's Coming Bankruptcy, S. 251.

Zum Anlageverhalten von Millenials: http://www.marketwatch.com/story/a-third-of-millennials-think-now-is-the-time-to-jump-into-the-market-2017-07-31?siteid=rss&rss=1

Zu den sonstigen Blasenarten, siehe z. B. Eli Pariser, The Filter Bubble. What the Internet is hiding from you (Penguin 2011), sowie ausführlich kulturgeschichtlich: Peter Sloterdijk, Sphären. Band 1. Blasen (Suhrkamp).

Die Zahlen zur Verschuldungskrise stammen aus der Doku »The four horsemen«: https://www.youtube.com/watch?v=5fbvquHSPJU&t=2348s

Zur Entstehung von Geld siehe diesen Ausschnitt aus einem Video der

»Zeitgeist«-Reihe: https://www.youtube.com/watch?v=rcJHk77bUGo sowie die Serie von Mike Maloney: https://www.youtube.com/watch?v=DyV0OfU3-FU&t=57s

Zur Verschuldungskrise in den USA bezüglich Studienkrediten: https://www.youtube.com/watch?v=xl7R8xIxzKI

Zum Konzept der kognitiven Dissonanz: Leon Festinger, A Theory Of Cognitive Dissonance (Stanford University Press 1957).

Fracht-Kult

Das Beispiel vom Fracht-Kult brachte zuerst der Physiker Richard Feynman in dieser Rede auf: http://calteches.library.caltech.edu/51/2/CargoCult.htm

Zur Ablösung von Bildung durch Kompetenzen: https://www.nzz.ch/meinung/debatte/das-verschwinden-des-wissens-1.18383545

Das Taleb-Zitat stammt aus diesem Interview: https://www.weltwoche.ch/ausgaben/2013_9/artikel/hochschulen-sind-ein-betrug-die-weltwoche-ausgabe-092013.html; zum Ganzen vertieft: Nassim Nicholas Taleb: Antifragilität. Anleitung für eine Welt, die wir nicht verstehen (Hanser 2012).

Zum Geschäft der Wissenschaftsverlage: https://www.merkur-zeitschrift.de/2017/10/05/profit-ohne-risiko-wissenschaftsverlage/

Schachteln

Das Beispiel des Bettes des Procrustes ist von Nassim Nicholas Talebs gleichnamigem Buch inspiriert.

Zu den Ritalin-Verschreibungen: https://www.meine-gesundheit.de/service/news/ritalin-konsum-stark-gestiegen

Zur Kritik an den vermehrten ADHS-Diagnosen, siehe Gerald Hüther: http://www.gerald-huether.de/Mediathek/ADHS/Interview_Silke_Steffen.pdf

Zu den vermehrten psychischen Erkrankungen bei der Generation Y: Anne-Ev Ustorf, Generation Y jung und unbeschwert?, in: Psychologie heute 9/2017, S. 62 ff.

Zur »Katastrophe«, den 1,0-Schnitt im Abitur zu verpassen: http://www.faz.net/aktuell/gesellschaft/menschen/abiturnote-1-1-nur-so-fast-super-15128395.html

Als Neurotiker bezeichnet Fromm einen Menschen, der »im Kampf um sein Selbst noch nicht die Waffen gestreckt hat«, dessen geistiges Immunsystem also noch funktioniert: Die Furcht vor der Freiheit, Gesamtausgabe Bd. I, S. 299.

Wie der Gehorsam vom Außen ins Innere wandert, beschreibt Fromm u. a. hier: Die Furcht vor der Freiheit, Gesamtausgabe Bd. I, S. 359 ff. und in: Der kreative Mensch, GA Bd. IX, S. 410 ff.

Zum Herdenverhalten siehe das schon zitierte Buch von Adam Grant, Nonkonformisten.

Loop

Zum Marshmallow-Experiment: https://www.zeit.de/zeit-wissen/2015/02/marshmallow-experiment-psychologie-walter-mischel

Die Kategorien »gut« oder »schlecht« werden häufig vom Nutzen für das jeweilige System abgeleitet: Fromm, Der Ungehorsam als psychologisches und ethisches Problem, Gesamtausgabe Bd. IX, S. 367 ff.

Dass hierarchischer Aufstieg nicht mit Kompetenz korrelieren muss, besagt das sogenannte »Peter-Prinzip«: https://en.wikipedia.org/wiki/Peter_principle

Zum »Hyperbolic Discounting«: https://en.wikipedia.org/wiki/Hyperbolic_discounting

Heinrich Böll, Anekdote zur Senkung der Arbeitsmoral, in: Robert C. Conrad (Hrsg.): Heinrich Böll. Kölner Ausgabe. Bd. 12. 1959–1963.

Zur »Vertikalspannung« siehe Sloterdijk, Du musst dein Leben ändern. Über Anthropotechnik (Suhrkamp 2009), S. 28 ff.

Zwischenbilanz

Das Beispiel von der Ente ist ein klassisches Beispiel für induktives Denken, das es mit allen möglichen Arten von Vögeln oder Tieren gibt. Am Beispiel des Truthahns, siehe Taleb: http://www.businessinsider.com/nassim-talebs-black-swan-thanksgiving-turkey-2014-11?IR=T

Zur Stagnation von Löhnen gegenüber der Produktivität siehe für Deutschland: https://de.reuters.com/article/deutschland-lhne-ilo-zf-idDEBEE6BE0CK20101215, für die USA den Report von Robert Reich: https://www.jec.senate.gov/public/_cache/files/121e5a80-61e2-4c65-aa25-a06a1c0887d5/reich-testimony.pdf und für Frankreich z. B. Louis Chauvel, la spirale du déclassement (Seuil 2016).

Zu Millenials, die sich nicht beschweren dürfen https://www.theguardian.com/commentisfree/2016/apr/04/millennials-should-stop-moaning-theyve-got-more-degrees-and-low-rates

Der Vorschlag von Alain Badiou stammt aus: Versuch, die Jugend zu verderben (Suhrkamp 2016), S. 28 ff.

Auf zu neuen Ufern!

Zum Experiment mit den Elefanten in Indien: http://www.harvardbusinessmanager.de/blogs/a-772382.html

Das Rousseau-Zitat mit den Ketten findet sich am Anfang seines Traktats »Über den Gesellschaftsvertrag«.

Das Zitat von Allan Bloom stammt aus: The Closing of the American Mind. How Higher Education Has Failed And Impoverished The Souls Of Today's Students (Simon & Schuster 1987), S. 249.

Daniel Kahneman wurde mit dem Buch ›Schnelles Denken, langsames Denken‹ (Siedler Verlag, 2012) bekannt.

Zum Priming-Effekt, den Kahneman in seiner »Masterclass« vorführte: http://www.nybooks.com/articles/2017/04/20/kahneman-tversky-invisible-mind-manipulators/

Einen Überblick über die Manipulationstechniken, die auch Geheimdiensten bekannt sind, siehe das Dokument »The Art of Deception«: https://edwardsnowden.com/docs/doc/the-art-of-deception-training-for-a-new.pdf

Eine gute erste Übersicht zu den genannten kognitiven Verzerrungen und Schnellschüssen (Heuristics & Biases) findet sich hier: https://en.wikipedia.org/wiki/Heuristics_in_judgment_and_decision-making; eine komplette Infografik hier: http://www.visualcapitalist.com/every-single-cognitive-bias/; näher zum »Automation Bias« bei Yvonne Hofstetter, ›Das Ende der Demokratie‹, S. 385; zum WYSIATI-Effekt siehe Kahneman, ›Schnelles Denken, langsames Denken‹, S. 115. All diese Biases hat Rolf Dobelli in seinen Kolumnen und Büchern gut verständlich aufgearbeitet (siehe ›Die Kunst des klaren Denkens‹ und ›Die Kunst des vernünftigen Handelns‹). Zur Search-Engine-Manipulation (SEME): http://www.pnas.org/content/112/33/E4512.long

Zur Verklammerung und der Ausgrenzung von Meinungen als »Sperrgebiet«, siehe die schon genannten Videos von Rainer Mausfeld, vor allem ›Warum schweigen die Lämmer?‹

Zum umgekehrten, also versteckten Totalitarismus in Demokratien, siehe die Arbeiten von Sheldon S. Wolin in seinem Buch ›Democracy Inc. Managed Democracy and the Specter of Inverted Totalitarianism‹ (Princeton University Press, 2008), kurz zum Konzept: https://en.wikipedia.org/wiki/Inverted_totalitarianism; zum Extremismus der Mitte bei Macron siehe: https://www.lesinrocks.com/2018/05/10/actualite/politique/emmanuel-macron-est-extremiste-dans-son-approche-politique-111080997/

Das Zitat Felix Somarys aus den »Sozialgesetzen«: Felix Somary, Krise und Zukunft der Demokratie (TVR 2010), S. 129 ff.

Wie kommt das Neue in die Welt und durch wen?

Zum Diamanten-Beispiel siehe Friedrich Nietzsche, Also sprach Zarathustra, Vom Geist der Schwere, Nr. 29 ff.

Zum Holocaust-Denkmal für Björn Höcke: https://www.nzz.ch/meinung/kolumnen/lob-der-grenzueberschreitung-ld.1337308

Zum Star Wars Intro-Creator geht es hier lang: https://brorlandi.github.io/StarWarsIntroCreator/

Die Zeit der Entscheidung

Zur Komplexitätsforschung siehe z. B. Melanie Mitchell, Complexity: a guided tour (OUP, 2009).

Jean Cocteau spricht zur Jugend des Jahres 2000: https://www.youtube.com/watch?v=z-x-wNiN4Hk

Zu Gramscis-Krisenbegriff siehe vertiefend Mario Candeias, Wenn das Alte stirbt ... Organische Krise bei Antonio Gramsci, S. 14ff: https://www.rosalux.de/fileadmin/rls_uploads/pdfs/Manuskripte/Manuskripte_neu_8.pdf

Zur Inschrift auf dem Tempel der Athena: William Strauss/Neil Howe, The Fourth Turning. An American Prophecy, (Broadway Books, 1997), S. 77.

Zum Begriff der »ewigen Wiederkunft« bei Friedrich Nietzsche: https://de.wikipedia.org/wiki/Ewige_Wiederkunft

Zu Polybios: https://de.wikipedia.org/wiki/Verfassungskreislauf

Zu Ibn Chaldun: https://de.wikipedia.org/wiki/Ibn_Chald%C5%ABn

Zur Elitenforschung bei Pareto et al.: https://de.wikipedia.org/wiki/Elitesoziologie

Das Buch von Albert O. Hirschmann heißt: Engagement und Enttäuschung. Über das Schwanken der Bürger zwischen Privatwohl und Gemeinwohl (Suhrkamp 1984).

Sehr lesenswert sind die Memoiren von Felix Somary: Erinnerungen aus meinem Leben (Verlag Neue Zürcher Zeitung 2013).

Zum exponenziell wachsenden Fortschritt der Technologie: Ray Kurzweil, The Singularity Is Near. When Humans Transcend Biology (Viking 2005), S. 26 ff.

Zu den Scherben in der Hexenküche: Johann Wolfgang von Goethe, Faust, kommentiert von Erich Trunz, Sonderausgabe (CH. Beck 1989), S. 78.

Eine Beschreibung der »Turnings« findet sich in dem von Strauss/Howe genannten Buch ab S. 205.

Zu Steve Bannons Agenda: https://www.nytimes.com/2017/10/07/opinion/sunday/steve-bannon-agenda.html

Aldous Huxley zur Wissenschaftsdiktatur: https://www.youtube.com/watch?v=1ygIqLJnBJI

Das Beispiel mit den Schimpansen und den Dartpfeilen stammt von Philipp Tetlock, Expert Political Judgment: How Good Is It? How Can We Know? (Princeton University Press, 2005). Die genannte Prophezeiung von Howe/Strauss findet sich auf S. 662 f.

»Aber wir sind doch so narzisstisch!«

Das Kurt Vonnegut-Zitat stammt aus If This Isn't Nice, What Is? Advice For The Young (Brilliance Corp, 2013), S. 111.

Das Zitat von Helmut Schelsky findet sich in: Die skeptische Generation. Eine Soziologie der deutschen Jugend (Diederichs 1957), S. 89.

Zu Bloom siehe das zitierte Buch, S. 118.

Zum Zitat von Riesman siehe den Essay Die Wohltemperierte Generation (1956) in: Wohlstand wofür? (Suhrkamp 1973), S. 280.

Zum Zitat von Lasch, siehe Christopher Lasch, The Culture of Narcissism. American Life in an Age of Diminishing Expectations (Norton 1979), S. 239.

Zum Maupassant-Zitat: Bel-Ami (Hofenberg 2015), S. 315.

Zum Sokrates-Zitat: https://www.gutzitiert.de/zitat_autor_sokrates_thema_jugend_zitat_11962.html

Florian Illies, Generation Golf. Eine Inspektion (Argon 2000). Eine Zusammenfassung findet sich hier: https://de.wikipedia.org/wiki/Generation_Golf

Bernhard Heinzlmaier/Philipp Ikrath, Generation Ego. Die Werte der Jugend im 21. Jahrhundert (Promedia 2013).

Ebenfalls von Heinzlmaier: Performer, Styler, Egoisten (Archiv der Jugendkulturen 2013).

Im Spiegel: Generation Ich, Spiegel Nr. 21/2000 und Generation Ich (2014) http://www.spiegel.de/spiegel/print/d-129976908.html

Das Time-Magazin titelte »It's all about me« in Bezug auf Chinas Millennials (6.08.2007) und im Jahr 2013 »The Me-Me-Me-Generation«: http://time.com/247/millennials-the-me-me-me-generation/

Zur »Generation Selfie«: https://www.stern.de/neon/wilde-welt/gesellschaft/generation-selfie--warum-wir-suechtig-nach-anerkennung-sind-7906862.html

Zum »Barnum« oder »Forer-Effekt«: https://en.wikipedia.org/wiki/Barnum_effect

Zur Erfindung der Generation Y durch die Werbeindustrie in der Zeitschrift »Advertising Age«: https://de.wikipedia.org/wiki/Generation_Y

Das »Me-Gerede« als Erfindung der Werbeindustrie: Noam Chomsky, Eine Anatomie der Macht, S. 117.

Die genannte Studentenstudie erwähnt Michael Hartmann: https://www.youtube.com/watch?v=AAyYRyL_lfU

Anleitung zum Ungehorsam

Das Kafka-Zitat habe ich im Kafka-Museum in Prag notiert.

Zum Thiel-Zitat: Peter Thiel/Blake Masters, Zero to One. Wie Innovation unsere Gesellschaft rettet, (Campus, 2014), S. 171.

Die Geschichte von den »armen Eltern und dem gehorsamen Kind« stammt aus der oben genannten Sammlung der Kurzgeschichten von Willi Hoffsümmer.

Arno Gruen, Wider den Gehorsam (Klett-Cotta, 2017), eine gute Zusammenfassung der Problematik findet sich bei Jens Berger, Das

Rätsel der freiwilligen Herrschaft: https://www.nachdenkseiten.de/?p=26872

Zum Gehorsam erneut Erich Fromm, Der Ungehorsam als psychologisches und ethisches Problem, S. 367 ff.

Zu Woody Allens »Zelig-Figur« siehe der bereits zitierte Allan Bloom, S. 145.

Was keiner wagt, das wag zu denken

Die Überschrift ist von einem vielfach vertonten Text Lothar Zenettis inspiriert.

Zum Hesse-Zitat: Demian. Die Geschichte von Emil Sinclairs Jugend (Suhrkamp 1974), S. 107.

Das Zitat von Antoine de Saint-Exupéry findet sich in dem Buch ›Die Stadt in der Wüste‹: https://de.wikiquote.org/wiki/Antoine_de_Saint-Exup%C3%A9ry

Das Gedankenspiel mit dem Futur zwei stammt von Harald Welzer aus dem bereits zitierten Buch ›Selber Denken‹.

Zum transformativen Storytelling siehe mit weiteren Nachweisen den Essay von Stephan Rammler, Schiffe bauen, in Kursbuch 187 ›Welt verändern‹ (September 2016).

Bei dir selbst anfangen

Zur asiatischen Lebenskunstphilosophie siehe Albert Kitzler, Wie lebe ich ein gutes Leben? Philosophie für Praktiker (Pattloch 2014).

Die Untersuchung zu Glücksgefühl und Einkommen stammt von Daniel Kahneman und Angus Deaton: http://www.pnas.org/content/early/2010/08/27/1011492107

Für eine »Zweite Aufklärung« plädiert z. B. Neil Postman im gleichnamigen Buch (Berlin Verlag 1999).

Interessante Dokumentationen zur Anregung des Denkens sind z. B. die

»Zeitgeist«-Reihe (3 Filme auf Youtube) oder die Angebote auf www.gaia.com. Zum Grenzgebiet zwischen Wissenschaft und Magie siehe die Arbeiten von Dean Radin, z. B. hier: https://slideslive.com/38903721/magic-a-scientific-resurrection-of-an-esoteric-legend

Interessant auch das »Venus Projekt« von Jacques Fresco, das sich mit grundlegendem sozialem Wandel beschäftigt: https://www.youtube.com/watch?v=ueubomO0oes

Um sich besser kennenzulernen, empfiehlt sich ein Persönlichkeitstest, bekannt ist das »OCEAN-Model« oder die Big five: https://www.truity.com/test/big-five-personality-test, weitere Kursangebote zum Selbstverständnis gibt es z. B. von dem kanadischen Psychologen Jordan Peterson, hier im Speziellen: https://www.understandmyself.com/ und hier allgemein: https://jordanbpeterson.com/maps-of-meaning/

Inspiration gibt es auch auf den Webseiten www.brainpickings.org oder »Arts & Letters Daily« (www.aldaily.com). Günstige Onlinekurse zu allen möglichen Themen, egal ob Programmieren, Zeichnen, Meditieren gibt es auf: www.udemy.com

Ein Klassiker des »New Age«: Marilyn Ferguson, Die sanfte Verschwörung. Persönliche und Gesellschaftliche Transformation im Zeitalter des Wassermanns, (Knaur, 1989).

Zum Zitat von Mark Twain bezüglich des Lesens: https://quoteinvestigator.com/2012/12/11/cannot-read/

Zum kulinarischen Analphabetismus: Jürgen Dollase, Gut essen. Ein Aufruf zur kulinarischen Selbstbeschränkung, in Kursbuch Nr. 172 ›Gut leben‹ (10/2012), S. 78 ff.

Zu Cryptoparties informiert man sich am besten lokal per Suchmaschine, bei www.meetup.com oder hier: https://www.cryptoparty.in/parties/upcoming

Das süßliche Kraut hieß übrigens »Durban Poison« und soll aus dem Jahr 1973 stammen. Mehr dazu auf: https://www.leafly.com/sativa/durban-poison

Das Beispiel von Tieck stammt aus der Dokumentation »Wie beginnt eine Revolution?«, dctp: http://magazin.dctp.tv/2017/10/15/neu-im-catch-up-service-wie-beginnt-eine-revolution/

Die Beispiele aus Yuval Noah Hararis »Homo Deus: A Brief History of Tomorrow« finden sich auf S. 302 und 322. Der Moment des Zusammenbruchs der Autorität des Ceausescu-Regimes ist wunderbar auf YouTube zu sehen, ab 1min 30: (https://www.youtube.com/watch?v=TcRWiz1PhKU.

Das Zauberwort hat drei Buchstaben

»Was tun?« hieß ein Werk Lenins und ein Buch des russischen Schriftstellers Nikolai Tschernyschewski, der sich der Frage widmet, wie Idealisten die Welt im Kleinen verändern können.

Die Gerichtsszene ist u. a. dokumentiert in Fritz Teufel/Rainer Langhans, Klau mich (Edition Voltaire 1968).

Die Berkeley-Szene stammt aus dem Buch von Jerry Rubin, Do it! Scenarios of the Revolution (Simon & Schuster 1970).

Weitere Beispiele finden sich in: Srdja Popovic (with Matthew Miller), Blueprint of Revolution (Spiegel & Grau 2015).

Zur direkten Aktion: David Graeber, Direkte Aktion (Nautilus, 2013).

Das Buch von Etienne de la Boétie ›Von der Freiwilligen Knechtschaft der Menschen‹ findet man auch online: http://gutenberg.spiegel.de/buch/von-der-freiwilligen-knechtschaft-des-menschen-5225/1

Zu Reformbewegungen, siehe z.B von Joachim Radkau: https://www.zeit.de/zeit-geschichte/2013/02/reformbewegung-alternative-moderne

Reset: Beginne jetzt deine Heldenreise

Das ganze Gedicht von Robert Frost: https://www.poetryfoundation.org/poems/44272/the-road-not-taken

Zur Heldenreise siehe den Klassiker: Joseph Campbell: ›Der Heros in tausend Gestalten‹ (Insel 2011).

Zum Lied »Was keiner wagt«, siehe z. B. hier: https://www.youtube.com/watch?v=Nvw7W5MGP80

Das Palindrom am Ende ist meine Übersetzung des Gedichts »Lost Generation« von Jonathan Reed: https://genius.com/Jonathan-reed-the-lost-generation-annotated